JN012780

〈米中新冷戦〉と
中国外交
北東アジアのパワーポリティクス

松本はる香 編著

白水社

〈米中新冷戦〉と中国外交

――北東アジアのパワーポリティクス

目次

序章　習近平政権をめぐる国際関係

松本はる香

中国で習近平政権が誕生して八年ほどが経過した。すでにこの政権も二期目に入り、国内的には、習近平は着実に政権基盤を固めて権力を独占し、盤石な体制を整えつつあるようにみえる。

しかし他方で、これまで国際社会で「中国脅威論」が幾度も巻き起こってきたことが示すとおり、中国をとりまく国際環境は必ずしも良好といえるような状況ではない。たとえば、東シナ海や南シナ海などでみられる中国の活動の活発化などの不穏な動きは、周辺地域に対する安全保障上の脅威感をもたらしている。また、「米中貿易戦争」や「米中新冷戦」といった言葉に象徴されるように、米中関係はますます悪化している。このように、習政権は、対外関係では非常に多くの課題を抱えている。

さらに、二〇二〇年以降は、新型コロナウイルス感染症（COVID-19）をめぐる問題もここに付け加えることができるだろう。中国は一足先に感染のピークから抜け出したものの、今回のウイルス発生の原因の究明とともに、国際的な信頼を回復していくためには相当な時間を要するだろう。

では、このように多くの課題を抱えている習近平政権の対外関係は、どれくらい従来の政策の延長線上にあるものなのだろうか。あるいは、何らかの方向転換やパワーバランスの変化があったとすれば、それはいつ、どのようなかたちで行なわれたのか。さらには、今後の展開や方向性はどうなっていくのだろうか。本書ではこうした点を、二つの側面から論じる。ひとつは主に、中国と北東アジア地域をめぐるバイラテラルな関係で、具体的にはアメリカ、日本、北朝鮮、ロシア、台湾との関係を取り上げる。もうひとつは、これらのバイラテラルな関係と直接的かつ間接的に関わる、「一帯一路」構想と周辺国家といったマルチラテラルな枠組みによる経済外交である。

まず序章では、以下に続く各論を理解するうえで必要と思われる、中国外交をめぐる歴史的な流れと基本的な考え方を簡単に振り返っておくことにしよう[1]。

歴史的背景

冷戦開始以来の一九五〇年代の中国外交は、米ソ冷戦下の「力の均衡」という文脈のなかで、アメリカをはじめとする西側諸国を「主要敵」として想定した、社会主義陣営の「国際統一戦線」による対抗軸にもとづいて展開されてきた。だが、一九六〇年代に入ると、中ソ対立の顕在化によって、中国の冷戦外交は軌道修正を迫られることになった。やがて、一九七二年のニクソン訪中による米中接近を経て、アメリカとの関係改善を図り、一九七九年には米中国交正常化を果たした。

中国外交がひとつの大きな転機を迎えるのは、鄧小平時代に入ってからのことである。一九七八年一二月の中国共産党第一一期中央委員会第三回全体会議では、改革開放路線が打ち出され、中国は社会主義市場経済路線へ舵を切ることになった。一九八二年九月の中国共産党第一二回全国代表大会（第一二回党大会）では、冷戦時代の「主要敵」を想定した中国の従来の外交方針から離れ、特定の敵性国や同盟国などを想定しない「独立自主外交」が掲げられた。それとともに、中国外交の一貫した方針である「平和五原則」、すなわち、主権と領土保全の相互尊重、相互不可侵、相互内政不干渉、平等互恵、平和共存の遵守と、いかなる状況下でも永遠に覇を唱えないという立場が、あらためて示された。

やがて、中国外交は困難な時期に直面した。冷戦崩壊へと世界情勢が大きく動くなかで、一九八九年六月には北京で天安門事件が起こった。天安門事件の発生によって、中国をめぐる国際環境は非常に厳しいものとなった。これにより中国は民主化運動の弾圧に対する厳しい国際的批判に晒された。そして、中国は西側諸国などによる経済的制裁措置などを受け、外交的な孤立状態に追い込まれることになったのである。そのような国際的な孤立状態から脱却するべく、中国は、アメリカをはじめとする先進国との関係改善を模索しつつ、アジアやアフリカ諸国への接近を図ろうとした。

一九九二年春の鄧小平による「南巡講話」の後、中国が改革開放路線を邁進するなかで、同年秋には中国共産党第一四回全国代表大会（第一四回党大会）が行なわれた。このころから中国は地域の国際的枠組みなどに、いっそう積極的に参入する外交姿勢をみせはじめた。たとえば、一九九〇年代から二〇〇〇年代初頭の時期、中国はアジア太平洋経済協力（APEC）、ASEAN地域フォーラム（ARF）、ASEAN＋3や、上海協力機構（SCO）、六者協議への参加などを通じて、国際協調的な多国間外交を積極的に推進した。[2] また、二〇〇一年末には、中国が世界貿易機関（WTO）に加盟して、中国貿易の巨大な市場が自由化され、その三年後には日本を抜いて世界三位の貿易大国となった。

二〇〇〇年代に入ると、中国の大国としての国際的なプレゼンスがさらに増すことになった。かつて、一九九〇年代に鄧小平が提唱した「韜光養晦《とうこうようかい》」（力を隠して時節を待つ）とともに、「有所作為」（そのなかで、やれることをやる）という自己抑制的ともいえる中国の外交姿勢は、しだいに鳴りを潜めた。むしろ、「韜光養晦」に加えて、「積極有所作為」（積極的になすべきことをなす）という姿勢を示すようになった。そして、中国の大国化にともなう国際社会における「中国脅威論」の高まりに応じるかたちで、「平和的崛起《くっき》」を提唱するようになった。それは中国の台頭が国際社会の脅威にならないという意思表示であり、のちの「平和的発展」路線として、胡錦濤政権の外交方針とされた(3)。

中国の大国化の背景のひとつには、一九九〇年代後半から二〇〇〇年代後半にかけて、二度にわたり起こった世界的な金融危機を乗り切ったことなどがあげられる。一九九七年七月、香港返還の翌日にタイのバーツ急落によって発生したアジア通貨危機に際し、中国は人民元の切り下げを行なわず、積極的な財政政策によって危機を切り抜けた。さらに、二〇〇八年九月、リーマン・ショックが発生した際も、中国はいち早く対応策を打ち出し、大規模な公共投資などで契機を下支えすることによって、その影響を最小限に抑え、比較的高い成長率を維持することに成功した。

このように二度にわたる経済危機を乗り越え、中国の経済大国としての役割に期待する声が国際社会に高まった。このころから中国は、「グレート・パワー」や「G2」などと形容されるようになり、アメリカに次ぐ、あるいはそれと並ぶような大国として注目されることになった。

二〇〇二年秋に誕生した胡錦濤政権のもとで、二〇〇八年八月の北京オリンピックや、二〇一〇年五～一〇月の上海万博の成功を通じて、中国の国際社会におけるプレゼンスはよりいっそう高まった。さらに二〇一〇年に入ると、中国の国内総生産（GDP）が遂に日本を追い抜き、世界第二位に躍り出た。このことは中国が大国としての自信をよりいっそう深めるひとつの大きな契機となった。

やがて二〇一二年秋から中国は政権移行期を迎えた。中国共産党第一八回全国代表大会（第一八回党大会）と第一二期全国人民代表大会（全人代）第一回会議を経て、習近平政権が誕生した。

そのころ、二〇一〇年に尖閣諸島近海で漁船衝突事件が起こった。さらに、二〇一二年九月には民主党政権下で日本が尖閣諸島の国有化を宣言した。これを契機に中国各地で激しい反日デモが起きたことは、まだ記憶に新しい。その後、二〇一二年末に民主党から自民党へ政権交代が行なわれた後、翌年一二月末の安倍晋三首相の靖国神社参拝も相まって、日中関係は悪化の一途をたどり、日中首脳レベルの相互訪問などは実施されないまま、長きにわたる停滞期を迎えることになった。

習近平外交の始動――「中華民族の偉大な復興」と「中国の夢」の提唱

二〇一三年三月の全人代を経て、習近平は中国共産党総書記、国家主席、中央軍事委員会主席の三ポストのすべてに就任した。習近平は、同年三月一七日の全人代の閉幕式において「中華民族の偉大な復興は中国の夢である」と表明するとともに、「中国の夢」という言葉を幾度も繰り返し、愛国主義を強調する演説を行なった。[4] この演説のなかで習は、「われわれは終始変わらず平和的発展の道を歩み、国際的な責任と義務を履行する」として、胡錦濤政権が掲げてきた「平和的発展」路線を継承する外交方針を示した。それとともに、「戦争に打ち勝つ『強軍目標』にもとづき、断固として国家主権や安全、発展の利益を防衛し、人民の生命・財産・安全を守り抜かなければならない」という意向を示し、引き続き海洋進出や海洋権益の追求を行なっていくという立場を表明した。

習近平政権は、前述のような「韜光養晦、有所作為」といった、かつての抑制的な外交から脱却して、中国自らが「大国」であることを強く意識した、アグレッシブともいえる姿勢をみせるようになってきている。その一環として、習近平政権は、「中華民族の偉大な復興」や「中国の夢」などを政治的スローガンとして掲げ、「強い中国」の復興を唱えるとともに、大国としての中国のプレゼンスを国内外に示そうとしている。さらに、「核心的利益」や「海洋権益の拡大」を主張して、周辺地域・海域における軍事力の拡大や宇宙開発などに注力してきた。

中国は大国外交を進めるにあたって、米中関係を「新型大国関係」と位置づけ、その容認をアメリカに求めることを試み、自らをアメリカと並び立つ大国であることを国際社会にアピールしてきた。その一方で、中国はもうひとつの大国であるロシアとの関係強化も重視してきた。二〇一四年三月のロシアによるクリミア半島併合以来、米ロ関係は悪化の一途をたどっている。他方、中国とロシアは、頻繁に軍事演習を行なうなどして、中ロ同盟の締結の可能性が取り沙汰されるほど緊密な関係にある。

二〇一四年秋には、中国外交の方向性を示す試金石として位置づけられる中央外事工作会議が行なわれた。二〇一四年一一月二八〜二九日、北京で八年ぶりに行なわれたこの会議の場で、習近平は重要演説を行ない、「中華民族の偉大な復興」や「中国の夢」の実現の重要性をあらためて提唱した。また、「すでに中国は中華民族の偉大な復興を実現するうえで鍵となる段階に入っている」として、「中国は必ずや自国の特色ある大国外交を持たなければならない」という立場を示すことによって、「特色ある大国外交」を新たなスローガンとして掲げた。さらに、善隣友好や周辺外交の継続の方針を示す一方で、今後も主権や領土問題で決して手を緩めないという立場をあらためて強調した[5]。

以上のように、習近平政権は、アメリカやロシアなどとのあいだで大国外交を推進しつつ、周辺外交では、アジアはもとより中東やユーラシア大陸などを広く網羅した幅広い外交を展開しようとしてきたのである。

だが、中国をめぐる国際環境は、必ずしも良好といえるような状況ではない。習近平政権は「中国脅威論」を払拭すべく、胡錦濤政権が掲げてきた「平和的発展」路線を継承するという立場を取ってきているが、実際の動きは実体がともなわないといった印象も受ける[6]。第一八回党大会でも掲げられた「海洋強国の建設」が示すように、中国の海洋進出や海洋権益を追求する動きは加速して、周辺諸国とのあいだに摩擦や軋轢を生む危険性が高まっている[7]。とくに、東シナ海や南シナ海における領有権争いをめぐる中国の強硬な対応は、周辺地域の安全保障の不安定要因となっている。

周辺外交工作座談会と「一帯一路」構想

そのような状況のもとで、習政権は、二〇一三年秋ごろより本格的に周辺諸国との関係改善に乗り出す姿勢をみせはじめた。同年一〇月二四〜二五日には、周辺外交工作座談会を開催して、周辺諸国との関係改善に着手しはじめた。周辺外交工作座談会には、習近平や李克強をはじめ最高指導部である政治局常務委員七人全員が出席するとともに、外交部や国防部の関係省庁の幹部や地方指導者などが一堂に会した。

周辺外交工作座談会の場で、習近平は「中華民族の偉大な復興の実現のため、周辺諸国との関係を全面的に発展させ、善隣友好を強固にして、互恵協力を深化させる。……周辺諸国との善隣友好関係を発展させることは、我が国の周辺外交の一貫した方針である」という重要演説を行なった。[8] さらに、「関係諸国とともに努力して、インフラの相互接続と連絡を加速させ、シルクロード経済ベルト、二一世紀海上シルクロードをうまく建設すべきだ。……地域金融協力を絶えず進化させ、アジアインフラ投資銀行の設立準備を積極的に進めて、地域の金融セーフティーネットをより完全にすべきである」という新たな方針を打ち出し、地域経済協力に積極的に参加すべきであるという立場を示した。

また、周辺外交工作座談会の開催に先立ち、習近平は二〇一三年九月に中央アジア諸国、一〇月には東南アジア諸国を歴訪していた。その際、習は、中国を起点として中央アジアから欧州に至る陸路の「シルクロード経済ベルト（一帯）」と、中国沿岸部から東南アジア、中東やアフリカなどを経由して欧州に至る海路の「二一世紀海上シルクロード（一路）」から成る、「一帯一路」構想を提唱した。「一帯一路」構想の実現によって、太平洋からバルト海に至る物流の大動脈をつくり、東アジア、西アジア、南アジアなどをつなぐ交通運輸網を建設するという壮大な青写真が示された。

習近平政権が「一帯一路」構想を推進する意図としては、アジアをはじめとして、中東、欧州に至る広範な地域において経済的な影響力を強めることにより、中国のプレゼンスの拡大を図ることがあげられるだろう。[9] それとともに、中国のプレゼンスの拡大のためには安定した国際環境が必要となるため、周辺諸国に対する経済的な利益の供与によって関係改善を図り、「中国脅威論」を払拭するといった意味合いも含まれているといえよう。

中国は「一帯一路」構想を通じた、中国内陸部のインフラ整備や新興市場の開拓によって、国内の過剰生産力の海外移転や多額の外貨準備の活用などを積極的に進めてきた。また、対外投資や資金援助、インフラ整備などの促進によって、中東や中央アジアからの資源エネルギーの権益の確保と安定的供給の確保などを図ろうとしている。

他方、中国が「一帯一路」構想を提起してからすでに七年あまりが経過しつつあるなかで、「一帯一路」の範囲は、アジアや欧州はもとより、中南米、南太平洋、さらにはインド洋からアフリカへと世界規模の拡がりをみせている。「一帯一路」を通じた中国からの融資によって、経済的恩恵を受けている国々がある一方で、「一帯一路」の沿線国家のなかには、膨れ上がる債務の深刻化、すなわち「債務の罠」が問題となっているケースも多くみられる。

中国の「一帯一路」構想の推進によって、周辺地域の安全保障上の懸念が高まっている例などもある。たとえば、「一帯一路」構想をテコにして、二〇一七年八月、中国海軍は初の海外基地をアフリカのジブチに開設した。インド洋から伸びる、いわゆる「真珠の首飾り」の延長線上に位置する、戦略的要衝であるジブチは、アフリカにおける中国の中長期的な安全保障上のプレゼンスの布石としても注目される。このように「一帯一路」構想の枠組みを通じた、中国の外交攻勢がアフリカまで及びつつあるなかで、経済協力と表裏一体にある安全保障上の問題を読みとっていく必要があるだろう。

なお、二〇一五年一二月末に発足したアジアインフラ投資銀行（ＡＩＩＢ）は、当初、中国主導に対する警戒心も相まって、アジア開発銀行（ＡＤＢ）や、世界銀行、国際通貨基金（ＩＭＦ）などの既存の国際金融秩序への対抗の表われといった受けとめ方もあった。だが、近年、ＡＩＩＢを主導する中国側の自助努力もあって、健全な融資による国際市場での一定の信頼の確保や、第三者諮問委員会の設置などによる透明度の向上が図られ、加盟国・地域は一〇〇あまりに達した。ＡＩＩＢに未加盟の日本政府も、ＡＩＩＢに距離をおく当初の姿勢から、接近する姿勢へと変化をみせており、国際社会の受けとめ方が少しずつ前向きなものへと変わりつつあることも指摘しておくべきであろう。

中長期的にいえば、中国は周辺外交の推進によって、アジア太平洋地域におけるアメリカの影響力の排除を意図しているという見方もできる。近年、国際社会におけるアメリカの役割が相対的に弱まるなかで、中国は自由貿易の旗印を掲げ、その国際的なプレゼンスを高めようといった、かつてない動きをみせている。たとえば、トランプ政権は、環太平洋パートナーシップ協定（ＴＰＰ）からの離脱を政権発足直後に決定し、アメリカ優先の保護主義的な姿勢を強めている。それとは対照的に、中国はアジア太平洋自由貿易圏（ＦＴＡＡＰ）や、東アジア地域包括的経済連携（ＲＣＥＰ）の実現などに力を注いできた。

これに関して、二〇一七年一月、スイスで行なわれた世界経済フォーラムの年次総会（ダボス会議）の開会式の基調講演で習近平は、「われわれは揺るぎなく開放型の世界経済を発展させるべきである」として、自由貿易の重要性を説いた[10]。そのうえで、習は中国の積極的なイニシアティブのもとで、ＦＴＡＡＰなどの交渉を進めて、世界に開かれた自由貿易圏のネットワークをつくっていく方針を示した。これは、当時まもなく大統領に就任しようとしていたトランプの保護主義的な姿勢や、貿易不均衡をめぐる中国批判などを念頭に置いたものであった。

中国のプレゼンスの拡大は経済の分野のみにとどまらない。近年、中国は、アジアの新しい安全保障秩序の構築に向けて主導的な役割を果たそうという姿勢を示した。二〇一四年五月のアジア相互協力信頼醸成措置会議（CICA）の場において、習近平は「アジア新安全保障観」を打ち出し、「アジアの安全はアジアの国民によって守られなければならない」として、「いかなる国家も地域の安全保障を独占すべきではない」と主張した。[11] さらに、日米同盟の強化などを念頭に置いて、「軍事同盟の強化は地域の安全にとって不利である」という意向を示したことも銘記すべきであろう。

習近平の政権基盤の強化

二〇一七年一〇月一八日から二四日まで、中国共産党第一九回全国代表大会（第一九回党大会）が開催された。同大会開幕会議では、習近平が三時間半にわたる長時間の演説を行なった。

そのなかで習近平は、「中国の特色のある社会主義という偉大な旗印を掲げ、全面的に小康社会（経済的に多少ゆとりのある社会）を確立するために、最終的な勝利を収め、新時代の中国の特色のある社会主義の偉大なる勝利を得て、中華民族の偉大なる復興という中国の夢を実現するために奮闘を惜しまない」と演説し、あらためて「中華民族の偉大な復興」や「中国の夢」を掲げ、大国としての中国のプレゼンスを国内外に示した。[12] また、対外関係に関しては、近隣諸国との善隣友好や周辺外交を推進していく方針をあらためて示すとともに、「一帯一路」構想の実現によって国際協力を進めていく立場を示した。さらに、中華人民共和国建国一〇〇周年に向けて、国防改革と軍の現代化を進め、「社会主義現代化強国」の建設をめざすという方針を示した。

習近平を党中央の「核心」とする「一強体制」が形成されつつあるなかで、二〇一七年秋の第一九回党大会における習政権二期目、第六世代の新指導者候補をめぐる人事が注目を集めた。蓋を開けてみれば、最高指導部の政治局常務委員には、栗戦書、王滬寧、趙楽際などの習近平の側近に加え、習と関係が深いと目されている韓正が任命され、習近平の支持する勢力が新指導部の過半数を占めることになった。このように、習近平政権二期目には権力基盤が盤石となり、政権運営がいっそう安定化する見通しが強まった。

その一方で、第六世代の指導者候補として注目されていた胡春華や陳敏爾などが、最高指導部入りすることはなかった。党大会において後継者を内定して常務委員に登用するという、およそ四半世紀にわたって中国で続いてきた慣例は踏襲されることなく、次の世代の最高指導者を指名しないという異例の人事となった。

そして翌二〇一八年三月には、国家主席の任期を撤廃する憲法改正案が全人代で採択された。国家主席の任期を最長「二期一〇年まで」とすることで、権力の集中を避けてきた中国の集団指導体制のあり方が大きく揺らぐ可能性が出てきた。これにより、習近平が来たる二〇二二年秋の第二〇回党大会以降も最高指導者として権力を握り続ける可能性が高まっている。

続いて二〇一八年六月二二日から二三日には、約四年ぶりに中央外事工作会議が北京で行なわれた。習近平は同会議の演説で、「われわれは新時代の中国の特色ある社会主義の外交思想を全面的に貫徹実行し、中華民族の偉大な復興という中国の夢の実現と人類運命共同体の構築を推進するために、絶えず望ましい外部的環境をつくりださなければならない」と表明した。[13] それとともに、新時代の中国の特色ある社会主義の外交思想として、「一帯一路」構想の推進や、「核心的利益」の尊重などを含む一〇項目の方針が掲げられた。そのなかで「グローバル・ガバナンスシステムの改革に積極的に関わり、リードしていく」という方針が示されたため、中国が新たな国際秩序の構築に向けて「牽引役」を担っていこうという決意の表われではないか、として注目を集めた。

「米中新冷戦」と中国をめぐる国際関係

この数年間、中国をめぐる国際関係はめまぐるしく変化している。特筆すべきは、二〇一八年以来の米中貿易戦争にともなう米中関係の悪化である。同年秋のマイク・ペンス米副大統領のハドソン研究所での演説をきっかけとして、党派を越えた対中警戒感が米国国内で広がっている。この演説を、かつてのチャーチルの「鉄のカーテン」演説になぞらえて、「米中新冷戦」の開始と捉える向きもある。

アメリカにおける対中警戒感の高まりの背景のひとつとして、習近平政権の長期化の可能性があげられる。前述のとおり、二〇一八年三月の全人代での憲法改正によって、習近平の国家主席としての任期延長の見通しが強まり、それによって習政権の長期化を懸念する声が国際社会で広まっている。

「米中新冷戦」とは対照的に、中ロ関係は同盟の締結の可能性が取り沙汰されるほど、緊密化の様相をみせている。元来、両者が究極的には相容れない関係であることは、冷戦史を振り返れば明らかであろう。だが、冷戦後の中国とロシアは、米国一極の国際秩序の形成に異議を唱える立場で一致しつつあり、両国の結束は、アメリカを牽制するための「外交カード」にもなりえる。さらに、人権問題などに関する内政干渉を避けたいといった点でも、中ロ両国の利害は一致している。このように、中ロ関係の緊密化は、米中関係の悪化と少なからず連動しているものとみられる。

二〇一二年の日本政府による尖閣国有化宣言以来、長きにわたって冷え込んでいた日中関係は徐々に回復期を迎えている。最近の米中関係の悪化も相まって、中国は日中関係の改善に積極的に取り組む姿勢をみせている。日中平和友好条約四〇周年の節目となる二〇一八年秋には、日本の首相としては七年ぶりに安倍晋三が中国を公式訪問した。さらに、二〇一九年六月のG20大阪サミットでの日中首脳会談を経て、二〇二〇年四月の習近平の訪日へつなげるという、日中両首脳の相互往来という道筋が描かれていたものの、新型コロナウイルス感染症の拡大により急遽延期となった。いまだ日中関係は改善の途上にあるが、米中関係の悪化が原動力のひとつとなっているといえよう。

北朝鮮の核開発問題をめぐっては、米朝関係が大きく動いた。二〇一八年六月には史上初となった米朝首脳会談がシンガポールで行なわれ、トランプ大統領と金正恩主席の会談が実現した。さらに、二〇一九年二月には、第二回目の米朝首脳会談がヴェトナムのハノイで行なわれた。いずれも米朝首脳会談の実施に先立ち、中国と北朝鮮の首脳間で事前の協議が行なわれてきた。最近の米朝接近の狭間で、中国は北朝鮮に対する伝統的な影響力の行使を期待されており、その役割が注目されている。

中国国内では、習近平の政権基盤を揺るがしかねない新たな問題が発生した。二〇一九年六月の逃亡犯条例に端を発し、香港における反政府デモが拡大した。中国共産党政府は、香港の反政府勢力に対する力による徹底的な取り締まりの姿勢を崩していない。香港での「一国二制度」の機能不全が白日のもとにさらされるなかで、二〇二〇年一月には台湾で総統選挙が行なわれ、一時は再選が絶望視されていた民主進歩党（民進党）の蔡英文が対中強硬姿勢を鮮明にして、圧倒的な支持を得て再選を果たした。

＊

さて、ここ数十年間の中国をめぐる国際関係を簡単に振り返ってきた。冒頭で述べたように、以下の各章では、主に習近平政権の北東アジア地域における対外政策を、バイラテラルあるいはマルチラテラルな関係から捉えていく。各章とも、それぞれの関係の歴史的背景とその現状、中長期的な視点からの戦略的構想や意図、さらには今後の見通しなどに焦点をあてつつ、さまざまな角度から論じられる。習近平政権を扱うことは同時代史的なテーマであり、研究自体もいまだ限られている。[14] ましてや、バイラテラルな関係を主軸にした書籍はいまのところ存在しない。その意味でも本書は、現代中国をめぐる国際関係を理解するうえで、いくつもの重要な論点や視座を提供するものとなるだろう。

註　記

（1）中国政治に関して、対外政策も含めて歴史的経緯などを踏まえ包括的に分析した主な先行研究として、宇野重昭・天児慧編『二十世紀の中国――政治変動と国際契機』（東京大学出版会、一九九四年）、岡部達味編『ポスト冷戦のアジア太平洋』（日本国際問題研究所、一九九五年）、岡部達味編『グレーター・チャイナの政治変容』（勁草書房、一九九五年）、岡部達味『中国の対外戦略』（東京大学出版会、二〇〇二年）、岡部達味『中国をめぐる国際環境』（岩波書店、二〇〇一年）、青山瑠妙『現代中国の外交』（慶應義塾大学出版会、二〇〇七年）、川島真・毛里和子『グローバル中国への道程――外交一五〇年』（岩波書店、二〇〇九年）、青山瑠妙『中国のアジア外交』（東京大学出版会、二〇一三年）、青山瑠妙・天児慧『超大国・中国のゆくえ2――外交と国際秩序』（東京大学出版会、二〇一五年）などを参照。

（2）なお、ここに挙げた多国間の枠組みに中国が加入した時期は、ＡＰＥＣ（一九九〇年）、ＡＲＦ（一九九四年）、ＡＳＥＡＮ＋３（一九九七年）、ＳＣＯ（二〇〇一年）、ＷＴＯ（二〇〇一年）、六者協議（二〇〇三年）である。なお、当時の中国の多国間外交の展開については、高原明生「東アジアの多国間主義――日本と中国の地域主義政策」『国際政治』第一三三号（二〇〇五年八月）、松本はる香「冷戦後における中国の多国間外交の展開」佐々木智弘編『現代中国の政治的安定』（ジェトロ・アジア経済研究所、二〇〇九年）〈http://hdl.handle.net/2344/00017021〉（二〇二〇年七月一日アクセス）などを参照。なお、以降の註釈におけるホームページ・アドレスのアクセス日時については省略するが、すべて二〇二〇年七月一日に最終アクセスしたものである。

（3）「平和的発展」に関しては、松本はる香「政権移行期における中国外交――『平和的発展』路線の行方」大西康雄編『習近平政権の中国――「調和」の次に来るもの』ジェトロ・アジア経済研究所、二〇一三年〈http://hdl.handle.net/2344/00014657〉を参照。

（4）「習近平在十二届全国人大一次会議閉幕会上発表重要講話」新華網、二〇一三年三月一七日〈http://news.xinhuanet.com/2013lh/2013-03/17/c_115052635.htm〉。

（5）「中央外事工作会議在京挙行習近平発表重要講話」人民網、二〇一四年一一月三〇日〈http://sx.people.com.cn/n/2014/1205/c367845-23121105.html〉。

（6）「平和的発展」路線を継承する立場については、胡錦濤「堅定不移沿着中国特色社会主義道路前進為全面建設小康社会爾奮闘――在中国共産党第十八次全国代表大会上的報告」を参照。

（7）第一八回党大会での「海洋強国の建設」の言及については、胡錦濤「堅定不移沿着中国特色社会主義道路前進為全面建設小康社会爾奮闘――在中国共産党第十八次全国代表大会上的報告」『中国共産党第十八次全国代表大会文件匯編』人民出版社、二〇一二年を参照。

（8）「習近平：讓命運共同体意識在周辺国家落地生根」新華網、二〇一三年一〇月二五日〈http://news.xinhuanet.com/2013-10/25/c_117878944.htm〉。

（9）これに関して、川島真は「一帯一路」構想を、中国が重視する国際公共財（衛星通信網や海底ケーブルなど）の建設にみられる、米中「デカップリング」の一部を成すものであると捉えている。川島真「米中対立と日中関係」『東亜』第六三四号（二〇二〇年四月）、二～九頁、同「二つの米中対立――中国の進める国際公共財建設の意味」nippon.com（二〇二〇年四月三日）〈https://www.nippon.com/ja/in-depth/d00554/〉を参照。

（10）「習近平主席在世界経済論壇二〇一七年年会開幕式上的主旨演講」新華網、二〇一七年一月一八日〈http://www.xinhuanet.com/fortune/2017-01/18/c_1120331545.htm〉。

（11）「習近平在亜洲相互協作与信任措施会議第四次峰会上的講話」新華網、二〇一四年五月二一日〈http://news.xinhuanet.com/politics/2014-05/21/c_1110796357.htm〉。

（12）「習近平在中国共産党第十九次全国代表大会上的報告」人民網、二〇一七年一〇月二八日〈http://cpc.people.com.cn/n1/2017/1028/c64094-29613660.html〉。

（13）「中央外事工作会議上習近平的这些話非常重要」新華網、二〇一八年六月二三日〈http://www.xinhuanet.com/politics/xxjxs/2018-06/23/c_1123026120.htm〉。

（14）習近平政権期の政治外交に関して論じた主な先行研究として、川島真編『チャイナ・リスク』（岩波書店、二〇一五年）、川島真『二一世紀の「中華」――習近平中国と東アジア』（中央公論新社、二〇一六年）、三船恵美『中国外交戦略――その根底にあるもの』（講談社、二〇一六年）、加茂具樹編著『中国対外行動の源泉』（慶應義塾大学出版会、二〇一七年）、大西康雄『習近平「新時代」の中国』（ジェトロ・アジア経済研究所、二〇一九年）、益尾知佐子『中国の行動原理――国内潮流が決める国際関係』（中公新書、二〇一九年）、川島真・遠藤貢・高原明生・松田康博編『中国の外交戦略と世界秩序――理念・政策・現地の視線』（昭和堂、二〇二〇年）などを参照。

第1章　対立が先鋭化する米中関係

「米中新冷戦」の幕開けか

松本はる香

はじめに

二〇一八年以来の関税引き上げ合戦を契機とする「米中貿易戦争」によって、アメリカと中国の関係悪化が懸念されてきた。米中両国の対立が、経済分野だけでなく、外交・安全保障の分野などの広範囲に及びつつあり、「米中新冷戦」の幕開けかといった懸念も広まっている。さらに、新型コロナウイルス感染症（COVID-19）の拡大によって、その感染源などをめぐって米中間の舌戦が繰り広げられ、両者の対立がさらに激化している。

そこで本章では、対立が先鋭化する習近平政権下の米中関係を、主に外交・安全保障問題の側面から論じる(1)。まずは、習政権期と重なるオバマ政権期に、中国側が追求した「新型大国関係」の変遷をたどるとともに、アメリカの対中姿勢が協調から強硬へ向かう過程を跡づける。つぎに、米中関係の争点となっている、中国の海洋進出の問題、米中貿易戦争や「米中新冷戦」の行方、中国の「統一戦線工作」

の実態などをみることで、アメリカの対中強硬姿勢が先鋭化していく過程を明らかにする。さらに、米台関係についても、最近のアメリカの台湾への関係強化の動きや、中台関係の展開などの視点から論じる。これらのことを踏まえて、本章では習近平政権下の米中関係を俯瞰しつつ、その全体像を浮き彫りにしたい。

一　中国の「新型大国関係」の追求

（1）米中関係と「新型大国関係」の起源

習近平政権の誕生は、二〇一二年秋の中国共産党第一八回全国代表大会（第一八回党大会）にさかのぼるが、習近平はそれ以前の国家副主席時代より対米重視の姿勢を示していた。二〇一二年二月には、次期最高指導者となることがほぼ内定していた習近平が、自らの強い希望によってアメリカを訪問した。習は、米国市民との交流を行なうことで、中国の新しい指導者の親しみやすさを最大限演出しようとした。三五年あまり前の地方幹部時代に、研修のために滞在したアイオワ州のホストファミリーと再会した際には、「アメリカの印象はあなたがたから得られた。あなたがたはアメリカそのものだ」などと語って親米的な姿勢を全面的に示した。

米国市民との交流に加えて、バラク・オバマ大統領と習近平による米中首脳会談の実施や、米国政府の主要関係閣僚らによる国賓級の接待などが行なわれ、米国国内は習訪米の歓迎ムードに包まれた。この首脳会談の際、習近平は、胡錦濤国家主席からの親書をオバマ大統領に直接手渡し、訪米の目的について語り、「胡錦濤主席がオバマ大統領とともに築いた米中パートナーシップが、正しい方向に沿って両国関係の発展を引き続き促進することにある」という意向を示した(2)。

同首脳会談の場で、これまでの米中関係をさらに発展させていく意向を示した習近平は、中国がアメリカとのあいだに「新型大国関係」を構築すべきであることを、オバマ大統領に対して提起したといわれている(3)。もともと、この「新型大国関係」とは、二〇一〇年五月のオバマ政権下の米中戦略経済対話の場で、中国側の戴秉国国務委員によって米国側に初めて提起されたものであった(4)。

当時、習近平からの「新型大国関係」の提起に対し、オバマ大統領はそれを受け入れるかどうかについて明言するのを避けた。そして、オバマは、中国が国際協調的な外交姿勢を取ることを歓迎する意向を示したうえで「国力の拡大と繁栄には責任の増大がともなう」と述べ、中国の「大国」としての自覚を促すとともに、国際規範の遵守や貿易不均衡、人権問題の改善などの必要性を示唆した。このように「新型大国関係」が習近平によって提起された際、米中双方は政権移行期を迎えていた。つまり、オバマ大統領は二〇一二年一一月の大統領選挙の再選をめざすとともに、中国は第一八回党大会を控えていたため、両国は首脳会談の場で相互の立場を探り合うにとどまったのである。

やがて、二〇一二年一一月の第一八回党大会と二〇一三年三月の第一二期全国人民代表大会（全人代）第一回会議を経て、中国の新しい最高指導者となった習近平国家主席は、「中華民族の偉大な復興」や「中国の夢」の実現などをスローガンとして掲げ、「強い中国」の復興を唱えるとともに、大国としての中国をめざすべきことを国内外にアピールした(5)。

二〇一二年一二月末には、王岐山副総理が訪米し、同年秋の大統領選挙を経て続投が決まっていたオバマ大統領とホワイトハウスで会談を実施した。その際、王岐山は「中国共産党と政府はアメリカとの関係を非常に重視している」としたうえで、米中戦略経済対話をはじめとする対話の強化によって「新型大国関係」を構築すべきである、という中国側の意向をあらためて示した[6]。このように、習近平政権は米中関係を「新型大国関係」と位置づけ、それを米国側に認めさせようとしたのである。

(2)「新型大国関係」をめぐる中国の外交攻勢

「新型大国関係」をめぐる中国側の外交攻勢はさらに加速した。二〇一三年六月には習近平が訪米し、アメリカのカリフォルニア州サニーランズでオバマ大統領と二日間、およそ八時間という長時間にわたって首脳会談を行なった[7]。国家主席に就任してからわずか三カ月後に行なわれた米中首脳会談の開催には、習近平自身の強い意向が作用したとみられる。そこからも、米中関係を最大限重視する習政権の外交姿勢がうかがえる。

米中首脳会談では、サイバーセキュリティの問題や、北朝鮮の核開発・ミサイル問題、尖閣諸島問題、環太平洋パートナーシップ協定（ＴＰＰ）などが議題にあげられた。特筆すべきは、この首脳会談において、習近平が「新型大国関係」について繰り返し言及したことである。習は、米中関係が「新型大国関係」であるとオバマに認めさせることによって、中国がアメリカに並び立つ超大国であることを国内外に印象づけようとした[8]。

当時の中国側の定義によれば、「新型大国関係」とは、①対抗せず、衝突しない（不衝突、不対抗）、

サニーランズの首脳会談時のオバマ・習近平（2013年6月8日）［出典：Wikimedia Commons, Official White House Photo by Pete Souza］

②互いに尊重する（相互尊重）、③協力を通じてウィン・ウィン関係を築くこと（合作共赢）を意味する。[9] このとき中国側は、「新型大国関係」の構築を提起することによって、アメリカに対抗する意図がないことを示し、それを受け入れてもらうのと引き換えに、米国側から「核心的利益」の尊重を得ようとしたのである。[10]

また、習近平はオバマに対し「太平洋には米中両大国を受け入れるに十分な空間がある」と表明するとともに、「新型大国関係」の構築の必要性を語ったことから、その意図をめぐって国際社会に議論が巻き起こった。このような習近平の姿勢から、中国側が「新型大国関係」の構築を通じて、アジア太平洋地域での米中両国の覇権の分割や、自らの「核心的利益」を米国側に容認させることを意図しているのではないか、といった疑念の声があがった。つまり、中国にとって、アメリカによる「新型大国関係」の容認とは、中国側の「核心的利益」の尊重と表裏一体のものとも解釈できる。

その後も「新型大国関係」の受け入れをめぐる中国側の外交攻勢はさらに続いた。たとえば、二〇一三年一一月二〇日、スーザン・ライス米大統領補佐官（国家安全保障担当）が、ワシントンDCで行なった演説のなかで中国との「新型大国関係」を具現化する（operationalize）と発言したことは、ついに米国政府が「新型大国関係」を受け入れたのではないかといった、さまざまな憶測を国際社会に呼び起こすことになった[11]。なお、その直後の一一月末には、中国が東シナ海における「防空識別圏」を一方的に設置する、という強硬な措置に出たことも見過ごすことはできない。それは折しも、ライス米大統領補佐官の「新型大国関係」に関する発言がみられた直後に起こった出来事でもあった。

このように、オバマ政権が二期目に入った二〇一三年の秋ごろには、大統領をはじめとする米国政府関係者が、中国側に呼応するようなかたちで「新型大国関係」を受け入れるとも取れる姿勢をみせる場面もあった。その後、二〇一四年三月のオランダのハーグにおける核安全保障サミットや、一一月の北京におけるアジア太平洋経済協力（APEC）の際に行なわれた米中首脳会談の場などでも、中国側はオバマ大統領に対して「新型大国関係」の受け入れを求めようと働きかけたのである。

当時、オバマ政権は、アジア政策として「アジア回帰」や「リバランス」の方針を打ち出してきたものの、その方向性は必ずしも明確には定まっていなかった。とくに、南シナ海の領有権問題や、アメリカの同盟国である日本が抱えている東シナ海の領土問題などについては、平和的解決を期待するという意向を示しつつも、直接的な関与を控えてきた。たとえば、東シナ海の問題に関していえば、二〇一二年九月一一日に日本政府が尖閣諸島の国有化を宣言した直後、中国を訪問したレオン・パネッタ米国防長官は、尖閣諸島が日米安保条約の適用対象であるとしつつも、尖閣をめぐる「領土問題で特定の立場を取らない」と表明していた[12]。また、カート・キャンベル米国務次官補（東アジア・太平洋担当）は「あくまでも二国間の外交上の問題であり、アメリカが仲介するつもりはない」として、日中間の尖閣諸島の問題に対する不介入の立場を示していた[13]。このようなオバマ政権の曖昧な姿勢が、中国の周辺地域におけるアグレッシブな対外行動の活発化をさらに促したという側面があるといえよう。

また、中国は周辺外交の一環として、「一帯一路」構想などを積極的に推進する一方で、安全保障分野における地域システムの構築にも興味を示していた。たとえば、二〇一四年五月には、アジア相互協力信頼醸成措置会議（ＣＩＣＡ）の首脳会議が上海で行なわれた。同会議は、アジア地域の安全保障問題について対話と交渉を行なうことを目的として結成されたもので、ロシアや中央アジア周辺諸国や、インド、韓国などを含むアジアや中東地域などの二十数カ国が参加している。

その際、ＣＩＣＡの主催国代表として演説を行なった習近平は、「アジアの安全はアジアの国民によって守られなければならない」としたうえで、「いかなる国家も地域の安全保障を独占すべきではない」ことを宣言した。また、「軍事同盟の強化は地域の安全にとって不利である」として、「アジア新安全保障観」を樹立する必要性を提唱した。さらに、中国が「アジア（新）安全保障観の積極的な提唱者であり、揺るぎない実践者である」として、アジアの新たな安全保障秩序の構築に向けて主導的な役割を担っていく立場を明らかにした[14]。

このように、中国は経済分野にとどまらず、安全保障分野においても、アメリカを含まない地域システムの構築を推進する意欲をみせはじめていたのである。だが、中国が多国間の国際的な枠組みなどを通じて、地域の安全保障のイニシアティブを取ろうとすることは、中長期的には、アメリカのプレゼンスの排除にもつながり、米中関係の不安定要素が残されることになった。

（3）「新型大国関係」に対する米国政府の姿勢の変化

二〇一四年一一月末には、中央外事工作会議が約八年ぶりに北京で行なわれ、習近平は同会議における演説のなかで、「すでに中国は中華民族の偉大な復興を実現するうえで鍵となる段階に入っている」という認識を示し、「中国は必ずや自国の特色ある大国外交を持たなければならない」として、「特色ある大国外交」を新たなスローガンに掲げた。さらに、隣国との善隣友好や周辺外交の推進の方針を示すとともに、あらためて米中関係を大国外交と位置づけ、両国のあいだの「新型大国関係」の構築を積極的に推進する方針を打ち出した。

その一方で、前述のとおり、「新型大国関係」の取り扱いをめぐっては、二〇一三年秋ごろに米国政府内で足並みの乱れがあったものの、最終的にはその方向性を見定めつつあった。そのような米国側の明白な姿勢の変化が、二〇一四年一一月の北京ＡＰＥＣでの米中首脳会談においてみられた。首脳会談を終えたオバマ大統領は、共同記者会見の場で、注目を集めていた「新型大国関係」に対する言及を行なわず、それを退ける姿勢を明確に示したのである。習近平政権は、米中関係を「新型大国関係」の容認をめぐり、米国政府に対して積極的な働きかけを行なってきたが、二〇一四年秋ごろより、オバマ政権はそれを遠ざけるようになっていた。このころから、米国側は中国側に対して海洋問題などをめぐって自制を促すようになったが、米中両国の言い分は平行線上をたどるようになっていた。

二〇一六年三月には、習近平国家主席が首都ワシントンDCでオバマ大統領と首脳会談を行なった際、「アメリカと新型大国関係を築くのが中国の優先課題である」ことをあらためて提起した。しかし、オバマ大統領がそれに対してもはや同調の姿勢を示すことはなかった。さらに、米中首脳会談後の記者会見上でも、「新型大国関係」については一切触れられることはなかった。[15] こうして、米中関係を「新型大国関係」と位置づけアメリカに認めさせようという、習近平政権の当初の試みは、米国側の中国に対する警戒感の拡大によって、最終的には退けられることになったのである。

そのような米国政府の姿勢の変化のひとつの大きなきっかけとなったのが、中国の海洋進出の動きであった。当時、中国の東シナ海における「防空識別圏」の設定や、南シナ海における軍事拠点化などにともない、米国側はますます警戒感を強めていった。これによって、オバマ政権は対中政策を「対話」のみならず、「圧力」をもかけるという方向へとシフトさせようとしていた。そのような状況下で、二〇一五年秋以降、米国側は西太平洋上に配備する空母の数を増強し、南シナ海において「航行の自由」作戦を開始した。それ以降、民主党政権下で南シナ海における「航行の自由」作戦は四回にわたって実施され、中国が建設した複数の人工島周辺の航行や、上空通過などによって警戒を強めてきた。

このようにオバマ政権の二期目後半には、「対話」と「圧力」の両方をもって中国に向き合うという方針へと転換がはかられたが、それは「新型大国関係」の軌道修正と軌を一にするものであった。いずれにせよ、民主党政権の中国に対する方針の転換はやや遅すぎた。オバマ大統領は、中国との協調関係を優先してきたため、環境問題をはじめとする、比較的合意が得られやすい議題を選んで首脳会談の場で取り上げてきた。その結果として、人権や安全保障をめぐる問題などの難しい議題については、米中間の摩擦を避けるために後回しにされてきた。そのことが、中国の海洋進出にみられるような、アグレッシブな対外行動を加速化させる原因を少なからずつくってきたのである。

さらにいえば、オバマ政権下で融和的な政策が長く続けられた結果、中国に対する懸念や不満が米国国内に高まったことが、トランプ政権が対中強硬姿勢へと転じる伏線となった。つまり、最近のアメリカの対中強硬姿勢の原型は、オバマ政権期の後半にすでに形成されていたといえよう。

二 米中対立の激化と「米中新冷戦」の行方

(1) トランプ政権の誕生と中国の海洋進出の加速

二〇一六年秋、アメリカで大統領選挙が行なわれ、民主党のオバマ大統領から共和党のトランプ大統領への政権交代が決まった。二〇一七年一月のドナルド・トランプ大統領の就任後、同年四月には習近平が訪米し、初の米中首脳会談がフロリダ州パームビーチで行なわれた。

トランプ政権にとってもっとも重要な課題のひとつは、北朝鮮の核開発・ミサイル問題を解決に導くために、中国の協力を取りつけることであった。とくに注目を集めたのが、習近平を歓迎する夕食会に合わせるかたちで、米軍がシリアへ向けて巡航ミサイルを発射したことだった。このタイミングでシリアに攻撃を行なうことによって、アメリカの意に反する行動を取れば、単独行動も視野に入れた、力による制裁も辞さないという強気の姿勢が示された。それによって、北朝鮮に対する制裁について従来から後ろ向きな中国を突き動かそうとしたのである。これに対して、習近平は北朝鮮の核開発が深刻な段階にあるという認識を示したものの、具体的な問題の解決方法まで踏み込むことはなかった。

米中首脳会談のなかで、トランプは、北朝鮮問題以外にも、東シナ海や南シナ海での国際規範の順守と、南シナ海を軍事拠点化しないという習近平自身の過去の発言を守ることの重要性についても言及した。また、米中間の貿易不均衡の解決のために「一〇〇日計画」を策定する、という合意がなされた。それとともに、トランプは、中国の産業政策などが米国の雇用や輸出に及ぼす影響に深刻な懸念を表明し、中国側が具体的な措置を執る必要があることを強調した。

二〇一七年四月の米中首脳会談後、五月下旬には米国海軍による「航行の自由」作戦が開始された。また六月には、ジェームズ・マティス米国防長官がアジア安全保障会議で南シナ海の問題に言及し、トランプ政権下で「航行の自由」作戦を開始したことについて触れ、「われわれは中国の行動を容認しない」として中国を強く牽制する発言を行なった[16]。

南シナ海問題に関していえば、二〇一六年七月、オランダ・ハーグの仲裁裁判所の判決によって、中国が独自の権利を主張する南シナ海の領有権などについて法的根拠がないことが示された。だが、東南アジア諸国連合（ASEAN）は、中国に対する配慮によって、その後の一連の国際会議の共同声明のなかでは同裁判の判決内容には触れず、名指しの批判も避けるといった弱腰の姿勢を続けた。

このように「全会一致」を原則とするASEANの限界が露呈するなかで、南シナ海問題の解決の鍵を握っているのはアメリカである。しかし、中国はアメリカのオバマ政権期の対中協調姿勢に乗じて、南シナ海での実効支配の既成事実を積み上げることに力を注いできた。さらに、見逃してはならないのが、二〇一六年秋以降、アメリカが大統領選挙戦に突入するなかで、南シナ海問題に対して本腰を入れるのが難しい、いわば「力の真空」に乗じて、中国が同海域での活動をさらに活発化させてきたことである。その間、中国は同海域に複数の人工島を造成し、滑走路をはじめとして、レーダーやミサイルや航空機を迎撃する防空システムの配備などを行なってきた。いまや、中国による南シナ海の軍事拠点化の既成事実を覆すことは困難な状況となっている。

二〇一八年五月下旬には米国国防総省が、六月から二カ月間、ハワイ沖で行なわれる予定となっていた、米国海軍主催の環太平洋合同演習（リムパック）への中国海軍の招待を取り消したことを明らかにした。[17] リムパックとは、アメリカ、イギリス、フランス、日本、オーストラリアなどの二七カ国が参加する、世界最大規模の海軍による多国間の合同軍事演習で、隔年ごとに実施されてきた。中国は二〇一四年以降、オバマ政権の招請のもとで、二回にわたり演習に参加してきた。だが近年、中国の南シナ海の軍事拠点化の動きは周辺地域の緊張化を高めることから、リムパックの原理原則に合わないという声があがっており、トランプ政権下で演習への参加から排除されることが決まった。

リムパックへの中国の参加見送りが決定した後、マティス米国防長官は、二〇一八年六月のアジア安全保障会議で中国を批判する演説を行なった。その演説のなかで、かつて二〇一五年九月の米中首脳会談後の記者会見上、オバマ同席のもとで習近平が南シナ海で軍事拠点化を追求する意図はないと表明したことをあげ、中国が約束を守っていないことに厳しい目を向けた。[18] これに対して、中国側代表の解放軍軍事科学院副院長の何雷は、アメリカの「航行の自由」作戦こそが、南シナ海の軍事的緊張を引き起こす原因となるだけでなく、中国の主権への挑戦となっている、と真っ向から反論した。[19]

南シナ海問題をめぐって米中両国の対立が激化するなかで、二〇一八年九月末には、南沙諸島の近海で、アメリカの軍艦が「航行の自由」作戦を実施していたところ、中国の軍艦がその進路を妨げ、異常接近したことから、あわや衝突といった事態も発生した。このように、トランプ政権の誕生後も、南シナ海における中国の動きは楽観視できない状況にある。

トランプ政権は「インド太平洋構想」の実現を掲げ、それを推進するために東南アジアの戦略的な重要性を強調してきた。しかし、今後、トランプ政権が南シナ海問題などに対してどのくらい関与するかは不透明な状況にある。これに関して、トランプ大統領自身は、二〇一八年の一年間に開催されたAPECやASEAN首脳会談、東アジアサミットなど、その年の東南アジア関連の一連の会合への出席をすべて見送っており、東南アジア地域に対する関心の薄さも指摘されている。そのことが、中国の海洋進出を間接的に後押ししているという見方もできる。

さらにいえば、二〇一八年一二月下旬には、中国の南シナ海での海洋進出に対する牽制を積極的に行なってきたマティス米国防長官が辞任した。そのほかにも、同年三月にレックス・ティラーソン米国務長官が、四月にはハーバート・マクマスター米大統領補佐官（国家安全保障担当）やゲイリー・コーン国家経済会議委員長など、国際主義的な関与政策の推進派の政府高官が相次いでトランプ政権を去っている。そのようなトランプ政権の状況が、今後のアメリカの南シナ海問題をめぐる対応をさらに予測不可能なものにしている側面もある。

（2） 米中貿易戦争と「米中新冷戦」の行方

二〇一八年に入ると、米中間の関税引き上げ合戦によって、米中貿易戦争の火蓋が切られた。二〇一八年三月、アメリカ経済の保護主義を掲げてきたトランプ大統領は、中国を念頭に置いて、米通商拡大法二三二条にもとづき、国家安全保障の脅威となっているとする、鉄鋼やアルミニウムに追加関税を課すことによって輸入制限を行なうという大統領令に署名した。また、四月には、アメリカ通商代表部（ＵＳＴＲ）が、知的財産権侵害を理由として、通商法三〇一条にもとづき、中国からの輸入品に二五％の追加関税を賦課する一三〇〇品目のリスト（最大六〇〇億ドル相当）を公表した。これに対して、ただちに中国側が対抗措置を打ち出した。具体的には、アメリカの豚肉やワインなどの農産物を中心とした一二八品目に対する関税引き上げを発表した。さらに、大豆、航空機などに対する五〇〇億ドル規模の米国製品に二五％の追加関税をかけることを決定した。それによって、全面的な米中貿易戦争の見通しが強まり、米中関係の悪化が顕著になった。

その後、二〇一八年七月以降、トランプ政権は中国に対して、第一弾の三四〇億ドル（二〇一八年七月六日）と第二弾の一六〇億ドル（同年八月二三日）に二五％の追加関税を課した。さらに、第三弾の二〇〇〇億ドル（同年九月二四日）にも一〇％の追加関税を発動させた。これに対して、中国は関税追加の対抗措置を取り、米中の関税引き上げ合戦はエスカレートしていった。

やがて、二〇一九年に入ると、米中の貿易摩擦はさらに激化した。トランプ政権は、第四弾の追加関税として、一一〇〇億ドルの中国製品に一五％の追加の関税をかける（九月一日）とし、さらには残りの中国からの輸入品ほぼすべての一六〇〇億ドルに一五％課税する（一二月一五日）ことを発表した。

だがその後、第四弾の関税発動を回避するための米中交渉が進められた結果、二〇一九年末に新たな進展がみられた。

二〇一九年一二月一三日には、米中双方は第一段階の合意に達し、同月一五日に予定されていた第四弾の関税発動、すなわち一六〇〇億ドル分の一五％賦課は見送られることが決定した。また、トランプ政権は、中国からの輸入品に上乗せしている関税のうち一五％の関税を半分の七・五％に引き下げることを発表して、これまでの強硬姿勢をやや緩和させる姿勢をみせた。その見返りとして、中国は今後二年間のアメリカからの輸入の一・五倍の増額（約二〇〇〇億ドル）や、知的財産権保護の改善を約束して応じたものの、国有企業に対する補助金削減問題などは棚上げされた。これを受けて、翌年一月一五日には、米中両国は第一段階の合意文書に署名した。

このような米中貿易戦争を契機として、米中関係は急速に悪化へ向かった。だが実際には、二〇一八年に開始した関税引き上げ合戦以前から、米中対立の火種はくすぶっていた。その前哨戦として、二〇一七年一二月には、ホワイトハウスが「国家安全保障戦略」（ＮＳＳ）を発表した。トランプ政権はＮＳＳのなかで、「対話」を通じてリーダーシップの発揮をめざしてきたオバマ前政権の方針を修正し、軍事力によって国際秩序の安定を図ることを明らかにした。それとともに、中国をロシアと並んで世界の秩序を変更しようとする「修正主義勢力」（revisionist power）であり、かつ「競争国」（strategic competitor）であると位置づけ、対抗していく姿勢を鮮明にした[20]。

ＮＳＳの策定にあたったマクマスター前米大統領補佐官（国家安全保障担当）は、その発表を冷戦後のアメリカの外交政策のもっとも重大な転換点であると位置づけるとともに、「間違った前提にもとづいていた、それまでの（アメリカの）対中政策とは根本的に異なる」と当時を振り返っている。[21]

このように、トランプ政権期に入ると、中国に対してより強硬な姿勢で臨むことが本格化して、米国議会の超党派による「対中包囲網」が国内に形成されつつある。

アメリカの対中強硬姿勢への転換を象徴する、ひとつの大きな契機となったのが、二〇一八年秋のマイク・ペンス米副大統領の演説である。二〇一八年一〇月、ペンス米副大統領が首都ワシントンDCのハドソン研究所でアメリカの中国政策に関する演説を行ない、中国に対する強い警戒感を鮮明に打ち出した。[22]この演説のなかでペンスは、中国の膨張主義的な対外政策や、米中貿易不均衡の問題を取り上げ、広範囲で包括的な対中批判を展開した。[23]ペンスの演説を機に、「米中新冷戦」が開始したのではないかといった声が国際社会にあがるとともに、米中対立が思いのほか根深く、長期化するのではないかという見通しが強まった。

ペンスの批判は、中国の強硬な対外姿勢や不公正な通商政策、国有企業への補助金問題だけでなく、宗教の自由を含む人権の侵害、少数民族への弾圧、台湾問題などにも向けられた。特筆すべきは、知的財産権の保護や強制技術移転などが問題視されたことである。そこには、中国共産党政府が米国企業に対し、中国で事業を展開する対価として、企業秘密の提供を強要していることや、米国製品の所有権を取得するために買収や出資を進めていることなども含まれている。さらに、中国の安全保障機関が、最先端のアメリカの民間技術を盗用し、軍事技術に転用していることなども厳しく指摘された。

とくに興味深いのは、ペンスの演説を通じて、中国共産党政府による、海外における情報と世論の操作の実態が浮かび上がったことである。そのような中国の宣伝工作の実態については、すでに専門家の

ハドソン研究所でのペンス米副大統領の演説（2018年10月4日）［出典：ハドソン研究所ホームページ〈https://www.hudson.org/events/1610-vice-president-mike-pence-s-remarks-on-the-administration-s-policy-towards-china102018〉］

あいだで指摘されてきたものの、アメリカの副大統領自らがそれを取り上げたこと自体が、問題の深刻さを物語っている。

ペンスの指摘によれば、中国共産党政府は、アメリカの大学における中国人に対する言論統制や情報の操作などによって、中国にとって望ましい情報を広め、逆に望ましくない情報を抑え込んできた。具体的には、全米の大学に一五〇以上の拠点がある中国人学生組織や学者協会などが、全米在住の四三万人の中国人留学生のために各種のイベントの開催を支援してきており、それらの開催を通じて、在米中国人の言論統制を行なっていることが明らかになった。さらに、中国共産党政府の路線から外れた場合には、中国の大使館や領事館に通報がなされていることも指摘された。

そのような動きは、在米中国人はもとより、アメリカの大学や研究機関や、アメリカ人にさえも向けられていることも指摘された。これに関して、中国共産党政府が中国問題を扱っているアメリカの大学や研究機関、シンクタンクや、研究者個人などに多額の資金援助を行なっており、中国にとって、好ましくない研究や情報発信を回避するよう仕向けていることも明らかになった。その一方で、アメリカ人の学者の研究結果が中国共産党政府の立場と相反する場合には、中国入国のビザ発給の遅延や拒否がなされている実態なども浮かび上がった[24]。

(3) 中国共産党政府の「統一戦線工作」の実態

ペンス米副大統領が取り上げたような、アメリカにおける中国の情報と世論操作の動きは、中国共産党政府の統一戦線工作と少なからず関わりがある。もともと中国の統一戦線工作とは、毛沢東時代にさかのぼり、党外人士・勢力の協力を得て、中国国内の潜在的に敵対する政治勢力などを取り締まるといった役割を担ってきた。また統一戦線工作には、中国共産党の海外での宣伝工作が重要な任務のひとつに含まれている。かつて毛沢東は、国共内戦などの政治闘争を勝ち抜くうえで、武装闘争や党の建設などと並ぶ重要な心理戦として、統一戦線工作を「三大法宝」(三つの魔法の武器)と位置づけ、重視してきた[25]。

毛沢東と同様に、習近平は統一戦線工作を重んじてきた。その表われとして、二〇一五年五月には中央統一戦線工作会議がおよそ八年ぶりに開催され、七月には新たに中央統一戦線工作領導小組の設置が決定された。このころより、中国共産党中央委員会直属の統一戦線工作部員が大幅に増員されるとともに、海外の中国大使館に関係者を配置するようになったとみられている。さらに、二〇一七年一〇月の中国共産党第一九回全国代表大会(第一九回党大会)では、習近平が「統一戦線は党の事業が勝利を収めるうえでの重要な切り札であり、必ずや長期にわたって堅持しなければならない」という演説を行ない、あらためて統一戦線工作を重視する姿勢を打ち出した[26]。

習近平政権の海外における情報と世論の操作などの統一戦線工作の実態については、欧米の研究機関や専門家による分析が行なわれてきた。近年、アメリカはもとより、オーストラリアやニュージーランドなどで、中国共産党の宣伝工作を担っている、中央統一戦線工作部の活動が活発化していることが問題視されている[27]。

米国議会の超党派の諮問機関である、米中経済安全保障調査委員会の報告書によれば、中央統一戦線工作部が、アメリカの主要なシンクタンクなどへの研究資金の提供を通じて、中国寄りの立場を取るように影響力の行使を仕向けてきたことが明らかになっている[28]。また、ウィルソン・センターの研究によれば、長年にわたりアメリカの主要な大学の多くが、中国共産党政府の工作員によって、中国に関する教育や研究の自由を侵害され、学問の独立への深刻な脅威を受けてきたことが指摘されている[29]。とくに、中国人の外交官をはじめとして、中国共産党政府の意を受けた留学生が、アメリカの大学に対して圧力をかけ、講義内容の変更を仕向けてきたことなどが問題視されている。

統一戦線工作にみられるような情報と世論の操作などの動きを「シャープ・パワー」と捉える向きもある。全米民主主義基金（NED）の分析によれば、シャープ・パワーとは、ロシアや中国のような権威主義的な独裁国家が、民主主義国家をターゲットとして、情報を操作したり、世論を分断したりする「力」のことを指す[30]。それは、従来の「ソフト・パワー」や「ハード・パワー」とはまったく異なる概念で、ターゲットとなる民主主義国家をとりまく政治的環境や情報に穴を開け、貫通させ、ときには分断させる鋭利なナイフのような力、といった意味合いを込めて、シャープ・パワーと名づけられた。

NEDの分析によれば、中国が巨額の資金を使って、人文交流、文化活動、教育・メディアなどの情報発信によって、世界各地で中国寄りの世論や観念をつくりだそうと試みてきた。また、「(中国が) 用いるテクニックには、取り込みや情報操作などがあり、そのターゲットは、メディア、大学、政策コミュニティ」であり、「(中国は) そうした『中国共産党の問題に対する注意を喚起し、共産党の利益を妨げるような障害をつくりだすかもしれない民主社会の組織』に浸透し、メディア、大学、政策コミュニティの行動を縛るような環境をつくりあげようとする」ことも明らかにされている[31]。

海外での中国語や中国文化の普及のための拠点とされてきた「孔子学院」を、中国の統一戦線工作の一環とする見方もある。孔子学院は、世界一二〇以上の地域の四五〇カ所以上に設置され、米国国内の大学の一〇〇カ所あまりで開設されてきた。その授業内容には中国共産党政府の意向が反映され、一党独裁体制に対する批判を封じ込める、情報と世論操作の場になっていることが問題視されている。このため、アメリカでの孔子学院の閉鎖が相次いでいる。

以上のように、近年、中国の統一戦線工作が米中対立の新たな火種となっている。中国の情報と世論の操作を通じた影響力の行使は、自由な民主主義国家の脆弱な部分を狙って浸透しようとしている。そのような中国の動きは、アメリカはもとより、オーストラリアやニュージーランド、シンガポール、台湾などでも確認されてきている[32]。なお、伝統的に中国文化が根づいている日本のような国では比較的浸透しにくいといわれている。だが、やや警戒心の薄い日本社会も、そのような中国による統一戦線工作の動きに注意を向けるべきであろう。

三　米中関係と台湾をめぐる安全保障

（1）アメリカの台湾へのコミットメント強化

米中関係の悪化とはうらはらに、米台関係は良好に推移してきた。二〇一六年一二月二日には、翌月の大統領就任に先立ち、トランプと台湾の蔡英文総統が電話会談を行なった。このことは、「一つの中国」原則の堅持を当然とする中国共産党政府に衝撃を与えることになった(33)。

従来、アメリカの大統領は、一九七九年の台湾との断交以来、中国に配慮して台湾総統との接触を差し控えるのが慣例となっていた。しかし、トランプは、従来の慣例を破り、蔡英文からの大統領選挙当選の祝福の電話に直接応答するとともに、二〇一六年五月の蔡の台湾総統就任に祝意を示した。両者は電話会談を通じて、米台間の経済、政治、安全保障の緊密な結びつきを確認した。

このようにトランプ政権は、台湾との関係強化に乗り出す積極的な姿勢をみせている。とくに、米国政府は、米台双方の政府関係者の往来の促進、米国海軍艦艇の台湾海峡の通過、台湾に対する武器売却を積極的に行なう姿勢を示すなどして、台湾への安全保障上のコミットメントを強化してきた。

アメリカが台湾への関与を強めている理由には、中国の台湾への圧力が強まっていることに対する危惧がある。二〇一六年一月の台湾総統選挙で当選を果たした、独立志向の強い民主進歩党（民進党）の蔡英文は、五月の就任演説のなかで「一九九二年の会談で合意がなされたという歴史的事実を尊重する」という立場を示すとともに、「現状維持」を中台関係の基本方針に据えた(34)。

その一方で、中国側は「九二年コンセンサス」に対して曖昧な態度を示す、蔡英文政権へ批判を向けるとともに、「一つの中国」原則を受け入れていないことを不服として、中台当局間の直接対話の停止を示唆した。これにより、中台間のハイレベルの交流は凍結状態となっている。

台湾で蔡英文政権が誕生して以来、習近平政権とは事実上の絶縁状態にある。そのような状況下で、中国は台湾を国際的に孤立させるための外交攻勢を強めてきた。中国の台湾に対する圧力が強まるなかで、トランプ政権は台湾に対する新たな方策を打ち出した。二〇一八年三月にはトランプ大統領が、上下両院ともに全会一致で可決した、米台間であらゆるレベルの高官の相互往来を促進する、「台湾旅行法」に署名した。

「台湾旅行法」成立を受け、二〇一八年六月には米国在台湾協会（ＡＩＴ）の台北事務所（大使館に相当）の落成式が行なわれ、マリー・ロイス米国務次官補（教育・文化担当）とエド・ロイス下院外交委員長夫妻が台湾を訪問した。二〇一九年五月には、台湾の国家安全会議の李大維秘書長が訪米し、ボルトン米大統領補佐官（国家安全保障担当）と会談を行なった。台湾の国家安全会議のトップがアメリカの安全保障担当の大統領補佐官と会談したのは、米台断交以来の出来事となった。

また、二〇一八年八月には、蔡英文が中南米を訪問した際、アメリカのロサンゼルスとヒューストンに立ち寄った。その際、レーガン大統領記念図書館における講演やロイス下院外交委員長らと会食し、航空宇宙局（ＮＡＳＡ）のジョンソン宇宙センターなどを見学した。台湾総統がアメリカを立ち寄った際の講演や政府関係機関の訪問は異例の厚遇であり、中国側が強い反発を示した。

さらに、二〇一八年一二月末には「アジア再保証推進法」が成立した。「アジア再保証推進法」には、「自由で開かれたインド太平洋」の実現をめざして、日本やオーストラリアなどの同盟国とのあいだの防衛協力やインドとの戦略的パートナーシップの強化をはじめとして、台湾への武器売却、高官相互訪問、人権や民主的価値観の尊重などを促進することなどが謳われている。

トランプ政権期に入り、アメリカが台湾への安全保障上のコミットメントを強めるなかで、中国は台湾に対する強硬な姿勢をみせている。二〇一九年一月二日、北京の人民大会堂で行なわれた、台湾政策を武力解放から平和統一へ転換した「台湾同胞に告げる書」発表四〇周年記念会議で、習近平は演説を行ない、祖国統一を実現するための五つの主張、いわゆる「習五点」を提起した(35)。そこには、①平和統一の実現、②「一国二制度」の実現、③「一つの中国」の堅持、④中台の融合と発展、⑤統一意識の共有などが含まれている。また、台湾独立勢力や、独立を推進する活動に対して「武力行使の放棄を確約せず、必要な措置を講じる選択肢を留保する」として、武力行使をも辞さない意向を示した。なお、中台関係が良好だった一〇年前の同三〇周年記念会議で、胡錦濤は武力行使については言及していない。

これに対して、台湾総統の蔡英文は「台湾同胞に告げる書」発表四〇周年記念会議の同日、対台湾武力行使の可能性を示唆した習近平の演説にただちに異議を唱えるとともに、「一国二制度」を断固として受け入れないという台湾側の立場をあらためて示した。

近年、中国は台湾側を牽制するような動きをみせており、台湾海峡の緊張が高まった。二〇一九年三月末には、中国人民解放軍の殲一一(J－11)戦闘機二機が、台湾海峡の「中間線」を越えたことから、台湾の戦闘機が緊急発進するという事件が発生した。それによって戦闘機による中台間の偶発的な衝突の可能性が高まった。また、六月には、沖縄本島と宮古島のあいだを通過した空母「遼寧」が台湾を周回した。さらに、一一月には、中国の空母が台湾海峡を南下して、海南島に向かった後、一二月にふたたび帰路について台湾海峡を北上した。

だが、こうした中国側の強硬な姿勢に対して、米国側が黙って見過ごしているわけではない。二〇一九年二月一三日には、米インド太平洋軍のフィリップ・デイヴィッドソン司令官が「習近平国家主席の『一国二制度』による統一は台湾海峡両岸の意向を反映していない」として、一月の習演説の台湾に対する武力行使の言及を批判した[36]。さらに、三月末の中国の戦闘機が台湾海峡の「中間線」を越えた事件が発生した際には、米国国務省や国防総省が、台湾海峡の現状維持に対する一方的な挑発行為であるとして、中国を強く牽制する姿勢を示した。イージス艦を含む米国海軍艦艇は月一回のペースで台湾海峡を通過しており、二〇一九年には合計九回の航行が実施された。これは、アメリカのインド太平洋戦略にもとづき、台湾海峡における「航行の自由」をアピールする狙いがあるものとみられる。

トランプ政権は、台湾に対する武器売却として、二〇一九年七月には、M1A2戦車一〇八輌と地対空ミサイル二五〇発（合計約二二億ドル）、八月には、台湾への武器売却としては二七年ぶりで、過去最大規模となる、最新鋭のF-16戦闘機六六機（約八〇億ドル）などの供与を決定した。アメリカの台湾に対する武器売却によって、中台間の軍事バランスが大きく変化することはなく、中国が圧倒的に優位に立っている現状を変えるのは難しい[37]。だが、中国を牽制して、台湾への安全保障上のコミットメントを強化しているという、アメリカの強い意志の表われとして捉えることができる。

(2) 中国の台湾に対する硬軟両構えの姿勢

二〇一六年一月の民進党の蔡英文政権発足以来、中台関係は冷え込んでおり、国民党の馬英九政権下で行なわれてきた、中台間の交流や実務協議などは途絶えたままである[38]。近年、中国は台湾を孤立させるための外交攻勢を強め、西アフリカや中米五カ国との断交に追い込み、二〇一九年九月には新たにソロモン諸島とキリバスが加わった。これによって、台湾と国交関係のある国はわずか一五カ国となった。なお、後掲の年表が示すとおり、トランプ・蔡英文電話会談（二〇一六年一二月）をはじめとして、蔡英文の訪米（二〇一八年八月）や、アメリカの対台湾武器売却などが決定した（二〇一九年七～八月）後、タイミングを見計らったように、中国は台湾を断交へ追いやってきたことが読み取れる。今後も蔡英文政権が中国の意に介さないような行動を取れば、台湾の断交ドミノが続く可能性がある。

近年、中台関係が冷却化するなかで、中国はいわば硬軟両構えの姿勢で台湾に向き合ってきた。そのような状況において、二〇一七年一〇月の第一九回党大会における演説のなかで、習近平が台湾に対する優遇措置を取る、という方針を全面的に打ち出したことは特筆すべき点である。

習近平は、第一九回党大会の演説のなかで台湾問題についてつぎのように述べた。すなわち、「両岸同胞は運命を共にする血を分けた兄弟であり、血は水よりも濃い家族である。……（中略）……われわれは大陸の発展のチャンスを率先して台湾同胞と分かち合いたいと考えている。われわれは両岸の経済・文化交流・協力を拡大し、互利互恵を実践し、大陸において就学、起業、就職、生活する台湾同胞に大陸同胞と同等の待遇を徐々に提供し、台湾同胞の福祉を増進していきたい」と述べ、中台交流の拡大と中国大陸を拠点とする台湾人の環境改善を促進していく意向を示した[39]。

さらに、二〇一八年三月の第一三期全国人民代表大会（全人代）第一回会議の李克強の政府活動報告においても、第一九回党大会と同様に、中国大陸での台湾人の就労や就学の機会を積極的につくっていく方針があらためて示された。それとともに、全人代の台湾に関する分科会では「台湾同胞が大陸に来て、発展のチャンスをつかむことを望んでいる」ことが示された[40]。

中国大陸での台湾人の就労や就学促進のための方針がつぎつぎと示されるなかで、さらに具体的な方策が打ち出された。二〇一八年二月二八日には、中国の国務院台湾事務弁公室と国家発展改革委員会が「両岸経済文化交流合作の促進に関する若干の措置について」を発表し、過去最大規模となる、中国大陸を拠点とする台湾企業や台湾人就業者向けの「三一項目の台湾優遇措置」を打ち出した[41]。

三一項目のうちの台湾企業向けの一二項目は、中国の企業と同等の待遇を与えることに重点が置かれ、税制面での優遇措置や、これまで制限されてきた「一帯一路」構想などを含む中国共産党政府主導のプロジェクトへの参入や、インフラ整備などを認める方針などが示された。また、台湾人就労者向けの一九項目には、大陸での就学や、起業、就業、生活面などにおいて、中国人と同等の扱いを認めるというものであり、医療、教育、文化・映像産業、芸術といった高度な専門職の人材を幅広く受け入れることなどが含まれた。このような中国の台湾優遇措置は、主に若年層の台湾人をターゲットとした、高度な専門職の人材などを取り込む、あるいは引き離すことによって、台湾の「空洞化」を図り弱体化を進め、将来の中台統一に結びつけていこうという、計算された中長期的な戦略といえよう。

このような中国の動きに対して、蔡英文政権は警戒感を強めてきた。これに関して、二〇一八年三月八日、台湾の行政院大陸委員会の邱垂正報道官は、中国側の措置について「単なる優遇政策ではなく、

表1－1　蔡英文政権期の台湾をめぐる主な動き

2016	5月20日　民進党の蔡英文が総統に就任 6月24日，30日　蔡英文総統が中南米外遊の際，マイアミとロサンゼルスを訪問 12月2日　トランプ大統領と蔡英文が初の電話会談 12月21日　サントメ・プリンシペが台湾と断交
2017	1月7日，15日　蔡英文が中南米外遊の際，ヒューストンとサンフランシスコを訪問 6月13日　パナマが台湾と断交 6月29日　米国の対台湾武器売却，高速対レーダーミサイルなど7項目（合計約14.2億ドル）を決定 10月18日　習近平総書記が第19回党大会の演説で台湾優遇措置を発表 10月28日，11月3日　蔡英文が南太平洋諸国外遊の際，ハワイとグアムを訪問
2018	2月28日　中国政府が「31項目の台湾優遇措置」を発表 3月5日　李克強首相が全人代政治活動報告で台湾人優遇措置を発表 3月16日　台湾の行政院，「4つの柱と8項目の戦略」を発表 3月16日　トランプ大統領が「台湾旅行法」に署名，成立 5月1日，26日　ドミニカ共和国，ブルキナファソが台湾と断交 6月12日　米国在台湾協会（AIT）台北事務所の落成式，ロイス夫妻らが出席 8月13日，19日　蔡英文が中南米外遊の際，ロサンゼルス，ヒューストンを訪問，航空宇宙局（NASA）などを訪問 8月13日　米国防授権法2019が成立，台湾との防衛協力強化を謳う 8月21日　エルサルバドルが台湾と断交 9月1日　中国政府が台湾人向けの「居住証」発行の開始 9月24日　米国の対台湾武器売却，F-16戦闘機やC130輸送機の部品など（合計約3.3億ドル）を決定 12月31日　トランプ大統領が「アジア再保証推進法」に署名，成立
2019	1月1日　蔡英文政権が「台湾回帰投資支援策」の運用を開始 1月2日　習近平が「台湾同胞に告げる書」発表40周年記念会議で演説 3月26～27日　蔡英文が南太平洋諸国外遊の際，ハワイを訪問 3月31日　中国のJ-11戦闘機2機，台湾海峡の「中間線」を越え，台湾の戦闘機が緊急発進 4月15日　米国の対台湾武器売却，F-16戦闘機パイロットの訓練プログラム（約5億ドル）を決定 6月25日　国家安全会議の李大維秘書長，ボルトン米大統領補佐官（国家安全保障担当）と会談したことが明らかに 7月8日　米国の対台湾武器売却，M1A2戦車と地対空ミサイル（合計約22億ドル）を決定 7月11日，19～20日　蔡英文が中南米外遊の際，ニューヨーク，デンバーを訪問，コロンビア大学などで講演 8月20日　米国の対台湾武器売却，F-16戦闘機（約80億ドル）を決定 9月16日，20日　ソロモン諸島，キリバスが台湾と断交。 11月4日　中国政府が「26項目の台湾優遇措置」を発表
2020	1月11日　蔡英文が台湾総統選挙で過半数を超える圧倒的支持で再選 1月22日　蔡英文が世界保健機関（WHO）に台湾の参加を呼びかける 2月5日　次期副総統の頼清徳が訪米，国家安全保障会議（NSC）を訪問 2月9日　中国のH6爆撃機，台湾海峡の「中間線」を越え，台湾の戦闘機が緊急発進

出所：筆者作成。

中国に利することが実質的な目的だ。中国の経済発展と台湾の人材誘致に狙いがある」と述べた[42]。また三月一六日には、行政院が中国に対する対抗策として、台湾を成長させるための「四つの柱と八項目の戦略」を発表した[43]。そこには、台湾における就学や就業の条件の改善、研究関連などの高度な専門職の人材に対する奨励の拡大、文化・映像産業の強化、業務上の秘密の保護強化などが含まれ、台湾側の「巻き返し」の意図が表われている。

さらに、二〇一八年四月、行政院大陸委員会は「中国はいわゆる『民主自由社会』ではない。台湾民衆は、実際の状況や先の見通しをよく理解し、慎重に判断する必要がある。わずかな恩恵のために中国の統一戦略や台湾融合政策に乗るべきではない」と注意を促した[44]。

台湾側の警戒心をよそに、中国大陸に住む台湾人向けの「居住証」の発行も開始された。二〇一八年九月一日、中国共産党政府は台湾人への居住証の申請の受け付けと発給を開始した。これにより、中国大陸で生活する台湾人が、就業、教育、医療、社会保険や金融などで中国人と同等の公共サービスを受けられることになった。なお、この居住証は香港やマカオの住民も対象とされている。大陸委員会の発表によれば、二〇一九年五月の時点で、一〇万人あまりの台湾人が居住証の申請をしたことが明らかになっている[45]。蔡英文政権は、居住証の発行を通じて、台湾人を中国人として扱うことで、中台統一を目論んでいるとして、注意を呼びかけている。

「三一項目の台湾優遇措置」や居住証の発行に対する本格的な対抗措置として、蔡英文政権は、二〇一九年一月から中国大陸へ進出している台湾企業への「台湾回帰投資支援策」の運用を開始した[46]。同支援策を通じて、今後三年間、中国大陸から台湾へ「回帰」した企業に対して、申請を通じて一定の条件を満たせば、台湾で展開する事業で必要とされる土地や水、電力の供給、労働力の確保のための支援や優遇措置などが受けられることになった。

最近の米中貿易戦争の影響も相まって、中国大陸での事業展開を見直し、中国大陸から「回帰」する台湾企業が増えている。行政院の発表によれば、「台湾回帰投資支援策」の効果によって二〇一九年四～六月の台湾の経済成長率は二・四一％に上昇した。

なお、台湾の総統選挙戦終盤の時期を迎えた二〇一九年一一月四日、中国は「三一項目の台湾優遇措置」を拡充するために、新たに「二六項目の台湾優遇措置」を発表した[47]。中国による台湾優遇措置の拡充の背景には、二〇二〇年一月の台湾総統選挙を見据え、対中融和路線の国民党の韓国瑜候補の苦戦をバックアップする意味合いがあったといえよう。台湾総統選挙をめぐっては、中国が、民進党の蔡英文再選の阻止を狙って、中国人観光客の台湾渡航制限や、インターネットを通じた水面下の世論操作やフェイクニュースの流布など、さまざまな工作を行なってきたとみられている。だが蓋を開けてみれば、二〇二〇年一月の台湾総統選挙では、現職の蔡英文（得票率五七・一三％）が国民党の韓国瑜候補（得票率三八・六一％）を破り、過半数を超える有権者の圧倒的な支持を得て再選を果たした。中国側の台湾に対するさまざまな方策は功を奏することはなかったのである。

おわりに

米中貿易戦争をきっかけとして、「米中新冷戦」が開始したのではないかといった見方が国際社会に広まっている。とくに、二〇一八年秋のペンス米副大統領の演説によって、米中対立の火種が、貿易摩擦といった経済問題にとどまらず、安全保障問題にも及びつつあることが明らかになった。

米中貿易戦争の関税引き上げ合戦に関していえば、二〇一九年の年末には第四弾の関税発動が見送られ、両国の歩み寄りがみられた。また、それと時を同じくして、中国の武漢で新型コロナウイルス感染症の問題が発生した。予期せずして起こった新型コロナウイルスの問題が、二〇二〇年一月以降、中国やアメリカのみならず、世界全体に深刻な影響をもたらしたことから、米中貿易戦争は小休止となった。

目下のところ、新型コロナウイルスの蔓延によるパンデミックによって、国際社会は混迷を極めている。だが、最近の米中関係の悪化を説明するために、アメリカの対中強硬姿勢がいかに形成されてきたのか、本章で論じてきたポイントなどを振り返りつつ、あらためて整理してみたい。

総じて、アメリカにおける政権交代そのものが、政策変更の主たる要因ととらえられる傾向が強い。たしかに、トランプ政権に顕著にみられる中国への強硬な姿勢は、政権交代に起因する面はあるが、それに加えて、オバマ政権期に中国に対する警戒感が強まったことが背景にある。

つまり、本章で論じた「新型大国関係」をめぐる米中関係の推移からも見て取れるように、中国に対する脅威感が高まり、米国側が「新型大国関係」から距離を置くにつれて、対中強硬姿勢へシフトする国内的なコンセンサスが固まり、その布石が徐々に敷かれていったという点を見逃すべきではない。その間、超党派の「対中包囲網」が米国国内に形成され、中国に対して強硬な姿勢で臨むことがより本格化していったのである。今後、アメリカで政権交代が起こって、かりに共和党から民主党へ政権が交代したとしても、アメリカの中国に対する強硬な姿勢が大幅に変化することはないであろう。

それでは、中国側は米中関係の悪化をどのように捉えているのだろうか。さしあたり、習近平政権は、必ずしもアメリカとの長期的な全面対立を望んでいるわけではないものとみられる。そのことを裏づけるように、二〇一八年一二月、党中央の指導部が、米中関係について「対抗せず、冷戦をせず、開放を継続し、国家の核心的利益は譲歩しない」という対米方針を決定したことが明らかになっている。[48]この方針の中国語の文字数が「二十一字」であることから、「二十一字方針」とも呼ばれている。この「二十一字方針」からは、習近平政権が「米中新冷戦」の開戦を必ずしも望んでいないことが読み取れる。

また、二〇一九年三月の第一三期全国人民代表大会（全人代）第二回会議の政府活動報告のなかで、李克強は米中貿易戦争について触れ、「比較的際立ってみられるのが米中経済・貿易摩擦ではあるが、米中双方の協議は一貫して止まっていない。われわれは協議が成果をあげ、互恵とウィン・ウィンの関係を実現できることを望んでいる」と表明した。[49]ここからも、米中貿易戦争を両国の協議によって解決していこうという中国側の前向きな姿勢がうかがえる。

さらに、李克強の報告のなかで、二〇一五年五月に中国が発表した、建国一〇〇周年の二〇四九年までに、世界のイノベーションを先導して、ハイテク分野などで世界トップの「製造強国」をめざす、

「中国製造二〇二五」に触れられることはなかった。これまで米国側は「中国製造二〇二五」に強い警戒感を持ってきたが、中国側がその言及を避けることによって、一定の配慮を示すかたちとなった。ここにも、アメリカに対する不必要な挑発を避けようとする中国側の意図が表われている。

二〇二〇年三月末には、トランプ大統領と習近平国家主席が電話会談を行ない、新型コロナウイルス問題の対応で連携していくことで一致した。ここには、それまで米中両国は新型コロナウイルスの感染源をめぐって非難の応酬を続けてきたため、行き過ぎた対立を避けるという意味合いも含まれていた。

その一方で、新型コロナウイルス問題をよそに、東シナ海や南シナ海での中国の海洋進出は続けられている[50]。二〇二〇年一月から三月に、尖閣諸島周辺の接続水域を航行した中国公船はのべ二八九隻となり、前年同期比で五七％増えた[51]。また、四月に入ると、米国国務省は中国が南シナ海で調査基地と称する拠点に特殊軍用機を着陸させたとして、同海域への進出を拡大しないよう警告した[52]。このように、世界全体が新型コロナウイルス感染症の対応に追われるなか、中国はまたもや国際社会の「力の真空」に乗じて海洋進出を活発化させているため、今後の米中関係は楽観できない状況にあるといえよう。

最後に、米台関係についていえば、近年、トランプ政権は台湾との関係強化をはかっているが、今後もそのような状況は続くことになるだろう。新型コロナウイルス対策をめぐっては、台湾の素早い対応への国際的評価が高まっているなかで、世界保健機関（ＷＨＯ）への加盟を後押しする声が国際社会の一部からあがっている。だが、台湾の国際的空間の活動を狭めようとしている中国共産党政府がそれを認めることは難しいだろう。当面、中国共産党政府が民進党の蔡英文政権とのあいだで、積極的な関係構築に動く見込みは低いとみてよい。

註記

＊　本稿は、松本はる香「『米中新冷戦』の行方――米中関係をめぐる外交・安全保障問題」『東亜』第六二六号（二〇一九年八月）、同「習近平政権期における米中関係の展開――『新型大国関係』の模索から『米中新冷戦』へ」『問題と研究』第四八巻三号（二〇一九年九月）などにもとづき、その後の米中関係や台湾情勢の展開などを踏まえ、大幅に改稿したものである。

（1）　本書で論じる習近平政権期の米中関係に関する主な先行研究として、同政権期の両国の関係を包括的に分析した、防衛研究所編『中国安全保障レポート二〇一八――岐路に立つ米中関係』（防衛研究所、二〇一八年）があげられる。また、米中関係の「新型大国関係」に関する主な研究として、高木誠一郎「中国は『新型大国関係』に何を求めているか」『東亜』第五五九号（二〇一四年一月）、二一～三一頁、同「米国は中国の『新型大国関係』にどう応じたか」『東亜』第五六二号（二〇一四年四月）、二一～三二頁、同「日米中関係はどのように安定するか」『東亜』第五七七号（二〇一五年七月）、二一～三二頁、Michael S. Chase, "China's Search for a 'New Type of Great Power Relationship'," *Jamestown Foundation China Brief*, vol. 12, issue 17（September 7, 2012）, p. 14; David M. Lampton, "A New Type of Major-Power Relationship: Seeking a Durable Foundation for U.S.-China Ties," *National Bureau of Asian Research*（July 2013）, pp. 3–4〈https://www.nbr.org/publication/a-new-type-of-major-power-relationship-seeking-a-durable-foundation-for-u-s-china-ties/〉（二〇二〇年七月一日アクセス）などを参照。なお、以降の註釈におけるホームページ・アドレスのアクセス日時については省略するが、とくに断りのない限り、二〇二〇年七月一日に最終アクセスしたものである。

（2）　"Working Together for a Bright Future of China-U.S. Cooperative Partnership," Speech by Vice President Xi Jinping at Welcoming Luncheon in the United States, February 15, 2012〈http://www.china.org.cn/report/2012-03/16/content_4913106.htm〉.

（3）　中国の「新型大国関係」に関しては、Chase, "China's Search for a 'New Type of Great Power Relationship'," p. 14; Lampton, "A New Type of Major-Power Relationship," pp. 3–4を参照。

（4） 米中関係をめぐる「新型大国関係」の経緯については、高木「中国は『新型大国関係』に何を求めているか」、同「米国は中国の『新型大国関係』にどう応じたか」、同「日米中関係はどのように安定するか」などを参照。

（5） 「習近平在十二届全国人大一次会議閉幕会上発表重要講話」新華網、二〇一三年三月一七日〈http://news.xinhuanet.com/2013lh/2013-03/17/c_115052635.htm〉。

（6） "U.S. President Obama Meets with Wang Qishan," Embassy of the People's Republic of China in the Arab Republic of Egypt, December 21, 2012〈http://eg.china-embassy.org/eng/zgyw/t1000587.htm〉.

（7） "Remarks by President Obama and President Xi Jinping of the People's Republic of China After Bilateral Meeting," The White House Archives, President Barack Obama, June 8, 2013〈https://obamawhitehouse.archives.gov/the-press-office/2013/06/08/remarks-president-obama-and-president-xi-jinping-peoples-republic-china-〉.

（8） Jeremy Page, "U.S.-China Summit Reveals Beijing's Drive," *Wall Street Journal*, June 2, 2013〈http://online.wsj.com/article/SB10001424127887324423904578521161140840702.html〉.

（9） 「楊潔篪談習近平与奥巴馬安納伯格荘園会晤成果」人民網、二〇一三年六月九日〈http://politics.people.com.cn/n/2013/0609/c1001-21803579.html〉。

（10） Lampton, "A New Type of Major-Power Relationship," pp. 3–4、高木「中国は『新型大国関係』に何を求めているか」、同「米国は中国の『新型大国関係』にどう応じたか」を参照。

（11） "Remarks As Prepared for Delivery by National Security Advisor Susan E. Rice at Georgetown University," The White House Archives, President Barack Obama, November 20, 2013〈https://obamawhitehouse.archives.gov/the-press-office/2013/11/21/remarks-prepared-delivery-national-security-advisor-susan-e-rice〉.

（12） "Joint Press Conference with Secretary Panetta and Japanese Minister of Defense Morimoto from Tokyo," U.S. Department of Defense, September 17, 2012〈https://archive.defense.gov/transcripts/transcript.aspx?transcriptid=5114〉.

（13） Kurt M. Campbell, "U.S. Foreign Policy in the Asia-Pacific Region," U.S. Department of State, September 28, 2012〈https://2009-2017-fpc.state.gov/198185.htm〉.

（14）「習近平在亜洲相互協作与信任措施会議第四次峰会上的講話」新華網、二〇一四年五月二一日〈http://news.xinhuanet.com//politics/2014-05/21/c_1110796357.htm〉。

（15）“Remarks by President Obama and President Xi of the People’s Republic of China Before Bilateral Meeting,” The White House Archives, President Barack Obama, March 31, 2016〈https://obamawhitehouse.archives.gov/the-press-office/2016/03/31/remarks-president-obama-and-president-xi-peoples-republic-china〉.

（16）James Mattis, “The United States and Asia-Pacific Security,” 16th Asia Security Summit, The IISS Shangri-La Dialogue, First Plenary Session, June 3, 2017〈https://www.iiss.org/events/shangri-la-dialogue/shangri-la-dialogue-2017〉.

（17）Missy Ryan, “Pentagon Disinvites China from Major Naval Exercise over South China Sea Buildup,” *The Washington Post*, May 23, 2018〈https://www.washingtonpost.com/world/national-security/pentagon-disinvites-china-from-major-naval-exercise-over-south-china-sea-buildup/2018/05/23/8aea6f04-5ea1-11e8-b2b8-08a538d9dbd6_story.html?utm_term=.089c6f51bf64〉.

（18）James Mattis, “US Leadership and the Challenges of Indo-Pacific Security,” 17th Asia Security Summit, The IISS Shangri-La Dialogue, First Plenary Session, June 2, 2018〈https://www.iiss.org/events/shangri-la-dialogue/shangri-la-dialogue-2018〉.

（19）“Shangri-La Dialogue: China Defends South China Sea Moves as US Alleges Coercion,” *The Strait Times*, June 3, 2018〈https://www.straitstimes.com/singapore/china-defends-s-china-sea-moves-as-us-alleges-coercion〉.

（20）*National Security Strategy of the United States of America*, The White House, December 2017〈https://www.whitehouse.gov/wp-content/uploads/2017/12/NSS-Final-12-18-2017-0905.pdf#search=%27NSS+December+2017%27〉.

（21）「米高官が見た東アジア」インタビュー前米大統領補佐官（国家安全保障担当）ハーバート・マクマスター（Herbert McMaster）『朝日新聞』二〇一九年六月一日。

（22）“Vice President Mike Pence’s Remarks on the Administration’s Policy towards China,” Hudson Institute, October 4, 2018〈https://www.hudson.org/events/1610-vice-president-mike-pence-s-remarks-on-the-administration-s-policy-towardschina102018〉.

（23） Jane Perlez, "Pence's China Speech Seen as Potent of 'New Cold War'," *The New York Times*, October 5, 2018〈https://www.nytimes.com/2018/10/05/world/asia/pence-china-speech-cold-war.html〉.

（24） これに関して、対中強硬派で知られるマイケル・ピルズベリーをはじめ、二八〇人あまりのアメリカ人研究者が、中国共産党政府よりビザ発給の拒否などを受け、中国へ入国できないという実態が明らかになっている（「《環球時報》：二八〇学者去年被阻訪美或遭聯調局騒優」聯合早報、二〇一九年四月二〇日〈https://www.zaobao.com.sg/special/report/politic/sino-us/story20190420-950039〉）。

（25） 中国の「統一戦線工作」に焦点をあてた「マジック・ウェポン」（魔法の武器）と題するウィルソン・センターの報告書のタイトルは、このような毛沢東の「三大法宝」という言葉に由来する。同報告書は、ニュージーランドにおける中国の「統一戦線工作」の展開の実状に焦点をあてている。Anne-Marie Brady, "Magic Weapons: China's Political Influence Activities under Xi Jinping," *Wilson Center Report*, September 18, 2017〈https://www.wilsoncenter.org/article/magic-weapons-chinas-political-influence-activities-under-xi-jinping〉.

（26） 「習近平在中国共産党第十九次全国代表大会上的報告」人民網、二〇一七年一〇月二八日〈http://cpc.people.com.cn/n1/2017/1028/c64094-29613660.html〉。

（27） Bates Gill and Benjamin Schreer, "Countering China's 'United Front'," *The Washington Quarterly* (Summer 2018).

（28） Alexander Bowe, "China's Overseas United Front Work: Background and Implications for the United States," *U.S.-China Economic and Security Review Commission, Staff Research Report*, August 24, 2018〈https://www.uscc.gov/research/security-foreign-affairs〉.

（29） Anastasya Lloyd-Damnjanovic, "A Preliminary Study of PRC Political Influence and Interference Activities in American Higher Education," *Wilson Center Report*, September 6, 2018〈https://www.wilsoncenter.org/publication/preliminary-study-prc-political-influence-and-interference-activities-american-higher〉.

（30） Christopher Walker and Jessica Ludwig, "The Meaning of Sharp Power: How Authoritarian States Project Influence,"

Foreign Affairs, November 16, 2017〈https://www.foreignaffairs.com/articles/china/2017-11-16/meaning-sharp-power〉.

(31) Walker and Ludwig, "The Meaning of Sharp Power."

(32) オーストラリアにおける中国共産党の影響力行使の実状については、Clive Hamilton, *Silent Invasion: China's Influence in Australia*（Richmond, Victoria: Hardie Grant Books, 2018）（クライブ・ハミルトン〔山岡鉄秀監訳・奥山真司訳〕『目に見えぬ侵略――中国のオーストラリア支配計画』飛鳥新社、二〇二〇年）を参照。

(33) Mark Landler and David E. Sanger, "Trump Speaks Taiwan's Leader, an Affront to China," *The New York Times*, December 2, 2016.

(34) 中華民国総統府「中華民国第十四任総統蔡英文女士就職演説」〈http://www.president.gov.tw/Default.aspx?tabid=131&itemid=37408&rmid=514〉。

(35) 中共中央台湾工作弁公室国務院台湾事務弁公室「習近平：為実現民族偉大復興推進祖国和平統一而共同奮闘――在『告台湾同胞書』発表四〇周年紀念会上的講話」二〇一九年一月二日〈http://www.gwytb.gov.cn/wyly/201901/t20190102_12128140.htm〉。

(36) Statement of Admiral Philip S. Davidson, U.S. Navy Commander, U.S. Indo-Pacific Command before the Senate Armed Services Committee on U.S. Indo-Pacific Command Posture, February 12, 2019〈https://www.armed-services.senate.gov/imo/media/doc/Davidson_02-12-19.pdf〉.

(37) 中台間の軍事バランスについては、松本はる香「馬英九政権期における中台関係の緊密化と台湾の安全保障――平和協議と台湾海峡の『現状維持』をめぐる問題」川上桃子・松本はる香編『中台関係のダイナミズムと台湾――馬英九政権期の展開』ジェトロ・アジア経済研究所、二〇一九年）、一三八～一四三頁を参照。

(38) 現代の中台関係の研究に関しては、松田康博・清水麗編『現代台湾の政治経済と中台関係』（晃洋書房、二〇一八年）、川上桃子・松本はる香編『中台関係のダイナミズムと台湾――馬英九政権期の展開』ジェトロ・アジア経済研究所、二〇一九年）などを参照。

(39) 「習近平在中国共産党第十九次全国代表大会上的報告」人民網、二〇一七年一〇月二八日〈http://cpc.people.

com.cn/n1/2017/1028/c64094-29613660.html〉。

(40) 「政府工作報告——二〇一八年三月五日在第十三届全国人民代表大会第一次会議上国務院総理李克強」新華網、二〇一八年三月五日〈http://www.xinhuanet.com/politics/2018lh/2018-03/22/c_1122575588.htm〉。

(41) 中共中央台湾工作弁公室国務院台湾事務弁公室「関於促進両岸経済文化交流合作的若干措施」二〇一八年二月二八日〈http://www.gwytb.gov.cn/31t/〉。

(42) 行政院大陸委員会「我政府部門対大陸対台湾三十一項措施回応」二〇一八年三月八日〈https://www.mac.gov.tw/News_Content.aspx?n=3D7C9BFC4F86BF4A&sms=CDA642B40807E65&s=F13B1F2B11D9A8C3#110〉。

(43) 行政院大陸委員会「政院：四大面向及八大強台策略務実因応中国大陸対台三十一項措施」二〇一八年三月一六日〈https://www.mac.gov.tw/News_Content.aspx?n=6CBDEFEA8AA3DAA3&sms=9AB62EC07F8255&s=ACCA4AF25788F6C0〉.

(44) 行政院大陸委員会「有関中国大陸国台弁刻意曲解我政府言論之回応」二〇一八年四月一一日〈https://www.mac.gov.tw/News_Content.aspx?n=05B73310C5C3A632&sms=1A40B00E4C745211&s=A1012C3C3BD9AF74〉。

(45) 「陳明通：初估有十万台湾人申請中国居住証」中央通信訊社、二〇一九年五月六日〈https://www.cna.com.tw/news/aipl/201905060109.aspx〉。

(46) 国家発展委員会「歓迎台商回台投資行動方案」〈https://www.ndc.gov.tw/Content_List.aspx?n=6C3C3045CFD283A2〉。

(47) 中共中央台湾工作弁公室国務院台湾事務弁公室「関於進一歩促進両岸経済文化交流合作的若干措施」二〇一九年一一月四日〈http://www.gwytb.gov.cn/wyly/201911/t20191104_12214930.htm〉。

(48) 「北京観察：中南海擬定対美二十一字方針」多維新聞、二〇一八年一二月一六日〈http://news.dwnews.com/china/news/2018-12-16/60105716_all.html〉（二〇一九年七月一日アクセス）。

(49) 「政府工作報告——二〇一九年三月五日在第十三届全国人民代表大会第二次会議上国務院総理李克強」中国社会科学網、二〇一九年三月五日〈http://www.cssn.cn/jjx/jjx_xjpxsdzgtsshzyjjsx/201903/t20190317_4848922.shtml〉。

(50)「中国、東・南シナ海で強硬姿勢」『日本経済新聞（電子版）』二〇二〇年四月八日〈https://www.nikkei.com/article/DGXMZO57813880Y0A400C2FF8000/〉。

(51)「一～三月の尖閣周辺航行五割増　中国公船、新型コロナ拡大でも」『日本経済新聞（電子版）』二〇二〇年四月五日〈https://www.nikkei.com/article/DGXMZO57687710V00C20A4PE8000/〉。

(52)「中国の南シナ海領有権主張、『コロナ禍利用するな』米が警告」AFP BBC News、二〇二〇年四月七日〈https://www.afpbb.com/articles/-/3277448〉。

第2章　再構築へ動きだした日中関係
米中パワーバランスの変化の影響のなかで

佐々木智弘

はじめに

二〇一〇年の中国の国内総生産（GDP）は日本を抜いて、アメリカに次ぐ世界第二位となった。このことが、日本と中国のあいだのパワーバランスに影響しないはずはなかった[1]。

中国にとって日本はどのような存在なのだろうか。いうまでもなく、中国にとってもっとも重要な外交の対象国はアメリカであるが、日本は、そのアメリカと日米同盟という特別な関係性を築いている。そうした前提のもとで、はたして中国が日本を二国間関係の対象として見ているのか、あるいは米中関係におけるアメリカ側の一構成要素として見ているのか[2]。このような問いは、中国の対日外交を考察するうえでのひとつの視角になるだろう。

習近平政権下の日中関係は、二〇一二年九月に日本政府が尖閣諸島国有化を宣言してから、首脳間の相互訪問は途絶え、二〇一四年一一月になって、ようやく安倍晋三首相の国際会議参加のための訪中で再開した。さらに首脳の公式訪問にいたっては、二〇一八年一〇月の安倍訪中まで待たなければならなかった。これには尖閣諸島国有化の問題のみならず、習近平政権の対日政策が大いに影響している。

そこで本章では、習政権下における日中関係の変遷をたどり、尖閣諸島国有化の問題で途絶えた、首脳の公式訪問の再開にいたった要因を考察する。そうして、昨今の「米中新冷戦」の様相を念頭に置いた米中のパワーバランスの変化、そして日本の外交・安全保障政策の変化が、中国の対日政策にどのような影響を与えたのかを明らかにしたい[3]。

一　日中首脳外交再開の模索

（1）日本政府による尖閣諸島国有化

二〇一二年九月三日、当時の野田佳彦民主党政権のもとで、日本政府が尖閣諸島の所有権を購入し、国有化する意思を表明した。そして、同月一〇日には尖閣諸島の国有化を閣議決定した。これに対して、中国外交部は即座につぎのような声明を発表した[4]。

これは中国の領土主権の重大な侵害であり、一三億中国人民の感情を深刻に傷つけ、史実と国際法理を深刻に踏みにじるものである。これに対し、中国政府と中国人民は断固たる反対と強烈な抗議を表明する。

中国は日本側に、中国の領土主権を損なう一切の行為をただちに停止し、双方間の共通認識と了解に正真正銘立ち戻り、交渉による係争解決のレールに戻るよう厳しく促すものである。日本が独断専行に走るならば、それによって生じる一切の深刻な結果は日本側が負うほかない。

そこには、日中間にある一九七二年の国交正常化以降の、「『釣魚島問題は棚上げにし、後の解決に持ち越す』との重要な了解と共通認識」を踏みにじられたという、中国側の強い憤りが表われていた。

この尖閣諸島国有化の問題は、中国側が胡錦濤政権、日本側が野田政権のもとで起きたことだった。その後、日中双方で新政権が発足した。二〇一二年一一月八日から一四日まで、中国共産党第一八回全国代表大会（第一八回党大会）が開かれ、習近平が総書記に選出されて、第一期習近平政権が発足した。習は二〇〇九年一二月一四日から一六日まで、国家副主席として日本を訪問した。このときすでに、二〇一二年秋に胡錦濤の後の総書記就任が確実視されていたことから、就任前の訪日は習の日本重視の姿勢を示したものといえるだろう。

日本では二〇一二年一二月二六日、民主党から自民党への政権交代が起こり、第二次安倍晋三政権が発足した。中国外交部はその日のうちに、「中国は、新政権発足後の日本が中国と向き合って進み、両国関係の困難を克服し、日中関係を正常な発展の軌道に戻すためにしっかり努力することを希望する」とコメントした。尖閣諸島国有化の問題については、「当面の急務は、日本が誠意を持って、中国と共同で努力し、対話と交渉を通じて、関連問題を適切に解決し、監督コントロールするようしっかり努力することである」と述べ、日中間の懸案であることを確認した(5)。

中国の広州で行なわれた反日デモ（2012 年 9 月 16 日，広東省広州市）［提供：時事］

一二月二六日付『人民日報』に掲載された東京駐在記者のレポートは、安倍政権の日米同盟強化を警戒するとした。他方、安倍が公務員の尖閣諸島駐留の計画を延期し、第一期政権で提唱した日中戦略的互恵関係への回帰を表明したことをあげ、周辺国に対し緊張緩和のシグナルを発している安倍政権を歓迎した(6)。

このように、中国側による第二期安倍政権への評価が警戒と期待の相半ばするなかで、日中政治関係の良し悪しを測るバロメーターである首脳の相互訪問は途絶えた。安倍は首相就任から国際会議への参加のための訪中に二年、公式訪問にいたっては六年を要した(7)。習にいたっては、二〇二〇年八月末現在、公式訪問は実現していない。

(2) 周辺外交重視とアメリカの「リバランス」政策の影響

習政権発足以降、習と安倍は国際会議の場で接触する機会は何度かあった。最初は、二〇一三年九月五日のサンクトペテルブルクで開かれたG20サミットの場であった。二人は貴賓室で短い会話を交わしただけで、首脳会談と呼ぶには及ばないものだった。その際、習は「最近の日中関係が直面する深刻な困難、これはわれわれが目にしたくないものである」と指摘した。この「困難」とは尖閣諸島国有化の問題を指しており、習は日本に非難の姿勢を示した。他方で、「引き続き日中戦略的互恵関係を推進したい」とも述べ、安倍との対話の継続の意志を伝えた(8)。このことから、習自身は、尖閣諸島国有化の問題に起因する日本との関係の、これ以上の悪化は避けたいと考えていたと思われる。

習が安倍と初接触し、対話継続の意志を伝えたことは、当時、習政権が周辺外交を重視する方針を打ち出そうとしていたことと無縁ではない。習政権は、一〇月二四日から二五日まで周辺外交工作座談会を開き、「今後五年から一〇年の周辺外交工作の戦略目標、基本方針、総体的配置を確定し、周辺外交が直面する重大な問題を解決する工作思考と実施計画を明確にし」、周辺外交を重視する姿勢を打ち出した。そして、周辺外交の目標を「我が国の発展のために良好な外部条件を勝ち取り、国家の主権、安全、発展の利益を守り、世界の平和・安定を守り、共同の発展を図ること」とし、その基本方針を「親密、誠実、恩恵、包容（親、誠、恵、容）の理念を突出して体現することにほかならない」と説明した[9]。

習政権が周辺外交重視の方針を取るようになった背景には、二〇一一年一一月ごろにバラク・オバマ大統領が、アジアへの「ピボット」、いわゆる「リバランス」戦略を打ち出し、中国の発展と拡張を抑制し、中国がアメリカの覇権を脅かすようになることを未然に防ごうとしたことがあげられる。周辺外交の重視はアメリカのアジア関与の強化に対抗するための、周辺国との関係強化という中国の対応策であった[10]。

この周辺外交を重視する方針と日本との関係をめぐり、中国人民大学教授で国際政治学者の時殷弘は、日本との関係改善によってアメリカの「対中包囲網」を弱体化させる狙いがあると説明した[11]。だが、これには別の見方もある。張蘊嶺は、日本との関係を二国間の関係としてとらえ、中日間のパワーバランスは今も変化しているとしたうえで、「中国は敵対せず、協力できる大きな隣国を必要としており、中日関係が必ず戦争に至るという『法則』を変える必要がある[12]」とした。

こうした関係改善の主張の背景には、このパワーバランスの変化が、中国の経済的優位だけでなく、中国の軍事的台頭に対抗するための日本による積極的な防衛力の強化によるとの認識がある。

表2－1　日中関係，2011年11月～2018年10月

2011	11月 オバマ米大統領，「リバランス」戦略を発表
2012	9月10日 野田佳彦政権が尖閣諸島国有化を閣議決定
	11月8～14日 中国共産党第18回全国代表大会（第18回党大会），第1次習近平政権発足
	12月26日 第2次安倍晋三政権発足
2013	9月5日 習近平・安倍晋三の初接触（ロシア・サンクトペテルブルク）
	10月24～25日 周辺外交工作座談会
	12月26日 安倍晋三，靖国神社を参拝
2014	7月27～29日 福田康夫元首相訪中，習近平と会談
	11月7日 楊潔篪・谷内正太郎会談。四項目で合意
	11月10～11日 安倍，APEC（アジア太平洋経済協力）出席のため訪中，習近平と会談
	11月 中央外事工作会議
2015	4月22日 習・安倍会談（インドネシア）
	5月23日 習近平，中日友好交流大会で重要講話
	9月19日 平和安全法制関連二法案が国会で採択
2016	9月5日 安倍，G20サミット出席のため訪中，習と会談
2017	5月16日 二階俊博自民党幹事長訪中，習に安倍の親書を手渡す
	5月17日 台湾の対日窓口機関の「台湾日本関係協会」への改名
	5月29日 楊・谷内会談
	7月8日 習・安倍会談（ドイツ・ハンブルク）
	10月18～24日 中国共産党第19回全国代表大会（第19回党大会），第2次習政権発足
	11月11日 習・安倍会談（ヴェトナム・ダナン）
2018	3月1日 アメリカが中国に対し通商拡大法232条にもとづき，鉄鋼・アルミニウム製品に輸入制限
	5月8～11日 李克強，日中韓首脳会談出席のため訪日
	9月12日 習・安倍会談（ロシア・ウラジオストク）
	10月25～27日 安倍，訪中

出所：筆者作成。

安倍政権は二〇一三年一二月の防衛計画大綱の改訂に向け、中華人民共和国による東シナ海と尖閣諸島周辺海域や南シナ海への海洋進出について警戒を強調した。それに対応して、削減傾向にあった陸上自衛隊の人員増を認め、陸上防衛力の南西諸島方面での警戒および展開能力の向上を図り、監視体制をはじめとする海上および航空防衛力を増強しており、これらを有機的に活用するための統合運用をいっそう推進することを検討していた。

これに関して外交学院国際関係研究所副教授の凌勝利らは、日本の行動を、アメリカと日本のあいだにある中国をめぐる国家利益の違いがもたらした、安全保障政策の対立の結果である、と指摘した[13]。また、中国人民大学教授で国際関係学者の金燦栄は、中国の台頭がこうした日本の動きを助長したとして、対話を通じて、安倍政権の対中強硬姿勢を緩和させる必要があると主張した[14]。

（3）靖国神社参拝の影響

だが、習政権の日本との対話継続の意向に水を差したのが、二〇一三年一二月二六日の安倍による靖国神社参拝であった。これに対し、すぐに王毅外交部長が駐中国日本大使と会見し、「厳正な申し入れを行ない、強く抗議した[15]」。また、二八日には楊潔篪中央政治局委員兼国務委員が談話を発表し、「中国政府と人民および国際社会に強く反対され厳しく糾弾されている[16]」と非難した。さらに三〇日には、外交部は「安倍は自ら中国指導者との対話の大きな扉を閉じた。中国人民は彼を歓迎しないし、中国指導者はこのような日本の指導者との対話は不可能である」として、対話継続への懸念を表明した。中国は、歴史問題を素通りすることはできなかったのである。その一方で、「日本国内には良知を有し、平和を愛し、友好を重んじる人がたくさんいると信じている[17]」と述べ、安倍の行動を日本における大勢ではないと位置づけようとした。

こうした「敵」と「味方」を分け、「味方」と組み、「敵」を孤立させるという「二分法」戦術は、戦後の毛沢東政権期から続く伝統的な手法であり、習政権も続けた。

二〇一四年五月五日、訪中した高村正彦会長を団長とする日中友好議員連盟代表団に、党内序列第三位の張徳江全国人民代表大会常務委員会委員長が応対した[18]。張徳江は「ご在席の各議員が日中友好の信念を確固とし、優良な伝統を発揚し、日中関係の健全な発展のためにより多くの活動を行なうことを希望する」と述べた。

また、五月九日には、訪中した野田毅衆議院議員を団長とする自民党アジア・アフリカ問題研究会代表団にも、党内序列第四位の兪正声中国人民政治協商会議全国委員会主席が応対した[19]。兪正声は、「日中関係の改善には歴史、釣魚島などの突出した問題を適切に処理すべきである」と述べ、日中関係改善の条件を示した。そして、「中国の国家主権と民族の尊厳など重要問題に及ぶ立場は断固揺らぐことはない。日本の各界人士が日中関係の正確な発展の軌道にふたたび戻るために積極的な作用を発揮することを希望する」とも述べた。

訪中した自民党の有力議員である高村正彦と野田毅に党内序列高位の張徳江と兪正声が応対したことは、自民党内で安倍を孤立させ、安倍に翻意を促すことを期待してのことだった[20]。

七月七日には、盧溝橋事件勃発から七七周年を迎えた記念式典（「全民族抗戦爆七七周年記念式典」）が開かれた。七七周年という、必ずしも区切りではないタイミングで式典を開催し、閲兵パレードを実施したことは、習近平の政治的権威の誇示と強化が目的だったとみられる。このとき習近平は、重要講話で「いかなる者も歴史と事実を変えることはできない。いかなる者であっても侵略の歴史を否定し、歪曲し、美化することを中国人民と各国人民は決して許さない[21]」と述べた。これによって、歴史問題が中国の指導者にとって政治的権威の確立のカードであることがあらためて示された。

二　一進一退の安倍首相の訪中の道のり

(1)　四項目合意による安倍訪中の実現

二〇一四年七月二七日から二九日まで福田康夫元首相が北京を訪問し、習近平と会見した。日中両首脳の外交ブレーンである楊潔篪と谷内正太郎国家安全保障局長が同席したことから、今後の日中関係改善について協議されたことは明らかだった。このとき福田は「危機管理をやりましょう。まず首脳の対話が重要です。アメリカに頼るわけにはいきません」と述べ、習も「よく理解しています」と応じたといわれる[22]。またこの会見で、中国側から首脳会談開催のため、尖閣諸島をめぐる領有権問題の存在を認め合うこと、さらには、安倍が任期中に靖国神社を参拝しないことを確約すること、という条件を提示されていたとも報じられた[23]。

なお、奇妙なことは、習と福田の会見を中国のメディアが報じなかったことである。この会見の直後に、習は党の長老や現役の指導者らが一堂に会し、政権運営を議論するいわゆる「北戴河会議」を控えており、福田との会見が日本への譲歩と取られ、政局化することを避けたかったものと推測される[24]。

二〇一四年一一月七日には、楊が谷内と会談し、日中関係の処理と改善に関する四項目で合意した[25]。楊は、「ここ数カ月、中日間の政治的障害を克服すべく、双方は外交ルートを通じて協議を重ねてきた」ことを明らかにした。その成果として合意した四項目は、日本外務省によれば、つぎのとおりである[26]。

①双方は、日中間の四つの基本文書の諸原則と精神を遵守し、日中の戦略的互恵関係を引き続き発展させていくことを確認した。

②双方は、歴史を直視し、未来に向かうという精神に従い、両国関係に影響する政治的困難を克服することで若干の認識の一致をみた。

③双方は、尖閣諸島など東シナ海の海域において近年緊張状態が生じていることについて異なる見解を有していると認識し、対話と協議を通じて、情勢の悪化を防ぐとともに、危機管理メカニズムを構築し、不測の事態の発生を回避することで意見の一致をみた。

④双方は、様々な多国間・二国間のチャンネルを活用して、政治・外交・安保対話を徐々に再開し、政治的相互信頼関係の構築に努めることにつき意見の一致をみた。

この会談で楊が「日本に歴史、釣魚島など重大な敏感な問題を直視し、適切に処理する」よう求めたことは、それらへの対応が関係改善の条件だったことを裏づけた。ここでいう歴史問題とは、前年の二〇一三年一二月に安倍が靖国神社を参拝したことであり、四項目のうち②に反映され、今後、安倍が靖国神社を参拝しないことを約束したことを示唆した[27]。また、日本政府による尖閣諸島国有化の問題については、③で両国の見解が異なることを認めたうえで、これ以上の情勢悪化を回避することで合意した。一一月八日付『人民日報』に掲載された論評が、「日中が初めて釣魚島問題で文字として明確な共通認識を得た[28]」と評価したように、中国側には尖閣問題について日本の態度が大きく転換したものと認識された[29]。

二〇一四年一一月一〇日から一一日まで、北京でアジア太平洋経済協力（ＡＰＥＣ）第二二回非公式首脳会議が開かれた。これ以上の日中関係の悪化を食い止めるための四項目合意を受けて、一〇日、習はこの会議に参加した安倍と会談した。習は、「安定的で健全な中日関係を構築するには、時代の進歩の流れに順応することが必要だ。日本が引き続き平和発展の道を歩み、慎重な軍事政策、安全保障政策を採用し、隣国との相互信頼の増進にプラスになることをたくさん行ない、地域の平和と安定の維持に建設的な役割を果たすことを願う[30]」と述べた。この発言で習は、尖閣諸島国有化の問題と靖国神社参拝問題が収束をみたことを確認しただけでなく、日本の国際社会への軍事的関与の拡大に対する警戒感を示した。

周辺外交工作座談会から約一年後の二〇一四年一一月、中央外事工作会議が開かれた。この会議では、「親密、誠実、恩恵、包容の周辺外交理念を理解し、善意をもって隣国に対処し、隣国を仲間とみなすことを堅持し、周辺国家との相互利益協力と相互リンケージを深める[31]」として、周辺外交を重視することが再確認された。安倍との会談はその一環と位置づけることができる。

他方、国際社会に対する日本の軍事的関与の拡大が顕著になっていた。たとえば、二〇一四年三月に政府開発援助（ＯＤＡ）大綱が見直され、四月一日には「武器輸出三原則」にかわる「防衛装備移転三原則」が閣議決定された。二〇一二年四月八日、フィリピン海軍がスカボロー礁近くに停泊していた中国の漁船八隻を拿捕したのを受け、中国公船とフィリピン軍が対峙する事件が起きた。こうした事態を受け、二〇一三年七月、安倍がフィリピンを訪問した際に四四メートル級新造巡視船一〇隻を供与することを約束した。

こうした日本の動きを、中国社会科学院日本研究所副所長（当時）の楊伯江は、「日本が日米同盟を政治大国化実現の戦略的ツールとして主動的に利用しはじめた」と警戒した。そして、「このことは『日米同盟 vs. 中国パワー』というこの地域の二元化した安全保障枠組みを複雑にしている[32]」と、日中のパワーバランスの変化を指摘した。安倍との会談は、こうした日米同盟とは異なる文脈で行動する日本を警戒し、対抗よりも関係改善を選んだ結果といえる。

（２）日本のＡＩＩＢ支持

習・安倍会談で当面の障害が取り除かれたにもかかわらず、日中首脳の相互訪問はすぐには実現しなかった。二〇一四年一二月一三日、習は南京市で開かれた党中央と全国人民代表大会常務委員会、中国人民政治協商会議全国委員会、中央軍事委員会の共同主催の南京大虐殺殉難者国家公祭儀式に出席し、重要講話を行なった。そのなかで習が、「侵略戦争の歴史を顧みないすべての態度、侵略戦争の性質を美化するすべての発言は、何回言ったとしても、どんなにもっともらしく言ったとしても、すべて人類の平和と正義を害するものである[33]」と述べたことは、安倍の歴史問題への対応を牽制したものといえる。

他方、二〇一二年九月以降中断していた二国間の分野別協議が再開されていった。二〇一五年一月一二日、中日両国の防衛当局による海上連絡メカニズムをめぐる第四ラウンドの専門家グループ協議が開催された[34]。三月一九日には第一三回安保対話が開かれた[35]。

また、三月二三日に北京を訪問した谷垣禎一自民党幹事長を団長とする与党代表団に兪正声が、四月一四日に北京を訪問した河野洋平日本国際貿易促進協会会長に李克強首相がそれぞれ応対し、新旧の自民党の有力者を厚遇した。

四月二二日、習はインドネシアで開かれたアジア・アフリカ会議六〇周年記念首脳会議に出席した際、安倍と会談した。ここでも習は、「歴史を直視する積極的なメッセージを対外発信することを希望する」と、歴史問題に言及した。これに対し安倍は、「私と内閣は『村山談話』を含む歴代内閣の歴史問題における認識を継承する考えをさまざまな場で約束してきた。この立場に変わりはない。日本は平和的発展の道を引き続き歩むことを決意している」と応え、靖国神社参拝の意思がないことをあらためて示した。

この会談で注目すべきは、安倍が、「日本側はアジア地域のインフラ投資需要が多大であることを認識し、この認識をもとにアジアインフラ投資銀行（ＡＩＩＢ）について中国側と検討することを望んでいる[36]」として、ＡＩＩＢに初めて言及したことである。ＡＩＩＢはアジアを中心とする発展途上国のインフラ建設を支援する国際機関だが、中国が主動で設立を提案したことから運営の不透明性や中国の覇権拡大につながることを警戒し、日本はアメリカとともに支持を表明せず、加盟も避けていた。そのため、同年六月二九日にＡＩＩＢ協定の調印式を控えていた習は、安倍の発言を歓迎したものと思われる。

（3）新安保法制への警戒

二〇一五年五月二三日、習主席は人民大会堂で開かれた中日友好交流大会に出席し、総勢三〇〇〇人の日本側訪中団を前に重要講話を行なった。中国と関係の深い二階俊博自民党幹事長[37]が率いる民間交流に習が出席したことは、日本との関係改善を進めたいという意思表示であった。それとともに、習は、「日本の軍国主義による侵略行為を歪曲・美化しようとするいかなる発言や行動も、中国国民とアジアの被害国の国民はこれを認めないし、正義と良心をもった日本国民もこれを認めないことを信じる[38]」とも述べた。

この発言は、このころ日本で進められていた新安保法制の成立に向けた動きと関係していた。二〇一四年七月一日、安倍政権は「国の存立を全うし、国民を守るための切れ目のない安全保障法制の整備について」閣議決定を行ない、いわゆる新安保法制の成立に向けた政府内での検討および与党間の協議を進めた。そして、二〇一五年五月一四日、平和安全法制関連二法案を閣議決定し、九月一九日に国会で可決した。

これに対し中国外交部はすぐに、「戦後日本の軍事安全分野における、かつてない行動だ」と非難した。そのうえで、「日本は近年、軍事力の強化や軍事・安全保障政策の大幅な調整を実施している。これは平和・発展・協力という時代の流れと相いれないものであり、日本が専守防衛政策および平和的発展の道を放棄するのでは、との国際社会の疑念を引き起こしている[39]」と強い警戒感を示した。

これに関して、中国国際問題研究院国際戦略研究所副所長の蘇暁暉は、南シナ海情勢の激化を利用して、日本が役割を発揮し、アメリカと共同でパトロールを行ない、日米同盟を強化するとともに、同盟における自らの地位を高めることができると指摘し、新安保法制の成立、それによる集団的自衛権の行使を日本の台頭の観点から非難した[40]。

(4) 日本の南シナ海問題への介入に対する懸念

二〇一六年九月五日、習は第一一回G20サミットに出席するため訪中した安倍と会談した[41]。習は、両国関係の現状について「より高い目標に向かって努力し、障害を乗り越え、進まなければ押し戻されてしまう重要な段階にある」と述べ、依然として不安定であるという認識を示した。

日中関係が不安定であるという認識は、この会談の前後にみられた安倍政権の二つの行動によるものと考えられる。ひとつは、安倍が「自由で開かれたインド太平洋戦略」を提唱したことであり、もうひとつは、日本が南シナ海問題に積極的に介入していたことである。

安倍は、八月にケニアで開かれた第六回アフリカ開発会議(TICAD)において、「自由で開かれたインド太平洋戦略」を提唱した。それは、インド洋と太平洋を結ぶ地域全体で法の支配や市場経済を重視する国際秩序を構築し、域内の経済成長や防衛協力をめざすもので、中国の台頭に対抗するために提起されたことは明らかだった。これに対して中国は警戒感を示した。

これに関して、中国社会科学院日本研究所研究員の呉懐中は、中国への影響をつぎの四点にまとめた。①習政権下での中国の国家戦略目標の実現を困難にする、②「一帯一路」(シルクロード経済ベルトと二一世紀海上シルクロード)構想に対する直接的な衝撃を与える、③中国のシーレーンに影響を与える、④南シナ海紛争に対する関与を軽視できない。さらに、中国が取るべき対応として、「相互尊重、協力、ウィン・ウィン」の新型日中関係を構築することをあげ[42]、日本に対抗するのではなく、関係の強化を唱えた。

中国は日本の南シナ海問題への介入にも懸念を有していた。南シナ海のフィリピン管轄海域における領有権紛争の平和的かつ持続的な解決を実現するために、フィリピン政府が二〇一三年一月二二日、常設仲裁裁判所に中国を提訴した。この裁判において、同裁判所が二〇一六年七月一二日、中国の主張に法的根拠がないとの判断を示した[43]。この判断に対し、岸田文雄外相は七月一五日、「国連海洋法条約の規定にもとづいて仲裁判断、これは最終的であり、紛争当事国を法的に拘束するものであり、そして当事国は今回の仲裁裁判に従う必要がある[44]」と述べるなど、日本は中国に批判的な姿勢を示した。

この会談で習は、「南シナ海問題において日本側は言動を慎み、中日関係の改善を妨げないようにする必要がある」と述べた。この発言は、岸田の発言だけではなく、二〇一五年五月と六月に海上自衛隊の艦艇および哨戒機部隊がそれぞれフィリピンにおいて、「洋上での不慮の遭遇をした場合の行動基準(CUES)一五」を使用した訓練や、人道支援・災害救援に関する共同訓練を実施したことに[45]対し不快感を示したものでもあった。そして、アメリカ軍が二〇一五年一〇月から南シナ海で定期的に実施している「航行の自由」作戦[46]に日本が加担することを警戒し、牽制する意味も含まれていた。

これについて、馮昭奎は、日本に対し南シナ海問題での言動を慎み、日中関係の改善に対する妨害を避けるよう求めた[47]。また国際関係学院副教授の孟暁旭は、日本政府がアメリカとともに南シナ海に介入することに圧力をかけ、さらにフィリピンを中国が取り込む必要性を主張した[48]。

三　安倍首相の中国公式訪問の実現

(1) 日本の「一帯一路」構想への支持表明

二〇一七年五月一六日、習近平が「一帯一路」国際協力サミットフォーラムに日本政府の代表として参加した二階俊博と会談を行なった。この会談には安倍晋三首相の側近の今井尚哉首相政務秘書官も同席し、二階は両首脳が定期往来する「シャトル外交」を呼びかける安倍からの親書を習に手渡した。習は、「日本側は『一帯一路』構想に対する肯定の意思を明らかにした。中国は日本側が中国とともに『一帯一路』建設枠組みにおいて協力の展開を検討していくことを歓迎する」と述べ、「一帯一路」構想に対する日本側の歩み寄りを評価した(49)。

五月二九日、楊潔篪と谷内正太郎のあいだで第四回日中ハイレベル政治対話が開かれた。ハンブルクでのG20サミットの際の、習と安倍の首脳会談開催の調整が目的とみられた。この対話で楊は谷内に対し、「日本側が『一帯一路』の枠組みで中国側との協力を積極的に検討することを歓迎」すると述べた。他方、「歴史問題、台湾問題では、日本側は有言実行し、決まりどおりに事を処理するべきだ。双方は四つの共通認識の精神にしっかりと従い、東シナ海の平和と安定をともに維持するべきだ。日本側は南シナ海問題で言動を慎」むようクギを刺した(50)。ここで、楊が南シナ海問題だけでなく、台湾問題にも言及したのは、五月一七日に台湾が対日窓口機関を「亜東関係協会」から「台湾日本関係協会」へと改名したことを日本政府が容認したことへの、不満を示したものだった。

七月八日、習はG20サミットの際、安倍と会談した。[51] 習は、「日本が日中関係改善の意欲を政策や行動のなかにより多く体現させることを希望する」と述べ、相互訪問に向けたさらなる努力を求めた。これに対し安倍は、「『一帯一路』の枠組みの下での協力を検討する」と、同年五月よりも踏み込んだ表現で「一帯一路」構想への支持を示した。他方、習が台湾の対日窓口機関の「台湾日本関係協会」への改名を「重大な問題」として、安倍に抗議した。これに対し安倍は、「日本が一九七二年に日中共同声明で明らかにした台湾問題に関する立場に変化はない」と応えた。

このように、中国は日本の「一帯一路」構想への支持を評価したが、台湾問題が依然として日中関係進展の阻害要因となっていた。

（2）第一九回党大会と日中関係

二〇一七年一〇月一八日から二四日まで中国共産党第一九回全国代表大会（第一九回党大会）が開かれ、第二期習近平政権が発足した。二〇一二年一一月に発足した第一期習政権の中核をなす中央政治局の陣容は江人脈が大半を占め、次いで胡人脈が多く、習の人脈はゼロであった。そのため、習のリーダーシップは脆弱だった。[52] こうした状況下では、習は日本との関係改善を本格的に進めることは難しかったと思われる。

中国の指導者にとって、権力基盤が脆弱な時期に日本に対し融和的な姿勢を示すことには、大きなリスクがある。それはたとえば、一九八五年九月の胡耀邦党総書記にみられた。[53] 当時、改革開放を積極的に推進したい胡耀邦は、それを慎重に進めたい陳雲らと激しく対立していた。一九八五年九月の党代表会議で積極推進派の若手を抜擢したい胡耀邦だったが、八月一五日の中曽根康弘首相の靖国神社参拝に反対する学生デモが全国に拡大したことで、中曽根と密接な関係を築いていたことを口実に陳雲らに厳しく追及され、この会議は慎重派主導の人事と思想教育強化で閉幕した。その後、胡耀邦は、一九八七年一月に学生の民主化要求デモの責任をとって失脚したが、その理由のひとつに日本に融和的な態度を取ったことがあったといわれている。

ここから教訓を得たと思われる江や胡は政権担当中、日本に対しては終始慎重に対応した。習も、第一期政権では権力基盤を強化することに集中した。習は、反腐敗闘争を展開し、胡政権期の中央政治局常務委員である周永康、同委員であり軍制服組トップである徐才厚と郭伯雄、胡の側近である令計劃など、江人脈と胡人脈をつぎつぎと排除し、その後任に自らの人脈を抜擢していった。第一九回党大会では、中央政治局メンバーは習人脈で占められ、習の権力基盤は盤石となった。習は「一強体制」をつくりあげたことで、日本との関係を進展させても、そのことを自らへの抵抗の口実にされるリスクを大幅に軽減させることができるようになった。さらに、翌二〇一八年三月の第一三期全国人民代表大会第一回会議では、習は憲法改正を行ない、国家主席の任期を廃止して、二〇二二年以降も政権の継続を可能にする措置をとり、いっそう権力基盤を強固なものにした。このようにして、習と安倍の相互訪問を行なう条件は整ったのである。

二〇一七年一一月一一日、習はヴェトナムのダナンで安倍と会談した。習は、「日本がより多くの実際的な行動と具体的な政策で中日が互いに協力パートナーであり、互いに脅威にはならないとの戦略的共通認識を体現することを希望する」と述べ、「『一帯一路』の枠組みでの協力の早期実行を後押しするべきだ」として、日本に「一帯一路」構想への具体的な協力の提示を急かした。また、二〇二二年の北京冬季五輪での協力を求めた。これに対して安倍も、「『一帯一路』の枠組みでの協力を積極的に検討していきたい」[54]と応えた。さらに安倍は、南シナ海問題や「インド太平洋戦略」には言及しないことで、中国との関係改善の障害要素を封印した。

(3)「米中貿易戦争」の勃発

二〇一八年三月一日、アメリカは中国に対し、米通商拡大法二三二条にもとづいて、鉄鋼、アルミニウム製品に輸入制限を行なう方針を発表した。これを機に、アメリカと中国のあいだでの貿易摩擦がエスカレートしていった。日中関係も、この米中貿易戦争と無縁ではなかった。

中国は解決に向けてアメリカとの交渉を進めたが合意にいたらず、アメリカは六月と七月にさらなる追加関税を発表した。他方で、中国は各国に対し、「多国間主義支持」や「一国主義反対」「保護主義反対」への同調、トランプ政権批判への賛同を求めた。こうした中国の動きは日本に対しても向けられた。

五月八日から一一日まで李克強首相が来日した。日中韓サミットに参加し、その後、公賓として東京と北海道を訪問した。中国首相による国際会議出席以外の日本公式訪問は、二〇〇七年五月の温家宝の訪問以来七年ぶりとなった。

李は安倍との会談で、省エネ・環境保護、科学技術イノベーション、先端製造、財政・金融、シェアリングエコノミー、医療・高齢者福祉など、重点分野で協力を強化することで一致した。そして、通貨スワップ協定を締結し、中国側が日本側に人民元適格海外機関投資家（ＲＱＦＩＩ）枠を付与することで合意した。また、「一帯一路」構想についても、李は「『一帯一路』協力を検討し、第三国市場を共同開拓するべきだ」と述べ、安倍も「第三国市場協力を共同で実施したい」と応え、第三国市場での協力について検討段階に入ることを確認した[55]。具体的には、第三国における日中民間経済協力で日中ハイレベル経済対話のもと、省庁横断、官民合同で議論する新たな委員会を設け、案件を個別に議論することになった[56]。安倍は「引き続き重点分野の協力を推し進め、自由貿易体制を共同で維持し、ルールにもとづく、公正で開かれた多国間体制を維持」すると言及したが、李は貿易問題に言及しなかった[57]。

九月一二日、習はウラジオストクで開かれた東方経済フォーラムに出席した安倍と会談した。習は、「最近、安倍首相と日本政府は対中関係について前向きな姿勢を繰り返し示している。互いの努力で中日関係は正常な軌道に乗り、改善と発展の重要なチャンスを迎えている」として、日中関係の現状を評価した。そして、「双方は断固として多国間主義を守り、自由貿易体制と世界貿易機関（ＷＴＯ）のルールを維持し、開放型世界経済の構築を後押しする必要がある[58]」と述べた。この発言がアメリカを意識したものであることは明らかだった[59]が、このとき安倍は習のアメリカ批判に同調しなかった。

（４）安倍首相の訪中

二〇一八年一〇月二五日から二七日まで、安倍が中国を訪問した。国際会議などの参加目的ではない日本の首相による中国公式訪問は、二〇一一年一二月の野田以来七年ぶりとなった。二六日、習主席は安倍首相と会談した[60]。習は「『互いに協力パートナーとなり、互いに脅威とならない』との政治的共通認識を着実に貫徹、実践し、プラスの相互交流を強化し、政治的相互信頼を増進しなければならない」と、日中関係のさらなる発展に言及した。これに対し、安倍は「『一帯一路』は潜在力のある構想であり、日本は中国と広い範囲で協力を強化したいと考えており、これには第三国市場の共同開拓が含まれる」と応じた。米中貿易摩擦に関しては、習が「多国間主義を守り、自由貿易を堅持し、開放型世界経済の建設を推進しなければならない」と述べ、安倍は「世界と地域の平和、自由貿易の保護に寄与しなければならない」と応じた。

また同日、李も安倍と会談し、「当面の国際情勢のもと、共同で自由貿易を守り、保護主義に反対する」と述べた[61]。

安倍は習との会談で、①競争から協調へ、②お互いにパートナーとして脅威にならない、③自由で公正な貿易体制の発展、という三原則を提示した。新華社は、習が②と③には言及し、安倍に同調したことを報じた。しかし、①については、習の言及を報じておらず、李との会談時における安倍の発言として報じた[62]。このことは、①については習も李も言及しておらず、中国側が同調していないことを示唆した。また、中国側が言及した多国間主義支持や保護主義反対に安倍は言及しておらず、同調していないことを示唆していた。

安倍首相は一〇月二九日の衆議院代表質問で「三原則を確認した」と述べたが[63]、中国側は「三原則」を認めていない。このことは、中国側が期待していたアメリカ非難を安倍首相が表明しなかったことへの不満の表われ、と考えることができる[64]。

四　日中関係改善の要因

（1）習近平の権力基盤の強化

前節でみたように、二〇一八年一〇月に安倍晋三首相の中国訪問が実現したが、そのためにはいくつかの要因があった。そのひとつは、習近平が権力基盤を強固なものにしたことである。二〇一四年一一月の四項目合意によって、日中関係を尖閣諸島国有化の問題が発生する前の状況に戻したつぎの段階として、習は首脳の公式訪問の再開を想定していたと思われる。しかし、習の権力基盤がまだ弱かったことや、安倍政権が中国の脅威に対抗するための積極的な外交を展開していたことで、習は首脳の相互訪問が政局になると判断していたと考えられる。

そして二〇一七年一〇月に第一九回党大会が開かれ、習が総書記に再選されて、第二期習政権が発足した。習は、人事において中央政治局に多くの習人脈を配置することで権力固めに成功し、首脳の公式訪問が政局にならない状況を整えたのである。

ここで注視すべきことは、依然として日中関係は中国の内政に左右されてきていることである。いいかえれば、中国の指導者の政治権力が安定していることが、日中関係の安定の条件といえる。

（2）「一帯一路」構想と米中貿易戦争

もうひとつは、日本が「一帯一路」構想への支持を表明したことである。二〇一七年五月の習と二階との会談で、日本側が「一帯一路」構想への支持を表明し、習がそれを歓迎したことから、「一帯一路」構想が日中関係のさらなる改善のカギを握ることになった。首脳の相互訪問を実現するために、日本側が先に「一帯一路」構想支持のカードを切ったのか、それとも中国側からの支持要請に応えたのか。だが、そのこと自体はそれほど重要なことではない。

いずれにせよ、中国側は、習が提起した「一帯一路」構想を軌道に乗せ、国内外での評価を高めるために、日本のより多くの支持と協力、そしてＡＩＩＢへの加盟に期待した。

他方、日本側にも、「一帯一路」構想をビジネスチャンスとしたい経済団体や企業の強い要望があった。そのため、中国側に安倍の中国訪問を実現させるカードとして、「一帯一路」構想を利用する余地が生まれた。

習・二階会談以後、中国側は日本側に対し「一帯一路」構想を支持する具体的な行動を求め、日本側がそれに応えるというやりとりが続いた。それは、日本側による首脳の相互訪問の要請に対する中国側の条件のつり上げの様相を呈していた。そして、二〇一八年五月の李の日本訪問時に、両国は事実上、「一帯一路」構想への協力としての第三国市場協力に合意にいたったのである(65)。

しかし、安倍の中国公式訪問では、「一帯一路」構想への協力は具体化されず、また日本のＡＩＩＢ加盟も実現しなかった。

米中貿易戦争の勃発も安倍の中国公式訪問の実現を後押しすることになった。二〇一八年三月以降、米中貿易摩擦がエスカレートしたことへの対応として、中国はアメリカ批判はもとより、トランプ批判の国際的な包囲網の構築を急いだ。中国は、アメリカの中国製品の輸入制限措置を「一国主義」「貿易保護主義」と批判した。そして、上海協力機構（SCO）加盟国（六月）、フランス（同月）、EU（同月）、中国・中東欧サミット会合参加国（七月）、ドイツ（同月）、BRICS加盟国（同月）、イギリス（同月）、オランダ（九月）などに対し、アメリカ批判・トランプ批判への同調を求めていた。そのため、中国は日本に対しても同調を期待したのである。

しかし、安倍は、一〇月の訪中時にアメリカ批判・トランプ批判には言及せず、同調を拒否した。

（3）米中・日中のパワーバランスの変化への対応

「一帯一路」構想と米中貿易戦争への安倍の対応は、習にとって必ずしも期待どおりのものではなかった。たしかに、「一帯一路」構想の推進も、米中貿易戦争の勃発も、安倍の中国公式訪問の実現を後押しした。安倍とトランプとの緊密な関係を鑑みれば、中国側はこのことを織り込み済みだったとも思われる。そうであるならば、習政権が尖閣諸島国有化宣言によって途絶えた首脳の相互訪問を再開させた理由はほかにある、と考えるのが自然であろう。

以上みてきたとおり、中国の対日外交の変遷は、中国の台頭とアメリカのプレゼンスの低下によって米中間のパワーバランスが変化し、その影響を受けた日本の外交に中国が対応してきたという構図であることが明らかになった。

第二期オバマ政権では、中国の経済的台頭に対抗するための経済統合としての環太平洋パートナーシップ協定（ＴＰＰ）が米議会の承認を得られなかったことや、南シナ海における中国の海洋進出への対応が遅れたことなどが重なり、「リバランス」政策は十分機能しなかった。オバマ政権の後に誕生したトランプ政権は、オバマ政権に追随して日本が積極的に進めてきたＴＰＰへの不参加の表明や、日本とのあいだに拉致問題を抱える北朝鮮（朝鮮民主主義人民共和国）との接触など、日本の利益を無視した外交を展開してきた。

こうした状況に対し、第二期安倍政権は、基本的には日米同盟強化の立場にありながらも、アメリカへの不信感を強め、最悪の事態を回避するために中国との協力強化に向かった[66]。それに対し習政権は、「米中新冷戦」の様相を呈する米中関係の悪化により、日米同盟の弱体化を図ろうと日本との関係を改善したとみることができる。しかし、それだけではなく、日本が中国の台頭に対し、アジアにおけるプレゼンスを高めるために独自の外交・安全保障政策を展開していることへの警戒感[67]から、習政権が日本との関係改善を図ったという側面を見逃すことはできない。中国は、日本と対立するのではなく、日本との関係を改善することで、アジアにおける日本のプレゼンスがこれ以上高まることを抑えようとしている。

このように、首脳の相互訪問の再開プロセスにおいて、習政権は日米同盟を弱体化するといった米中関係の文脈からだけでなく、日中二国間関係の文脈から日本に対応してきたといえる。

おわりに

習近平政権は、日本が中国の台頭とアメリカのプレゼンスの低下によるアジアのパワーバランスの変化に直面し、日米同盟を重視しつつも、自らのプレゼンスを高めるために主動的な外交・安全保障政策を展開しているという認識を有してきた。尖閣諸島国有化の問題で途絶えた日中首脳の相互訪問の再開も、そうした文脈のなかで、習政権がアジアにおいて日本がプレゼンスを高めることを抑制するために関係改善を図ったものととらえることができる。こうした習政権の日本への対応は、中国がアメリカに対して示した「新型大国関係」の枠組み、すなわち「対抗しない、相互尊重、協力、ウィン・ウィン」を提示したこととも類似しているように思える。

しかし、中国にとって日本がアメリカと決定的に異なるのは、日本とのあいだには歴史問題、領土問題という構造的な問題が歴史的に存在しており、ときに関係を構築するうえでの制約要因になってきた点である。そのことは習政権・安倍政権下でも変わっていない。それは、両国首脳の相互訪問が途絶えたきっかけが日本政府の尖閣諸島国有化にあったこと、また、安倍首相の靖国神社参拝を中国側が厳しく問題視したことなどにみることができる(69)。

そのため、習・安倍の首脳相互訪問が再開し、それが常態化するほどに日中間の政治関係が改善し安定化しても、そしてポスト習政権においても、歴史問題や領土問題などが中国の日本に対する態度を硬化させる要因になりうるのである。

しかし、それらが対日外交に与える影響は一時的なものである。そのことは、習政権が二〇一四年一一月の時点で、尖閣諸島国有化問題を収束させていたことからも明らかである。むしろ中国がアジアにおけるパワーバランスの変化への対応として、対日外交を展開していることに注視しなければならない。日本が日米同盟を維持しつつも、独自のアジア外交を展開する傾向は今後も弱まることはないだろう。今後、中国は日本を米中関係のアメリカ側の一構成要素としてだけではなく、より主体性をもった国としてとらえ、対日外交を展開していくものと思われる。

二〇一八年一一月に安倍の中国公式訪問が実現し、日中関係改善のプロセスは習の日本公式訪問で一応の終了をみることになった。そのため両国の外交関係者は二〇二〇年春の実現に向けて準備を進めていた。しかし、二〇一九年末の湖北省武漢市に端を発した新型コロナウイルス感染症（COVID-19）が、二〇二〇年に入り世界的に拡大していったことは周知のとおりである。そのため日中両政府は、三月五日、習の訪日延期を発表した。

二〇二〇年六月三〇日、中国の国会にあたる全国人民代表大会の常務委員会会議において、香港における「一国二制度」を形骸化する香港国家安全維持法が可決、成立した。これに対し、茂木敏充外相は「遺憾の意を表明する」との談話を出し、在日中国大使館に伝えた。また、香港市民の保護をめざす超党派の国会議員連盟が発足するなど、日中関係への影響が懸念されている。しかし自民党内では、政府に対する習の国賓待遇での訪日の中止要請をめぐり意見が割れていた(70)。中国は、一時的な関係悪化は想定の範囲内であり、過去の人権や民主化の問題への日本政府の対応、日中間の経済領域での相互依存関係を考えれば、香港問題の日中関係への影響は限定的とみていると思われる。習の訪日は日中改善を国内外に示す象徴的な意義を有しているにすぎないため、この延期が日中関係に影響を与えることはないと思われる。

また新型コロナウイルス感染症対策では、日中間の緊密な協力がみられ、良好な関係が続いていることを裏づけた。三月二〇日には日中韓外相テレビ会議、四月一四日にはＡＳＥＡＮと中日韓（10＋3）の首脳による特別会議、同月二一日には日中外相電話会談が開かれ、連携を確認した。また、日中両政府は相互に数回にわたり緊急物資援助を行なった。こうした二国間の支援と協力は、今後治療薬やワクチンの共同開発、中国の医療体制の整備へと範囲を拡大することが期待される。

新型コロナウイルス感染症をめぐっては、アメリカが中国政府の対策について初動の遅さやデータの隠蔽を指摘し、中国側がそれに反論するといった、米中による非難の応酬がエスカレートしている。また、アメリカは世界保健機関（ＷＨＯ）の対策が「中国寄り」だとして、四月二三日に資金拠出停止を発表した。これに対し、中国はすぐさま三〇〇〇万ドル（約三二億三〇〇〇万円）の寄付を発表した。七月六日には、アメリカが一年後にＷＨＯ脱退を国連に通知した。こうした動きは国際機関における米中のパワーバランスの変更をもたらす可能性がある。また、「マスク外交」と揶揄される中国の積極的な発展途上国への新型コロナウイルス対策支援を、アメリカは中国の覇権拡大と関連づけて非難を強めている。

このように新型コロナウイルス感染症へのアメリカの対応が、米中関係の悪化を助長している。それが、トランプ政権の「アメリカ第一主義」に則ったものであるのか、それとも中国の台頭という長期的な趨勢によるものなのかを日本は見極める必要があるだろう。

また、中国海警局の公船による尖閣諸島周辺の接続水域内の航行が、尖閣諸島国有化宣言以降に活発化し、二〇二〇年四月一四日から八月三日まで一一一日連続を記録した。習政権が、日中関係の改善にもかかわらず、公船の航行を常態化させているのは、アジア・西太平洋地域での海洋権益をめぐってアメリカとの対立が激化しており、尖閣諸島周辺海域の安全保障上の重要性が高まっているからである。

ポスト・コロナ時代の国際情勢は、「米中新冷戦」のエスカレートを予感させるものといえるかもしれない。そこでは米中のパワーバランスは、よりいっそう中国の台頭とアメリカのプレゼンスの低下が顕著になるだろう。そのような状況下で、日中関係も少なからず影響を受けることになる。おそらく日本は、よりいっそう中国を牽制し、独自のプレゼンスを高めるための外交・安全保障政策を展開する見通しが強い。その一方で、中国は日本のプレゼンスが高まることを抑制するために、日本と対立するのではなく、関係強化に乗り出していくことになるであろう。

註　記

（1）たとえば、国際関係学者である張蘊嶺は、「日中関係の問題は両国の歴史的なパワーバランスの逆転、戦後秩序の転換という大局のなかで認識しなければならない」と指摘している（張蘊嶺「中国周辺地区局勢和中日関係」『日本学刊』第五期、二〇一四年、一頁）。

（2）日本研究者である馮昭奎は、日中関係を米中関係の延長との見方を示している。馮昭奎「中日関係的〝進〟與〝退〟——基於〝区分開来〟原則預測的可能前景」『日本学刊』第一期（二〇一七年）、二〇頁。

（3）国分は、中国の対日接近が習近平体制の確立とともに進んだとしている（国分良成『中国政治からみた日中関係』岩波書店、二〇一七年、二三一頁)。三船は、習近平政権の日中関係改善のパフォーマンスが「外交政策」ではなく富国強軍をめざすための「外交戦術」であるとしている(三船恵美「『習近平新時代』における中国外交と日中関係」『駒澤法学』第一八巻一号、二〇一八年九月、五三〜八二頁)。滝田は、二〇一二年以降の中国の対日姿勢は強硬を基調に柔軟姿勢と混在し、関係改善は停滞しているとする(滝田豪「日中関係の分析枠組」『産大法学』第五〇巻一・二号、二〇一七年一月、三二九〜三四九頁)。角崎は日中関係改善の背景に、①習近平の権力基盤の安定、②「一帯一路」に対する日本の積極的な姿勢、③米中関係の悪化をあげる(角崎信也「『平和友好』以後の日中関係」『東亜』第六一九号、二〇一九年一月、三〇〜三八頁)。

このほか、日中関係に関する研究としては、田中明彦『日中関係 一九四五—一九九〇』(東京大学出版会、一九九一年)、国分良成・添谷芳秀・高原明生・川島真著『日中関係史』(有斐閣、二〇一三年)、高原明生・服部龍二編『日中関係史 一九七二—二〇一二 Ⅰ政治』(東京大学出版会、二〇一二年)、毛里和子『日中漂流——グローバル・パワーはどこへ向かうか』(岩波書店、二〇一七年)などがある。

(4)「日本の『釣魚島購入』宣言についての中国外交部の声明(全文)」人民網(日本語版)、二〇一二年九月一一日〈http://j.people.com.cn/94474/7944414.html〉(二〇二〇年七月二五日アクセス)。なお、以降の註釈におけるホームページ・アドレスのアクセス日時については省略するが、すべて二〇二〇年七月二五日に最終アクセスしたものである。

(5)「希望日本新政権與中方相向爾行」『人民日報』二〇一二年一二月二七日。

(6)「日本再次進入安倍時代」『人民日報』二〇一二年一二月二六日。

(7)首相就任から最初の訪中までの間隔をみてみると、最初の安倍が一カ月、福田康夫が三カ月、麻生太郎が一カ月、鳩山由紀夫が一カ月、菅直人が就任した当月、野田佳彦が三カ月である(このうち公式訪問は野田のみ)。小泉純一郎でさえ六カ月だった。

(8)「習近平向安倍闡明中方対中日関係的原則立場」『人民日報』二〇一三年九月六日。

(9)「為我国発展争取良好周辺環境 推動我国発展更多恵及周辺国家」『人民日報』二〇一三年一〇月二六日。

(10) 朱鋒は、「アメリカのグローバル戦略の重心が『東に移行』しており、中国でも将来の戦略の重点は『西に進むのか』『東に突出させるのか』それとも『南下するのか』というさまざまな議論が出現してきた」。結果として周辺外交重視の方針が出てきたと説明する(朱鋒「中国周辺安全局勢——問題與挑戦」『現代国際関係』第一〇期、二〇一三年、六頁)。佐々木智弘「中国の周辺外交——新たな国際秩序の構築へ」『東亜』第五八九号(二〇一六年七月)、二二～二八頁も参照。

(11) 時殷弘「当前中日美関係的戦略形成與任務——一種宏観視野的討論」『日本学刊』第一期(二〇一五年)、三二、三四～三五頁。「日本が将来、アメリカ推進下での東シナ海以外の海上洋上のホットイシューに関与しないよう努力すること」、「アメリカに中国を防ぐ、抑えつける、食い止めようとする『統一戦線』をつくらせない、強化させない。このような戦略の新情勢、新方針のもとで日中関係を処理する、あるいは構築する」。

(12) 張蘊嶺「中国周辺地区局勢和中日関係」『日本学刊』第五期(二〇一四年)、一三頁。

(13) 凌勝利・方寅旃「共識下的游離——美日在対華安全政策上的分岐」『日本学刊』第二期(二〇一九年)、六〇頁。それによると、アメリカは覇権の維持、覇権利益の維持を国家利益と考えているのに対し、日本は領土紛争における既得権益を守るためと考えている。

(14) 金燦栄「周辺国際環境的新特点及中国的応対」『日本学刊』第一〇期(二〇一三年)、一三頁。

(15) 「日方必須対厳重政治後果承担全部責任」『人民日報』二〇一三年一二月二七日。

(16) 「楊潔篪就安倍参拝靖国神社発表談話」『人民日報』二〇一三年一二月二九日。

(17) 「安倍自己関閉了同中国領導人対話的大門」『人民日報』二〇一三年一二月三一日。

(18) 「張徳江会見日本客人」『人民日報』二〇一四年五月六日。

(19) 「兪正声会見日本自民党亜非問題研究会代表団」『人民日報』二〇一四年五月一〇日。

(20) 朱建栄「対日〝両分法〟過時了嗎？——歴史沿革、内涵変遷及其與時倶進之探討」『日本学刊』第四期(二〇一四年)、二一～四七頁、馮「中日関係的〝進〟與〝退〟」、一九頁。

(21) 「首都各界隆重紀念全民族抗戦爆発七十七周年」『人民日報』二〇一四年七月八日。

(22)『朝日新聞』二〇一四年一〇月一二日、『日本経済新聞（電子版）』二〇一四年一一月一八日〈https://www.nikkei.com/article/DGXLZO79835790Y4A111C1EA1000/〉。
(23)『産経新聞』二〇一四年一〇月一三日。
(24) 日本のメディアの報道も同年一〇月以降だったことにも注視すべきだろう。
(25)「中日就処理和改善中日関係達成四点原則共識」『人民日報』二〇一四年一一月八日。
(26) 外務省「日中関係の改善に向けた話合い」外務省ホームページ、二〇一四一一月七日〈https://www.mofa.go.jp/mofaj/a_o/c_m1/cn/page4_000789.html〉。
(27)「四つの原則的共通認識、中日関係打開の必要条件提示」人民網（日本語版）、二〇一四年一一月九日〈http://j.people.com.cn/n/2014/1109/c94474-8806616.html〉、上海国際問題研究院での筆者インタビューにもとづく、二〇一八年一二月。
(28)「四点原則共識需要得到切実遵循」『人民日報』二〇一四年一一月八日。
(29) この「異なる見解」という表現を、中国社会科学院日本研究所の高洪や楊伯江らは新華社や『人民日報』など官製メディア以外のところで、日本側が尖閣諸島の主権をめぐる争いの存在を確認したものと述べていた。これに対し一一月二一日、日本政府は閣議で答弁書を決定し、個別の尖閣問題を指すのではなく、あくまでも一般的に東シナ海海域での最近の緊張状態について「日中双方の見解が異なるという認識を確認した」だけだとした。
(30)「習近平分別会見韓国総統、越南国家主席、文莱蘇丹、馬来西亜総理、巴布亜新幾内亜総理和日本首相」『人民日報』二〇一四年一一月一一日。
(31)「中央外事工作会議在京挙行」『人民日報』二〇一四年一一月三〇日。
(32) 楊伯江「美国対日政策内在矛盾及地区戦略影响分析」『日本学刊』第六期（二〇一四年）、四四～四五頁。
(33)「南京大屠殺死難者国家公祭儀式隆重挙行」『人民日報』二〇一四年一二月一四日。
(34)「中日間海上連絡メカニズム専門家グループ協議開催」中華人民共和国駐日本国大使館ウェブサイト、二〇一五年一月一四日〈http://www.china-embassy.or.jp/jpn/zrdt/t1228205.htm〉。二〇一二年六月以来の開催。

（35）「第一三回日中安保対話」外務省ウェブサイト、二〇一五年三月二〇日〈https://www.mofa.go.jp/mofaj/a_o/c_m1/page3_001149.html〉。二〇一一年一月以来の開催。

（36）「習近平会見日本首相安倍晋三」『人民日報』二〇一五年四月二三日。

（37）習は二階に対し、「中国人にとって古くからの友人であり、長きにわたり中日友好交流に尽力してきた」「二階氏をはじめとする中日両国における各界の友好人士が志を変えることなく、引き続き努力し、両国関係の改善のためにより多くのプラスのエネルギーを提供することを希望する」と述べている（「習近平会見日本自民党幹事長二階俊博」『人民日報』二〇一七年五月一七日）。

（38）「習近平出席中日友好交流大会并発表重要講話」『人民日報』二〇一五年五月二四日。

（39）「中方敦促日本堅持和平発展道路」『人民日報』二〇一五年九月二〇日。

（40）蘇暁暉「安倍的野心、日本的魔魘」『人民日報（海外版）』二〇一五年六月三〇日。

（41）「習近平会見日本首相安倍晋三」『人民日報』二〇一六年九月六日。

（42）呉懐中「安倍政府印太戦略及中国的応対」『現代国際関係』第一期（二〇一八年）、一九～二〇頁。

（43）上野英詞「南シナ海仲裁裁判所の裁定――その注目点と今後の課題」『笹川平和財団海洋政策研究所海洋安全保障情報特報』二〇一六年九月一日〈https://www.spf.org/oceans/b160901-4.pdf〉。

（44）「岸田外務大臣会見記録」外務省ウェブサイト、二〇一六年七月一五日〈https://www.mofa.go.jp/mofaj/press/kaiken/kaiken4_000382.html#topic4〉。

（45）防衛省『日本の防衛　平成二五年版』（二〇一七年）、三三一頁。

（46）当時のアメリカの「航行の自由」作戦については、石原敬浩「米国にとっての『航行の自由』（Freedom of Navigation）――ＦＯＮ報告書の分析を中心に」『海幹校戦略研究』特別号、通巻第一二号（二〇一六年一一月）、六四～八五頁を参照。

（47）馮「中日関係的〝進〟與〝退〟」、二四頁。

（48）「日本が日中の安全関係を悪化させると同時に中国の周辺の安全環境を悪化させており、その発展を自由にさせることは中国にとっておそらく不利になる」（孟暁旭「中日安全関係発展態勢及中国的応対」『現代国際関係』第三期、二〇一七年、二三〜三〇、五二頁）。

（49）『朝日新聞』二〇一七年五月一七日。

（50）「中日第四次高級別政治対話挙行」『人民日報』二〇一七年五月三〇日。

（51）「習近平会見日本首相安倍晋三」『人民日報』二〇一七年七月九日。

（52）第一八回党大会の人事分析は、佐々木智弘「習近平のリーダーシップと政権運営」大西康雄編『習近平政権の中国――「調和」のつぎに来るもの』（ジェトロ・アジア経済研究所、二〇一三年）、一三〜三八頁、第一九回党大会の人事分析は、佐々木智弘「ON THE RECORD 安定深める習近平政権――全人代の分析と今後の舵取り」『東亜』第六一一号（二〇一八年五月）、一〇〜一七頁を参照。

（53）この経緯は、田中『日中関係』、佐々木智弘「改革・開放の進展と六四天安門事件――鄧・胡・趙のトロイカ体制と長老の抵抗」西村成雄『二〇世紀中国政治史研究』（放送大学教育振興会、二〇一一年）、二二四〜二四〇頁を参照。

（54）「習近平会見日本首相安倍晋三」『人民日報』二〇一七年一一月一二日。

（55）「努力実現中日関係長期健康穏定発展」『人民日報』二〇一八年五月一〇日。

（56）『産経新聞』二〇一八年五月一〇日。

（57）「努力実現中日関係長期健康穏定発展」『人民日報』二〇一八年五月一〇日。

（58）「習近平会見日本首相安倍晋三」『人民日報』二〇一八年九月一三日。

（59）新華社の記事は、貿易に関する安倍首相の発言を報じていない。また、日本外務省も安倍の関連発言を確認していない（「日中首脳会談」外務省ウェブサイト、二〇一八年九月一二日〈https://www.mofa.go.jp/mofaj/a_o/c_m1/cn/page3_002553.html〉）。

（60）「習近平会見日本首相安倍晋三」『人民日報』二〇一八年一〇月二七日。

（61）「推動中日関係在重回正軌基礎上行穏致遠」『人民日報』二〇一八年一〇月二七日。

(62) 新華社は、「安倍が日中関係は競争から協調への新たな時代に突入したと述べた」と報じた。

(63) 『日本経済新聞』二〇一八年一〇月三〇日。

(64) 菅義偉官房長官は一〇月二九日の記者会見で、「日本が今日まで一貫して主張してきたものだ。日中のあいだで食い違いが生じているとの指摘はあたらない」と述べている(『日本経済新聞』二〇一八年一〇月三〇日)。また、二国間関係では競争と協調は共存するため、競争から協調へ移行するという見解は受け入れがたいという見方もある(上海国際問題研究院での筆者インタビューにもとづく、二〇一八年一二月)。

(65) たとえば、呉懐中は論文のなかで、李・安倍会談での第三国市場協力での合意を「一帯一路」協力と明記している(呉「安倍政府印太戦略及中国的応対」、一九〜二〇頁)。

(66) 張季風「日本対参輿〝一帯一路〟建設的認知変化、原因及走向」『東北亜学刊』第五期(二〇一八年)、五頁。

(67) 楊伯江は、日本が戦略的自主を追求し、国際的な行為能力を強化しようとしていることは明らかである、と警戒する(楊伯江「新時代中美日関係――新態勢、新課題、新機遇」『日本学刊』第一期、二〇一九年、九・一一頁)。

(68) 中国現代国際関係研究院日本研究所執行所長の樊小菊は、「日本が問題を起こすことを防ぐ」メカニズムを構築する必要性を主張した(樊小菊「応対中日関係的新形勢輿老問題――実現中日関係〝完全正常化〟的思考」『現代国際関係』第一〇期、二〇一八年、六頁)。

(69) 二〇一七年以降の日本と中国の関係の改善は、両国の現実主義的な対応の結果であるが、歴史問題と領土問題、台湾問題と両国間の構造的な問題は残ったままであるとの指摘もある(前記の上海国際問題研究院でのヒアリングによる)。またランド研究所のジェフリー・ホーヌング研究員は、尖閣諸島をめぐる対立を含め「互いの便宜のために対立点を脇に置いた」急速な日中の和解は失敗する、と警鐘を鳴らしている(Jeffrey W. Hornung, "Japan-China Rapprochement Will Fail," *Debating Japan*, vol. 1, issue 2, December 6, 2018 〈https://www.csis.org/analysis/resolved-japan-china-rapprochement-will-fail〉)。

(70) 『朝日新聞』二〇二〇年七月八日。

第3章　同床異夢の中朝関係
北朝鮮の核開発問題をめぐる齟齬

堀田　幸裕

はじめに

中国と北朝鮮の関係は特殊な関係性という部分が強調されがちである。だが、中朝関係は決して漫然としたまま構築されたものではない。冷戦期には、国際政治環境に起因する影響によって両国が対立する局面もあり、それを打開するために、しばしば意志疎通を図ってきた。

ポスト冷戦期において新たに北朝鮮の核開発が浮上すると、中国は六者協議という国際的な枠組みにおいて議長国という仲介役を務めたが、これは奏功しなかった。そして胡錦濤時代には、核問題と中朝の二国間関係を切り離して考えるという外交方針が提起されることになった。しかし、核実験を行ない、ミサイル発射などの挑発行為を繰り返す北朝鮮を中国が擁護しているという、国際社会からの疑念は払拭できなかった。また、実際に北朝鮮の長距離弾道ミサイルの移動式発射台（車両）が、その使用目的を偽って中国から正式に輸入されたものであることが発覚したのである。

二〇一二年一一月に胡錦濤総書記にかわって習近平が新たな党中央委総書記として選出されてから、二〇一七年一〇月までの第一期政権の期間は、まさに北朝鮮が核技術の完成に向かって邁進するタイミングであった。この時期、北朝鮮は四回の核実験を実施し、ＩＣＢＭを含む中・長距離弾道ミサイルの発射実験を繰り返した。中朝首脳会談は五年のあいだ一度も開催されず、二国間関係においても限定されたかたちの交流があるのみだった。だが、こうした中国と北朝鮮の関係の冷え込みは、習近平政権が対北朝鮮政策を調整したというよりも、北朝鮮の核開発に対して中国が国際社会と歩調を合わせた結果とみるほうが適切だろう。中国は北朝鮮の核開発を背後で支援しているという疑念を拭い去るため、北朝鮮が核・ミサイル開発を継続している以上、国連安保理での対北朝鮮制裁決議にも賛成するほかなかったのである。

習近平政権の第二期目となる二〇一八年以降は、北朝鮮がアメリカとの非核化協議に応じる姿勢へと転じたため、中朝関係も復調の気配をみせはじめている。二〇一八年三月から二〇一九年一月まで、金正恩党委員長は立て続けに中国を四回訪問して、習近平総書記との首脳会談を行なった。こうした姿勢は、北朝鮮が外交政策の大転換を前にして、中国との十分な意思疎通に努めているように映る。ただこれは、北朝鮮の核問題が先鋭化する二〇一三年以前の関係に戻っただけともいえ、中国が主導的に北朝鮮を促して得た外交成果ではないだろう。また、二〇一七年にアメリカでトランプ政権が誕生すると、「米中新冷戦」という構図が色濃くなってきたことにも留意する必要があろう。

一九七八年末に改革開放政策に転じ、以来一貫して市場経済化の道を邁進してきた中国は、一九九九年に世界貿易機関（ＷＴＯ）への加盟を達成している。中朝ともに政治的には一党独裁体制を堅持しつつ、看板は同じ「社会主義」を掲げていても、現実には中国と北朝鮮はまったく異なる道を歩んでいる。それでもなお、中朝関係のあり方そのものが根底からくつがえるという事態は、今世紀までなかった。そこで、本章では中国と北朝鮮の現代史の歩みを振り返りつつ、二〇二〇年初頭までの、主に習近平政権期を中心にした中朝関係を考察してみたい。

一　建国から二一世紀初めまでの中朝関係

まず現代の中朝関係についてみるうえで、習近平政権発足までの軌跡を整理しておきたい。

しばしばいわれることだが、中朝両国のあいだには「伝統的関係」があるとされる。これは長い歴史のなかで築かれた隣国関係を前提としつつも、同じ社会主義国の同志的つながりを特殊なものととらえた見方だ。中国共産党とその傘下にあった金日成らの抗日パルチザンは日本軍に対して共闘した仲であるし、国共内戦時には先に新国家を樹立した北朝鮮による中国共産党への後方支援があった。

そして朝鮮民主主義人民共和国（一九四八年九月建国）、中華人民共和国（一九四九年一〇月建国）という社会主義国家の誕生直後に、両国は朝鮮戦争でアメリカに対してともに戦火を交えることとなった。中国は人民志願軍として「抗美援朝、保家衛国」というスローガンを掲げて参戦する。北朝鮮のためだけではなく、自分たちの新生社会主義祖国を守るという名分もあったが、戦争を通じて北朝鮮との関係は「鮮血で固められた友誼」と称されるようになる。

人民志願軍は一九五八年までに北朝鮮から撤退するが、一九六一年に締結した中朝友好協力相互援助条約により、非同盟路線をとる中国にとって北朝鮮は事実上唯一の同盟関係を築く国となった。同条約の第二条においては、一方が武力攻撃を受けた際に一方が軍事上その他の援助を与えるという規定があり、たとえば北朝鮮がアメリカから攻撃を受けた場合には、中国が軍事介入を行なうということを事実上明文化するものだった(1)。中国が朝鮮半島に対して、直接的に関与する姿勢を明確にしたものといえる。その背景には、米軍が日本や韓国、台湾（当時）に駐留するなかで、北朝鮮が地政学的な中国の安全保障上の「藩屏《はんぺい》」と位置づけられたこともあるだろう。

（1）中朝関係の最初の試練

このように現代史のなかでの中朝関係は、現在の政権樹立より前の抗日革命闘争を通じた結びつきを起源とし、建国後にはアメリカを相手としてともに戦った戦友であった。両国関係を特徴づけていることうした特殊性を否定するものではないが、それは安定的に維持されていたわけではない。そのための不断の努力も払われてきた。

実際に中朝関係は、早くも一九六〇年代に最初の危機に直面していた。北朝鮮は一九六一年にソ連とも軍事介入条項を含むソ朝友好協力相互援助条約を締結し、社会主義の二大強国両方との関係を重視していたが、その中ソが互いに反目する事態となったのである。

中ソ論争のなかで板挟みとなった北朝鮮は、自主性を前面に出して主体思想を掲げる。そして、ときにはソ連を批判し、中国の文化大革命による混乱の余波をかわしつつも、中ソ双方との等距離外交に努めた。中国の文化大革命の初期には、紅衛兵ら造反組織が発行するビラや機関誌などのなかに、非公式なかたちではあったが、「朝鮮修正主義」（朝修）という批判の言葉がみられるようになった。修正主義というのは、当時中国が対立していたソ連およびその追随国に対して使った表現である。北朝鮮も、このときには朝鮮中央通信を通じて反論を出している。[2]この中朝関係の冷却期間は、一九七〇年四月の周恩来首相の北朝鮮公式訪問まで続く。

（2）中国の対外関係発展と北朝鮮の停滞

中国は一九七〇年代に入ると、朝鮮戦争で戦ったアメリカとの関係修復に向けて動きだすことになった（国交回復は一九七九年）。これには国境紛争を引き起こすまで緊張が高まっていた、北方の脅威・ソ連に対抗するという安全保障上の狙いもあった。北朝鮮も時を同じくして南北赤十字会談を開催し、朝鮮戦争以来初めてとなる韓国との本格的な協議を重ねた。そして一九七二年の「七・四南北共同声明」では、武力に頼らず外部勢力に依拠しない自主的統一などの原則を確認するが、南北の相互不信と対立状態を解消するにはいたらなかった。

また中国は、北朝鮮と共同で戦ったもうひとつの敵である、日本とも一九七二年に国交を正常化することになった。日本やアメリカが中国と関係を正常化することが、北朝鮮の孤立につながりかねないとの懸念からか、金日成首相（一九七二年に国家主席）は中国への秘密訪問を重ねた。また周恩来首相も、一九七一年七月と一九七二年三月に平壌を秘密訪問して金日成首相と会談している。[3]この中国外交上の大きな転換点においては、毛沢東・周恩来、そして金日成・崔庸健[4]という両国の革命第一世代が健在であったため、中朝の首脳部間での意思疎通が比較的しっかりと行なわれていた形跡がある。なお、北朝鮮は同時期に第三世界外交を展開していくが、アメリカや日本との関係改善を進めることはできないままだった。

毛沢東の死後、改革開放政策を進める中国は韓国との経済関係を深めていった。一九八五年に鄧小平は、中韓関係の発展は中国にとって重要な意味を持つと指摘した。これは急速な経済成長を遂げた韓国が、もはや中国にとって無視できない存在となってきたことを認めるものだった。一九八〇年代に入ると韓国の国力は明確に北朝鮮を凌駕するかたちとなり、国際社会のなかでも経済的に一定の地位を占めるまでに増進していたのである。

中国は北朝鮮の強い反対にもかかわらず、一九八八年のソウル・オリンピックへ参加した。また、北朝鮮を説得して一九九一年に南北朝鮮の国連同時加盟を実現させ、一九九二年には韓国と外交関係を樹立する。中国は一九九二年四月、楊尚昆国家主席が平壌を訪問した折に金日成主席に対し、韓国との国交樹立を考えている旨を事前に直接通告している(5)。中国としては特別な配慮を示したつもりだろうが、政権の正統性を韓国と競う北朝鮮にとっては、大きな背信行為としか映らなかっただろう。金日成主席の逝去による権力継承時期を挟むとはいえ、一九九一年一〇月に金日成が訪中してから二〇〇〇年五月に金正日総書記が訪中するまでのあいだ、北朝鮮最高指導者の中国訪問は途絶えることになった。この時期、北朝鮮は日朝国交正常化交渉に本格的に着手し、アメリカとは核査察をめぐって協議を開始している。

表3－1　中朝首脳の往来（2000年以降）

2000	5月29～31日　金正日訪中。1991年以来の北朝鮮最高指導者による訪中
2001	1月15～20日　金正日訪中。上海市視察
	9月3～5日　**江沢民訪朝。金日成の死亡後，中国首脳による初訪朝**
2004	4月19～21日　金正日訪中。天津市視察
2005	10月28～30日　**胡錦濤訪朝。中国の支援で建てられた大安友誼ガラス工場を見学**
2006	1月10～18日　金正日訪中。広州など南方視察
2010	5月3～7日　金正日訪中。大連，天津，瀋陽など視察
	8月26～30日　金正日訪中。東北地方を視察
2011	5月20～26日　金正日訪中。牡丹江・長春・北京・揚州などを視察
	8月25～27日　金正日訪中。ロシア訪問（8月20～25日）の復路にホロンバイル，チチハル，大慶，通化などを訪問。中朝首脳会談は実施せず
2018	3月25～28日　金正恩訪中。北京市視察。政権就任後初めての外国訪問
	5月7～8日　金正恩訪中。大連で習近平と首脳会談。飛行機を利用
	6月19～20日　金正恩訪中。北京市視察。飛行機を利用
2019	1月7～10日　金正恩訪中。北京市視察
	6月20～21日　**習近平訪朝（国賓訪問）。マスゲーム観覧**

註：1）2011年8月以外はすべて中朝首脳会談を実施。
　　2）中国側の訪朝は太字。
出所：筆者作成。

（3）ポスト冷戦下で北朝鮮が置かれた逆境

中朝関係にとって最大の転機は一九九二年の中韓国交樹立であったと考えられるが、同じ年にもうひとつの重要な変化があった。中国はそれまでバーター方式で行なっていた北朝鮮との貿易を、国際通貨による決済方式へと変更したのである⑥。これはそれまでのような北朝鮮の社会主義計画経済に対する支援を目的とする取り引きから、純粋に営利行為としての貿易への移行であった。北朝鮮は前年のソ連崩壊に続き、これまで自国経済の支えとなってきた二大柱を両方とも失うことを余儀なくされる。だが、その後も中国から北朝鮮へのパイプラインを通じた原油供給は行なわれ、北朝鮮で「苦難の行軍」と称される一九九〇年代半ばも、中国による一定程度の支援は続けられていた。そして二〇〇三年からはじまった北朝鮮の核問題を話し合う六者協議では、中国が議長国として仲介役を務めることとなった。中国の北朝鮮に対する関与は、国際化した核問題のなかで従来の二国間関係からかたちこそ変わったものの、決してなくなったわけではない。

北朝鮮は二〇〇〇年に初の南北首脳会談を行ない、開城工業団地や観光事業など韓国との経済協力を開始する。日本とも、二〇〇二年に初の日朝首脳会談を実現している。中朝関係も、二〇〇一年九月に江沢民総書記が訪朝して「継承伝統、面向未来、睦隣友好、加強合作」（伝統を継承し未来志向で、善隣友好の協力を強化する）という「十六字方針」を提示し、金正日時代の新たな関係の基調とした。なお、中国の党と国家のトップを兼職する人物の北朝鮮訪問は、実はこれが初めてであった[7]。

北朝鮮の核問題は国際社会の大きな懸念材料ではあったが、一九九〇年代から二〇〇〇年代にかけては核施設への査察を焦点とする「核疑惑」の段階であり、北朝鮮の核は対米交渉カードにすぎないとする見方も強かった。実際に北朝鮮は軽水炉支援を勝ち取ったのだが、これはうまくいかなかった。そしてこんどは北朝鮮のウラン濃縮計画が発覚し、前述したように、中国は北朝鮮の核問題を話し合う多国間の枠組みである六者協議の議長国として、その仲介に徹した。ところが、二〇〇六年一〇月に北朝鮮が第一回目の核実験を成功させると、雰囲気は一変する。中国は北朝鮮が核武装を実現する後ろ盾になってきたとの、強い批判を受けることになったのである。

（4）核実験を転機に高まった中朝関係見直しの機運

中国では、北朝鮮に対する方針はきわめて慎重に扱われている。そのため、朝鮮半島問題に関してどのように政策が決定されているのか、外部からうかがい知るのは難しい。しかし、胡錦濤時代の二〇〇九年に、中朝関係の見直しが一度議論されたことは間接的に伝えられている。関連の報道にも指摘があるが、その時期から考えて、北朝鮮の核実験が大きく関係しているのは疑いない。

二〇〇六年に最初の核実験に成功した北朝鮮は、二〇〇九年五月にふたたび核実験を行ない、これを成功させていた。こうしたなか、二〇〇九年九月八日付『環球時報』は、「朝鮮で行なわれた核実験以降、中国の対朝鮮政策で調整が行なわれており、それは『特殊関係』から『正常な国家関係』に突き進むものだ」とする記事を載せた。これは中国が、これまでの中朝関係を政策的に再検討していることを明らかにしたものだった。そのうえで記事は、中朝友好協力相互援助条約の改正や北朝鮮への非正常なかたちの経済援助を改めること、そして北朝鮮が中国の戦略上の「藩屏《はんぺい》」であるという考えについても再考を促す、という内部議論の一端を伝えていた。

この『環球時報』の記事が指摘している中国政府の対北朝鮮政策の調整というのは、二〇〇九年八月に開かれた中央外事工作領導小組会議で秘密裏に議論された内容を指しているとみて、ほぼ間違いないだろう。同会議には胡錦濤国家主席、習近平国家副主席、戴秉国国務委員とその他外交と国防の担当者約一〇人が出席して、朝鮮半島問題特別小組のメンバーも同席した。そのなかで北朝鮮に対する支援の見直しや同盟条約破棄も話題にはのぼったものの、結論は「不戦・不乱・無核」という六文字に要約されて、支援を継続していくことと既存の対北朝鮮外交路線の維持、そして核問題と中朝関係は切り離して考えていくことになったという(8)。すなわち、北朝鮮の核問題があっても、それとは別に従来どおりの中朝二国間関係を継続するという方針だ。

中国は公式にはこの会議の開催を発表しておらず、議論の詳細は分からない。『環球時報』や『朝鮮日報』の報道から推測すると、核問題によって中朝関係は毀損されないという最低線を維持しつつ、核問題と並行して北朝鮮と向き合うという現実を選択したようだ。これは中国が北朝鮮の核保有も容認せず、北朝鮮を見捨てず関与すること。国際的な課題となった核問題に配慮し、北朝鮮の非核化に向き合うということである。こうした外交的プラグマティズムに徹した中国の姿勢は、現在の習近平政権の朝鮮半島政策においても、受け継がれているのではないかとみられる。

中朝関係の見直しが議論された二〇〇九年は、奇しくも両国の修交六〇周年であり、中朝友好年にあたっていたが、二国間関係の維持という結論を踏襲するように、一〇月には温家宝首相が平壌を訪問して食料や重油支援などを行なったとされている(9)。

二　金正恩・習近平政権の誕生

北朝鮮としては、二〇〇九年の中国の方針が最終的に北朝鮮への支援を継続し、同盟条約にも手が加えられないというかたちに落ち着いたのは救いであっただろう。ただし、中国も北朝鮮を一方的に「甘やかした」というわけではない。

二〇一〇年五月に訪中した金正日総書記は胡錦濤総書記との会談で、「双方は両国の内政や外交の重大問題、国際と地域情勢、党と国家の統治経験など共同の関心問題について随時および定期的に突っ込んだ意思疎通を行なう」という提案を受ける(10)。つまり胡錦濤は、一九七〇年代に両国の指導者が頻繁に往来して意見交換をしたように、内政や外交の重要な問題については中国ときちんと相談するようにと北朝鮮へ求めたのである。これを受けてか、金正日は同年八月にも訪中し、二〇一一年も五月、八月（首脳会談は行なわれず）と短い間隔で中国訪問を繰り返すことになった。二〇一一年六月には中国共産党と朝鮮労働党のあいだで中朝戦略対話が設定された[11]。

定期的な意思疎通を要求した中国の主張は当然として、これを積極的に受け入れた北朝鮮側の意図はどこにあったのだろうか。金正日総書記は、二〇〇八年に脳卒中を起こして三カ月ほど公式の場から姿を消したことがあった。そのため政権の継承問題を早急に準備しなくてはならなくなり、二〇〇九年一月に三男である金正恩を自分の後継者として指名したとされる[12]。中国への急な接近の背景には、北朝鮮の今後を見据えた金正日なりの判断もあったと考えられる。

(1) ふたたび活発化する中朝関係

胡錦濤政権の後半期には中朝の経済協力事業も進んだ。二〇一〇年八月に訪中した金正日総書記と胡錦濤総書記との会談では、「政府主導、企業為主、市場運作、互利共贏」（政府が主導し企業が中心となって、市場原理にのっとり互いがウィン・ウィンとなる）という原則が確認された[13]。そして中朝共同開発委員会による、「羅先経済貿易地帯」と「黄金坪・威化島経済地帯」の共同開発・共同管理のプロジェクトが進められていく。この動きを推進したのは張成沢朝鮮労働党行政部長兼国防委員会副委員長であった。また、中国企業の北朝鮮投資も活発化し、北朝鮮へ進出した約五〇の中国企業や代表処などで組織する「朝鮮中国商会」が、二〇一二年四月二七日に平壌で成立している。

このように中朝がふたたび積極的な二国間関係を構築していくさなかの二〇一一年一二月、金正日総書記が急死する。そしてその権力は、ただちに金正恩朝鮮労働党中央軍事委員会副委員長に継承された[14]。

金正恩は十代のときにスイスへ留学しているが、確認できる限り中国との接点はない。金日成主席は中国の満洲で長く抗日活動を行なっていたことから、周恩来首相との会談も中国語でこなせるほどだった。そして、金正日総書記は朝鮮戦争時に中国の吉林市へ疎開する体験をし、表舞台に登場後の一九八三年には中国を非公式訪問して、鄧小平党中央軍事委員会主席をはじめとする中国指導部と会見している。父である金正日も、こうした点を気にしていたのかもしれない。金正日総書記の二〇一〇年と二〇一一年の計四回の訪中に金正恩は、公式発表されている限りで随行はしていないが、二〇一一年に報道された北朝鮮での金正日総書記と中国の代表団とのすべての会合に金正恩は同席している。

また、金正恩が初めて公式に姿を見せたのは二〇一〇年九月の朝鮮労働党代表者会であったが、二〇一一年二月に訪朝した孟建柱中国公安部長は、「歴史的な朝鮮労働党代表者会議で尊敬する金正日同志が朝鮮労働党総書記に変わりなく高く推戴され、金正恩同志が朝鮮労働党中央軍事委員会副委員長に推戴されたことで、朝鮮革命の継承問題が輝かしく解決されたことを熱烈に祝賀」している[15]。まだこの時点で北朝鮮は、公式には金正恩を後継者と表現してはいなかったが、中国側は、金正恩を新しい指導者候補と認識して、それを積極的に支持する態度を示していたのだ。

金正日総書記の死去により権力が正式に金正恩へ移行した際も、中朝関係に動揺はうかがえなかった。そして、二〇一二年四月に金正恩が党第一書記と国防委員会第一委員長に就任してから約半年後の一一月、中国共産党第一八回全国代表大会（第一八回党大会）で習近平が中国共産党総書記へ就任したのは、

訪朝した中国の郭伯雄中央軍事委員会副主席（前列左から２人目）らが用意した贈り物を見る北朝鮮の金正日総書記（手前右から２人目）。中央は金正恩氏（2010年10月25日）［提供：朝鮮通信＝時事］

まさに中朝関係にとって、今世紀においてもっとも良好なタイミングであったといえなくもない。

中国共産党新指導部発足直後の二〇一二年一一月二九日と三〇日、朝鮮労働党の招待により李建国党政治局委員兼全人代常務委員会副委員長が北朝鮮を訪問して、金正恩第一書記、金己男党政治局委員兼書記、金養建党政治局委員兼書記らと会見している。

（２）「人工衛星」発射と北朝鮮による三回目の核実験

ところが、二〇一二年一二月一日に北朝鮮の宇宙空間技術委員会が、人工衛星「光明星三号」二号機を運搬ロケット「銀河三号」を用いて、一二月一〇日から二二日のあいだに西海衛星発射場より打ち上げる、という予告をした。中国外交部は翌二日に報道官を通じて、「朝鮮は宇宙空間を平和的に利用する権利を有しているが、こうした権利は国連安保理の関連決議などの制限を受ける」とするコメントを出す。(16) しかし、北朝鮮は一二月一二日に打ち上げを実施して、これに成功する。北朝鮮による四回目の「人工衛星」打ち上げであった。同日、中国外交部報道官は、「われわれは、国際社会が目下幅広く懸念を表明している状況下で朝鮮側が発射したことに遺憾の意を表明する」と発表した。(17)

そして二〇一三年二月一二日、北朝鮮は三回目の核実験に踏み切った。楊潔篪外交部長は中国駐在の池在龍北朝鮮大使を呼び出し、「国際社会の全面的な反対を顧みず、ふたたび核実験を実施したことに、強烈な不満と断固とした反対」を表明した。(18) 二月一七日付『環球時報』は社説のなかで、北朝鮮が核保有の道を歩めば歩むほど孤立するだけだとして、それによって受ける制裁措置についても自業自得であるかのように冷たく突き放した。胡錦濤体制から習近平体制への政権移行期にあたる党大会から全人代までの敏感な時期に、北朝鮮の核問題でかき回されるのはうんざりだ、という中国共産党指導部の空気が伝わってくるようだ。また、この三回目の核実験のころから、核問題と関連して北朝鮮を批判する言説が公然と中国メディアに登場するようになった。

(3) 高まる中国の北朝鮮不信感

それまで中国政府は、公式の場で北朝鮮を批判するようなコメントを避けてきた。ところが王毅外交部長は、二〇一三年四月六日に行なわれた潘基文国連事務総長との電話会談で、朝鮮半島情勢の緊張に対する憂慮として「われわれは中国の玄関先で揉め事を起こすことを許さない」という、中国政府高官の公式発言としてはこれまでにない厳しい表現で北朝鮮の対応を批判したのである。[19] 北朝鮮の原子力総局はこの時期、ウラン濃縮工場をはじめとする寧辺のすべての核施設とともに、二〇〇七年一〇月の六者協議の合意によって稼働を中止し、無力化した五メガワット黒鉛減速炉をただちに再整備、再稼働すると表明した。[20] また、朝鮮人民軍最高司令部が「休戦協定全面白紙化」を宣言し（三月五日）、『労働新聞』は「横須賀、三沢、沖縄、グアム島はもちろん米本土も射撃圏内にある」と書き（三月三一日）、軍総参謀部が「わが革命武力の無慈悲な作戦が最終的に検討、承認された状態にあることを正式にホワイトハウスとペンタゴンに通告」（四月四日）と主張するなど、戦争前夜にも似た雰囲気を煽った。

こうしたなかで二〇一三年五月に、金正恩第一書記の特使として崔龍海朝鮮労働党政治局常務委員兼朝鮮人民軍総政治局長が訪中した。これは習近平政権発足後、初めての北朝鮮からの高位級人士の訪中だったが、特使一行は非常に冷淡な対応で迎えられた。このとき、軍服を脱がなければ習近平国家主席とは会談できないといわれ、崔龍海は人民服に着替えて会見に臨んだという。この会談で習近平は「継承伝統、面向未来、加強合作」を強調したと伝えられているが、「十六字方針」のなかから「睦隣友好」の四文字が欠落したかたちとなっていた。[21] これは、江沢民政権から胡錦濤政権にかけて掲げられてきた中朝関係の基本方針が変化しつつあることを仄めかすものだった。この会談で崔龍海は、六者協議などさまざまな形式の対話と協議を通じて関係問題を適切に解決すると述べた、と中国側の報道で伝えられる一方で、北朝鮮側の報道には非核化をめぐる言及はみられなかった。[22]

そして中国は、これまで積極的ではなかった北朝鮮への制裁についても重い腰を上げはじめる。四大国有銀行による北朝鮮向け送金業務が停止され、[23] 国連制裁決議や国際原子力機関（ＩＡＥＡ）のガイドライン順守を名目として、軍用へ転換可能な対北朝鮮輸出禁止品リストを商務部が公開した。[24]

（4）手詰まりの中朝関係と北朝鮮の非核化問題

二〇一三年七月に北朝鮮で開催された「祖国解放戦争勝利六〇周年」（朝鮮戦争の休戦協定から六〇年という意味）の祝賀行事には、李源潮国家副主席を団長とする中国政府代表団が派遣され、朝鮮戦争で戦ったかつての人民志願軍の中国人老兵たちも訪朝した。韓国メディアの報道では、金正恩第一書記が会見で中国訪問の意志を表明した際に、李源潮は、現在の状況で習近平国家主席や他の高位指導者は会わないため、機会を改めたほうがよいと回答したという。[25]このことから、非核化の意思をみせない金正恩との会談を、習近平政権が躊躇していたことがうかがえる。

この時期、中国は六者協議再開のはたらきかけを強く行なっていたことが報じられている。中国は関係国に対して、①協議再開と二〇〇五年九月の共同声明の義務を履行、②朝鮮半島非核化の実現、③非核化の過程で北朝鮮の関心事を解決、④日米韓は北朝鮮との関係正常化に向け努力し、アメリカは北朝鮮の体制転覆の意図がないことと不可侵条約締結の意思を表明、⑤朝鮮戦争休戦協定を平和条約に転換する努力、⑥行動対行動の原則を堅持、⑦六者協議の定例化、といった七項目の調整案を提示していたようだ。[26]しかし、こうした提案は関係国を説得するにいたらなかった。日米韓は北朝鮮が先に非核化に向けた具体的行動を起こすべきだとする立場であったし、北朝鮮は「われわれは、対話と交渉を通じての問題解決を願うが、アメリカの固執する不当な前提条件は絶対に受け入れないであろう[27]」という姿勢であった。

核問題にひきずられるかたちで中朝関係も膠着状態となるなかで、北朝鮮では中国とのパイプ役と目されてきた張成沢党政治局委員兼国防委員会副委員長が、二〇一三年一二月に国家転覆陰謀行為をはたらいたとして処刑された。これについて中国は、「朝鮮の内部問題」[28]として公式に意見表明をしていない。張成沢は、二〇一二年八月に北京で開催された中朝合同指導委員会第三回会議に参加するため訪中し、胡錦濤国家主席と温家宝首相とも会見している。胡錦濤との会見で張成沢は、「朝鮮側は中国側とともに、二つの経済区の開発協力がさらに大きな成果を収めるよう共同で推し進め、両党・両国の伝統的友好協力関係をいっそう打ち固め、発展させていきたいと考えている」と述べていた[29]。張成沢の容疑として列挙されたなかには、「石炭をはじめ貴重な地下資源をむやみに売り払うようにして腹心らが仲買人にだまされて多くの借金をするようにし、去る五月にその借金を返済するとして羅先経済貿易地帯の土地を五〇年の期限で外国に売ってしまう売国行為もためらわなかった」というものがあった[30]。こうした指摘が中国とのあいだで起きた問題との観測もあるが、詳細は不明だ。

三　「非核化」をめぐるかみ合わない歯車

二〇一五年一〇月の朝鮮労働党創建七〇周年行事に参加するため、劉雲山党政治局常務委員を団長とする中国共産党代表団が平壌を訪問した。これは金正恩・習近平体制になってから初の中国共産党政治局常務委員の訪朝であった。北朝鮮側もほかの招待客とは別格の礼遇をして、金正恩第一書記と劉雲山党政治局常務委員がひな壇でパレードをともに閲兵するなど、伝統的な友好関係を内外に印象づけた。

このときの会談では、「継承伝統、面向未来、睦隣友好、加強合作」という「十六字方針」がふたたび登場したものの、中朝両国の公式発表には違いがあった。[31] 新華社は、朝鮮半島の平和と安定を擁護して、非核化という目標を堅持し、対話と協議で問題を解決するため、中国は北朝鮮とともに努力して六者協議の早期再開をめざしたいとする劉雲山の発言を引用した。これに対し、朝鮮中央通信（二〇一五年一〇月一〇日）は「朝中両国関係の強化発展と互いに関心を寄せる問題について意見を交換した」とのみ伝え、核問題に関する言及がない。非核化に関する両者の考えに隔たりがあることをうかがわせるものだった。

（1）核問題への対処を模索

三回目の核実験を行ない、北朝鮮が核放棄に応じる可能性が限りなく低くなっていくなかで、この時期の中国は北朝鮮の非核化に対して、どのように考えていたのだろうか。二〇一四年八月に石源華（国家領土主権・海洋権益協同創新センター副主任兼復旦大学センター支部主任）が、中国外交部発行の『世界知識』に「中国が対北朝鮮政策で実現すべき八つのバランス」という文章を寄せている。[32]

このなかで北朝鮮の核問題解決にあたっては、①北朝鮮が核保有を国家存亡にかかわる核心利益としているので核放棄は容易ではない。②アメリカのアジア太平洋戦略では朝鮮半島の適度な緊張が必要なため核問題解決を急がない姿勢をとっており、それが「リバランス」戦略にとっても好都合。③韓国の対北朝鮮政策には独立性や安定性、連続性が欠如していて、朴槿恵大統領の唱える朝鮮半島信頼プロセスはアメリカの戦略意図に合わず、また国内保守勢力の抵抗もあって前途は楽観できない。④中国経済は急速な台頭をしているが、実力にはまだ限りがある。朝鮮半島非核化の推進力にはなっているが主導力ではない。北朝鮮の姿勢は米韓の核放棄の立場とも妥協できないだけではなく、中国の朝鮮半島非核化の主張ともずれがある。新しい情勢のもとで中国は対北朝鮮政策三大原則（「朝鮮半島非核化の堅持」「平和対話で争いごとを解決することを堅持」「朝鮮半島の平和と安定を堅持」）に依拠しつつ、新たな構想を設計しなければならないとした。

そして、新たな構想に向けて努力すべき八つのバランスとしては、つぎのものをあげている。

①朝鮮半島の非核化と半島の平和と安定的バランスを維持することを実現する
②北朝鮮の核問題解決と朝鮮半島問題のバランス
③中国は朝鮮半島を「レッドライン」として対北朝鮮と対米韓のバランスを取る
④中米新型大国関係と中朝伝統関係のバランス
⑤中韓戦略協力パートナー関係と中朝相互協力関係のバランス
⑥朝鮮半島非核化の堅持と中朝経済協力関係発展とのバランス
⑦六者協議と米朝、南北会談のバランス
⑧対北朝鮮核不拡散政策とアジアのその他の国の核不拡散政策とのバランス

この八つのバランスの⑥では、経済交流の拡大に重点を移して、中国の東北経済圏に組み入れて北朝鮮の国際社会入りを後押しするとして、伝統的意識形態にもとづく中朝の「特殊関係」を経済交流主体の正常な国家関係へと変化させることを促している[33]。

（2） 北朝鮮の改革を期待する中国

経済交流の拡大という主張に符合する動きも、現実に起きていた。二〇一四年三月二七日から四月一〇日までの約半月間、中国共産党対外連絡部の招請により朝鮮労働党経済部の代表団が中国を視察している。李虎善朝鮮労働党中央経済部副部長を団長とする計一七名は、広東省深圳市、陝西省彬県、陝西省西安市、天津市、北京市などの都市を回った[34]。李副部長は張虎深圳市党委常委兼組織部長との会見時に、訪中の目的について、「朝鮮では複数の都市で経済開発区の計画を打ち出しており、関連する法律整備に取り組んでいる。中国の経済特区の発展経験を参考にしてさらに学んで、朝鮮の経済発展の重要な参考として、朝鮮が改革開放の発展の道に出る助けとする[35]」と述べている。

北朝鮮を経済面から開放へ導こうとする中国側の期待については、党経済部の訪中団が陝西省の農村を訪問した際のエピソードとして興味深いやり取りが紹介されている。李副部長は中国の改革開放への理解が非常に少なく、いくつかの状況に懐疑的な態度を示していたという。これに対して中国側の案内人が、中国共産党は歴史上の経験を教訓として改革と合わせて集団指導体制に移行し、選挙を通じた五年ごとの指導幹部の選抜を行ない、経済建設を中心に対外開放を実施して現在の成果を獲得した、と説明する。すると、李副部長は案内員を睨みつつ、一九八〇年代に中国の社会主義計画経済体制は崩壊したのではないか、と反論する。案内員は、人間も成長するときには衣服や靴のサイズが替わるものだとたとえ話をして、（国の成長でも）その時々に適合したものが必要なのではないかと諭すように話したところ、李副部長は「たしかに人は成長しなければなりませんが、ところであなたはおいくつになったのかな」と笑いながら打ち解けたというものだ[36]。

北朝鮮の政治的な説得は難しいと考えた習近平政権は、北朝鮮の経済開発区建設に目をつけ、改革開放を北朝鮮に導入して経済的実利を得るきっかけを提案したかったのかもしれない。だが、このあと、こうした経済官僚の訪中は続かなかった。

(3) 中国が国連安保理での北朝鮮制裁決議に「賛成」

北朝鮮は二〇一六年一月にふたたび核実験を行ない、これを初の水爆実験だと発表した[37]。中国は二月二日から四日にかけて武大偉中国政府朝鮮半島事務特別代表を平壌に派遣し、李洙墉外相らと協議を行なった。だが、そのさなかに北朝鮮は「地球観測衛星」発射計画を世界に向けて通告し、二月七日に地球観測衛星「光明星4号」を打ち上げた。こうした結果を受けて、三月二日には、北朝鮮の核・ミサイル開発に資する外貨獲得手段を封じるため、具体的な取り引き制限品目を指定した貿易制裁措置である国連安保理決議二二七〇が採択された。これに中国も賛成した。これ以降、北朝鮮のミサイル発射と核実験が行なわれるたびに、国連安保理は制裁対象の貿易品目を増やし、より強力な制裁を科していく[38]。

習近平は二〇一六年四月二八日のアジア相互協力信頼醸成措置会議(CICA)第五回外相会合開幕式の演説で、つぎのように述べている。

> 今年初めから、朝鮮半島情勢の緊張が続いている。中国は状況をコントロールし、関係方面の対話促進に大きな努力を払ってきた。われわれは朝鮮半島の非核化、朝鮮半島の平和と安定の維持を堅固にし、対話と協議を通じて問題を解決することを堅持する。国連安保理常任理事国として中国は

全面的で完全に国連安保理の関連決議を実行する。朝鮮半島の隣国として、われわれは半島で戦乱が生じることを決して容認せず、いったんこのような状況が発生すれば誰の利益にもならない。関係方面が自制を保ち、お互いに相互を刺激して矛盾を激化させず、ともに努力して朝鮮半島の核問題を対話と交渉の場に早く戻して、北東アジアの長期的な安定を実現するよう推進していくことを希望する。[39]

その後、二〇一六年から一七年にかけて採択された国連安保理の制裁決議は厳しさを増していくが、中国は習近平が述べたように、「完全に国連安保理の関連決議を実行」していった。

(4) 北朝鮮が中国批判を〝解禁〟

北朝鮮は、自国への経済制裁措置である二〇一六年以降の国連安保理決議に対し強く反発している。二〇一三年の核実験以降、中国メディアが北朝鮮批判を公的に行なうようになったことはすでに触れたが、国連安保理決議二二七〇の採択以降、北朝鮮も中国への不満を表明するようになった。

二〇一六年四月には、「血で成し遂げた共同の獲得物である貴重な友誼関係もためらわずに投げ捨てた」と、中国が国連安保理決議二二七〇に賛成したことを批判している。[40] また二〇一七年二月に、北朝鮮からの石炭輸入量を制限する制裁(国連安保理決議二三二一)を中国が実行しようとした際には、「法律的根拠もない国連『制裁決議』を口実にして、人民の生活向上と関連する対外貿易も完全に塞ぎとめる非人道的な措置などもためらわずに講じている」、「国連『制裁決議』が人民生活に影響を与えてはだめだと口癖のように唱えながらも、このような措置を講じるのは事実上、わが制度を崩壊させようとする敵たちの策動にほかならない」と、中国の名指しを避けて周辺国という表現ながら反発を示した。[41]

こうした北朝鮮の不満がピークに達するなかでさらに露骨に表出したのが、二〇一七年五月三日に朝鮮中央通信を通じて発表された、「朝中関係の柱を切り倒す無謀な言行をこれ以上してはいけない」という論評である。つぎのような厳しい表現を使い、中国を直接的に批判した。[42]

「(『人民日報』と『環球時報』の論評は)朝中関係の主導権が自分らの手にあり、われわれが中国との軍事的対立を望まないなら、『長期間の孤立ともうひとつの国家安保の道』のあいだから、中朝親善と核放棄のいずれかひとつを選択せよという、きわめて挑戦的な妄言もためらわなかった」

「朝中親善の伝統的関係は、当時の各国の利益に合致していたためだ、と不遜にも罵倒する無知蒙昧な中国の一部の政治家と言論人たちは、口を動かすにしても歴史の本質を正しく理解して動かすべきである」

「朝中関係の『レッドライン』をわれわれが越えたのではなく、中国が乱暴に踏みにじり、ためらいなく越えて立っているのである」

「朝中親善がいかに大切だといっても、命と同じような核と割り増しなしに交換してまで物乞いするわれわれではないということを、はっきりと知るべきである」

「南朝鮮には中国を狙う匕首である『THAAD』が真夜中に奇襲配備され、実に『愚かな巨人』をあざ笑っている」

朝鮮中央通信は二〇一七年九月二二日にも、「恥を知らない言論の放恣な行為」と題して、ふたたび『人民日報』と『環球時報』をやり玉に挙げた。北朝鮮の核保有は合法的な自衛的措置であると主張しつつ、中朝貿易で失敗したという中国人企業家の発言をつぎのように引用して制裁を批判した。

大きくない国である朝鮮が、アメリカという超大国にも堂々と立ち向かっていうべきことを全部い い、やり遂げるべきことを全部やり遂げるが、わが中国はなぜ、そのざまか分からない。東北三省の多くの中小企業がおびただしい損害を受けるのに、何が恐ろしくてアメリカにへつらっているかということである。本当に恥ずかしいという言葉しかない。人びとの腐敗より国家の腐敗が、より恐ろしい。

そして、「世界の数多くの国と人民」の声としてとりあげた、つぎの表現も辛らつだ。中国の伝統的な安全保障観をこきおろし、また道徳的な次元で中国を責める言い方になっている。それは、「朝鮮を単なる強盗の侵入を防ぐ前庭、『緩衝地帯』とみなして、隣家に強盗が押し入っても私の飯だけ守ればよいという、政治的食客の思考が実にうっとうしい」、「領土は大きくても魂がなく、金銭だけを追求する隣」といったものだ。

さらに興味深いのは、中国共産党機関紙『人民日報』を意識して述べているつぎの箇所だ。そこでは、「歴史の長い社会主義国の党機関紙が帝国主義と結託して、社会主義朝鮮をあれほど悪意に満ちて非難することをみれば、もし、朝中両国人民を裏切ったこのような汚らわしい売文実績でもあってこそ、今後開催される党大会会場に入ることができるのではないかという疑問が生じる」と表現されている。

このように、少し回りくどく皮肉めいた物言いは、中国共産党そのものへの批判と受け止められかねない。文化大革命期に、中国側から北朝鮮への批判が非公式なかたちであらわれたときも、北朝鮮側は反論を行なっていた。しかし、公式メディアを通じて、このように明白な中国批判を行なったことは、これまでなかったことである。

四　動きだした米朝協議と中朝関係の修復

北朝鮮から中国に向けた批判は二〇一七年にピークに達したが、こうした中朝関係の冷却化は北朝鮮自らの方針転換により収束することになった。

北朝鮮は、二〇一七年一一月二九日に「火星15型」と称する大陸間弾道ミサイル（ＩＣＢＭ）の発射成功によって核戦力が完成し、ロケット強国になったため、核開発は一段落したと宣言した。金正恩委員長はこのミサイル実験を評して、国家核武力完成の歴史的大業とミサイル強国偉業が実現した意義深い日だと述べている(43)。こうした姿勢を政策的に明示したのが、二〇一八年四月の朝鮮労働党第七期第三回全員会議であった。核開発と経済建設を同時に進めるとしてきた従来の並進路線から、経済建設に総力を集中するとした。

対外的にも動きをみせた。二〇一八年一月一日に発表した「新年の辞」で、金正恩委員長は南北対話を呼びかけた。韓国はこれに応じて、二月の平昌冬季オリンピックの開幕式では金永南最高人民会議常任委員会委員長を団長とする北朝鮮高位級訪問団の参加が実現した。訪問団の一行には金正恩の実妹である金与正も含まれていたため注目された。そして、三月に訪朝した韓国大統領特使に対して金正恩委員長が米朝首脳会談への意欲を示し、韓国側によってそのメッセージを伝達されたトランプ大統領がこれを受け入れたことで、史上初の米朝首脳会談が六月一二日にシンガポールで実現したのである。

(1) 中国への接近をはじめた金正恩委員長

核・ミサイル開発に区切りをつけて、経済建設に注力していく方針に舵を切った北朝鮮は、その一環として外交面でも行動に出た。二〇一八年に入ると、それまで対抗心を露わにしていた韓国やアメリカとの関係修復に向け着手した。そのなかで、北朝鮮は中国へふたたび接近していったのである。

二〇一八年三月二六日から二八日まで、金正恩は中国を訪問した。二〇一二年の政権就任から初めての外遊である。特別列車で平壌入りした金正恩の動静については、中国・北朝鮮のメディアとも、本人が北朝鮮領域に戻るまで正式に発表しなかった。この金正恩初訪中実現のために、中国側も非常に慎重な配慮をしたことがうかがわれる。

金正恩委員長は歓迎宴で、「私の最初の外国訪問の歩みが中華人民共和国の首都へのものとなったのはあまりにも当然のことであり、それは朝中親善を、代を継いで命のように大切にして受け継いでいかなければならないという私の崇高な義務ともなる」と述べている。また、この訪中が電撃的なものであると自ら表現した。そして習近平国家主席との首脳会談で金正恩委員長は、金日成主席と金正日総書記の遺訓にもとづき、半島の非核化に尽力することは終始変わらぬ立場であることを明らかにする。くわえて、南北首脳会談と米朝首脳会談の開催を希望していることにも言及した。(44)

（2）北朝鮮外交のパターン

金正恩委員長がこの訪中から帰国した直後の三月三一日と四月一日に、マイク・ポンペオCIA長官（当時）が秘密裏に平壌を訪問していたことが後に明らかとなった。(45) 四月二七日には文在寅韓国大統領との南北首脳会談も実現した。北朝鮮は、米朝関係と南北関係の大きな変化という展望を抱いて、中国と事前に意見調整を行なったのであろう。この行動パターンは、一九七〇年代の米中接触前に金日成主席が北京を秘密訪問したことや、二〇〇〇年六月の南北首脳会談直前に金正日総書記が北京を電撃訪問（政権就任後の初訪中）した前例を踏襲するかのようである。

金正恩委員長は五月七日から八日にも中国を訪問したが、その直後の五月九日に平壌でポンペオ米国務長官（四月二六日、国務長官に就任）が金正恩と会談する。そして、六月一二日の米朝首脳会談が終わると、一九日から二〇日にふたたび中国を訪問した。

二〇一九年も同様の展開をみせた。金正恩が一月七日から一〇日まで中国を訪問した後、二月にはハノイで二回目の米朝首脳会談が実施されている。また、六月二〇日と二一日に習近平総書記が国家主席となってから初めての北朝鮮訪問を行なった後、三〇日には板門店で三回目の米朝首脳会談が実施された。

習近平の訪朝はある程度計画されたものであり、トランプ大統領がツイッター（Twitter）で呼びかけて電撃的に実現した板門店での米朝会談はややイレギュラーな雰囲気もあった。したがって、板門店での米朝首脳会談前の動きは例外かもしれないが、北朝鮮がアメリカとの交渉に先立って、中国と事前協議を行なうというのは、金日成時代から金正日時代を経て、金正恩時代の今もなお変わらぬ外交スタイルなのだ。

(3)「米中新冷戦」と北朝鮮への関与姿勢を見せつける中国

二〇一七年には北朝鮮が異例ともいえる数度の激しい中国批判を行ない、中朝関係は冷ややかな雰囲気に包まれていたが、前述したように二〇一八年と二〇一九年は一転して、これまで行なわれていなかった両国首脳の往来が五回(習近平訪朝一回、金正恩訪中四回)も行なわれた。北朝鮮はアメリカとの非核化交渉前に中国と事前協議をし、中国はシンガポールでの米朝首脳会談にあたって、金正恩委員長が搭乗する航空機を提供するなど、積極的な関与の姿勢を示したのである。こうしたやや前のめりにもみえる中国の態度は、「米中新冷戦」という新たな国際政治の局面変化と無縁ではあるまい。単に朝鮮半島という地域の問題を越えて、中国政府は北朝鮮との関係の先に将来的なアメリカとの対決を睨みつつ、関与姿勢を見せつける戦略に出たのだろう。

二〇一九年六月の習近平の訪朝は、中国の指導者としては一四年ぶりであった。習近平は、訪朝の前に北朝鮮メディアへ寄稿した文章のなかで、中朝には「偉大な友情」「共通の理想」があるとし、「国際情勢がいかに目まぐるしく変化しようとも、党と政府の同志的関係や両国の友好協力関係を打ち固め発展させていくという立場を堅持することは不変である」と述べた。国際情勢の目まぐるしい変化とは、

平壌国際空港で歓送式典に望む金正恩（左）と習近平（2019年6月21日）［提供：朝鮮通信＝時事］

冷戦崩壊以来の中朝関係の変容を指しているとみられるが、あえてここで同志的関係という言葉を持ち出して不変だとしたのは、「米中新冷戦」という状況下でふたたび結束を固めたいというメッセージを込めたのかもしれない。それと同時に、従来の二国間の伝統的な親善に新たな章を刻むとして、さまざまなレベルの意思疎通や実務的協力の強化にも触れた。そして、伝統を継承して未来を見据えて、新時代の中朝関係が、風波をかき分けて力強く前進するよう鼓舞する、と結んだ(46)。

首脳会談では、六月二〇日に習近平国家主席が「中国側は朝鮮側が自身の合理的な安全と発展に関する懸念を解決するため、力の及ぶ限りの手助けを提供したいと考えている」と発言すると、二一日の昼食会で金正恩委員長が、「中国側が、朝鮮の党が朝鮮人民を率いてあくまで社会主義の道を歩むことを支持し、貴重な支援を提供していることに心からの謝意」を表わしている。

また、二〇日の会談では、習近平国家主席が「両党の国家統治・政策運営の経験に関する交流・相互参照を深化させ、双方の経済・民生分野における幹部育成・訓練と人員往来を強化したいと考えている」とし、金正恩委員長が「朝鮮側は中国の経験ややり方をもっと学び、経済の発展と民生の改善に積極的に力を入れていきたいと考えている」と述べたとされる。表面的には中国の改革開放の経験を受け入れるような応答だが、外交辞令も含まれているだろうから、北朝鮮が中国式の改革を本気で採用するかは未知数である。

（4）中国は北朝鮮に対して何が保障できるのか

習近平の訪朝で約束された内容のひとつである、「教育・衛生・スポーツ・メディア・青年・地方」などの交流と協力は、その後、中朝間で種々行なわれている。

しかし、北朝鮮を訪問した習近平の発言のなかでいちばん気になるのは、北朝鮮の合理的な安全と発展に関する懸念を解決するための手助けを提供する、とした部分である。北朝鮮の安全を保障するものとしては、すでに一九六一年に締結された中朝友好協力相互援助条約があるが、それ以上の何かを提供するという意味なのだろうか。現時点ではとくに目立った動きはない。すでにアメリカに次ぐ世界第二の経済大国となった中国が、朝鮮半島への新たな軍事的関与を行なう姿勢をみせれば、周辺国の深刻な脅威認識を惹起することは疑いない。東アジアの地域秩序を揺るがしかねない動きとして、中国の覇権を警戒するアメリカの反発も大きいだろう。なお、中朝友好協力相互援助条約は二〇年ごとに更新され、つぎに更新されるのは二〇二一年である。

また発展に関する懸念とは、北朝鮮経済に重圧となっている制裁を意味すると考えられるが、これは中国だけの権限で解決できるものではない。中国は、北朝鮮がＩＣＢＭ発射を自制していることを根拠に国連安保理決議の可逆的条項に関する討議を主張し、北朝鮮の経済・民生面の困難を緩和する目的で、制裁の一部解除をロシアとともに二〇一九年末にも提案している[47]。だが、安保理常任理事国の全員一致がなければ制裁の解除は不可能なため、米英仏三カ国が納得するようなかたちで北朝鮮の非核化が一定程度進展しないと、中ロ二カ国だけでどうすることもできないのである。

もちろん中国もそれは承知の上なのだろう。国連安保理制裁を順守する姿勢を基本的に中国は崩してはいない。二〇一六～一七年にかけての北朝鮮の中国に対する不満は、安保理常任理事国である中国が制裁に同調したという部分が大きい。制裁をめぐっては、根本的なところで北朝鮮による中国への不信はまだ解消していないのではないかとも思われる。

おわりに

二〇一二年から二〇一七年までの習近平第一期政権の中朝関係は、おおむね「関係の悪化」として表現されよう。その間、中朝首脳会談は一度も実施されなかった。だが、この状況は、中朝間で外交上の問題が生じたというよりも、国際的な枠組みのなかで中国が北朝鮮の核・ミサイル問題に対応していかなくてはならなかったことと、それに対する北朝鮮の反発が主な理由であった。また、胡錦濤政権の二〇〇九年に、中国は対北朝鮮外交政策の調整を試みるが、「中朝関係」と「北朝鮮の核問題」を分離して考えるという判断にとどまり、習近平政権になってからもその基本線は崩していないようにみえる。

ただ北朝鮮からすると、自国の安全保障上の問題である核開発に対して、中国が日米欧に迎合するかのように制裁に同調しているのは許しがたい裏切りでもあろう。中国としては、もはや自分たちでコントロールできないほど先鋭化した核問題は、中朝の二国間関係とは別個にして考えたかった。けれども北朝鮮にとって中朝関係とは、核問題も含めた自身の国際社会での生き残りをかけた包括的な外交の一部であった。

そして北朝鮮は二〇一八年、アメリカとの非核化交渉に乗り出すという大きな外交的賭けに出る。北朝鮮にとって中朝関係は、アメリカと交渉するうえでの後ろ盾として利用価値が高い。とりわけ米中対立が先鋭化する二〇一七年以降の状況は、中朝を離間させたいアメリカと、北朝鮮への関与を深めてアメリカに対抗したい中国という構図となり、北朝鮮にとっては好都合だったろう。中国も北朝鮮が非核化に取り組んで経済建設をより重視する姿勢をみせるならば、国際的な批判をかわして中朝関係を進めやすくなる。元来、習近平政権の外交政策に起因して中朝関係の冷却化がもたらされたわけではなかったため、金正恩委員長はそれまでの中国批判などなかったかのように習近平国家主席と五回も会って、握手を交わすことができたのだろう。

しかし、北朝鮮のこうした決断は、アメリカとの交渉を前に中国との調整が必要だったという便宜的な側面が強いため、米朝非核化協議の行方しだいでは、こうした関係がいつまで続くのか分からないという不安定要素がある。実際に二〇一九年に入ると、米朝の非核化交渉は膠着状態に陥る。同年六月に習近平の北朝鮮訪問が実現したが、国連安保理の制裁が解除されていないためか、食糧支援などを除き、中国は北朝鮮に向けた大規模な経済援助を実施していない。また、二〇一九年末にも中国は国連安保理で、北朝鮮制裁を緩和する決議草案をロシアとともに配布したが、非核化が進展しないなかでアメリカが慎重な姿勢を崩していないため、北朝鮮をめぐる国際的な制裁環境は変わらないままである。

このように先行きが不透明ななかで、北朝鮮は二〇一九年一二月二八日から三一日に、朝鮮労働党中央委員会第七期第五回全員会議（総会）を開催した。金正恩委員長が七時間にわたる演説を行なって、「自力更生の威力をもって敵どもの制裁封鎖策動を総破綻させるための正面突破戦に邁進しなければならない」と述べ、アメリカとの交渉を放棄したわけではないが、中長期戦の構えをみせている。そして二〇二〇年に入ってからは、新型コロナウイルス感染症（COVID-19）の世界的な拡大もあって、北朝鮮をとりまく外交的な動きは鈍くなっている。

中国外交部が毎年発行している白書に、北朝鮮との関係について書かれた項目がある。[48] 胡錦濤政権がはじまる二〇〇二年以降、中朝関係については「伝統友誼」ないし「伝統友好合作関係」（伝統的友好協力関係）という表現が使用されていた。しかし、二〇〇六年は「睦隣友好関係」（善隣友好関係）、二〇一七年は「保持正常交往」（正常な往来を維持）とそれぞれ表記が変化した。二〇〇六年は北朝鮮が最初の核実験を行なった年であり、当時中国側は強く反発している。そして、二〇一七年については、すでに本章で繰り返し説明したとおり、中朝関係がもっとも冷え込んだ時期である。つまり、外交部が意図的に「伝統」や「友誼」という言葉を避けた結果であるようにみえる。

今後、習近平の訪朝などを受けてこれらの言葉が復活するのか、それともまったく新しい形容詞が並ぶのだろうか。ただ、中朝関係の質的変化は二国間の関係のみならず、アメリカと北朝鮮の非核化交渉の進展いかんにかかっているのではないかと考えられる。また、米中関係も大きな要素となるだろう。そして、まだ先のこととなるであろうが、米朝が相互の信頼関係を築いて平和条約締結などの道筋がついたとき、中朝関係は新たな段階に突入するのかが注目される。

註記

(1) 中華人民共和国外交部編『中華人民共和国友好条約匯編(中、外文本)』(北京：世界知識出版社、一九六五年)、四九頁。

(2) 「朝鮮中央通信社声明」朝鮮中央通信、一九六七年一月二六日。

(3) 中華人民共和国外交部外交史研究室編『周恩来外交活動大事記 一九四九—一九七五』(北京：世界知識出版社、一九九三年)、中共中央文献研究室編『周恩来年譜』(北京：中央文献出版社、二〇〇七年)。なお、これら文献から、金日成が、一九七一年一一月、一九七二年八月、同一〇月、一九七三年一〇月などに訪中していることも分かる。

(4) 崔庸健は初代民族保衛相(国防相)、最高人民会議常任委員長、国家副主席などを歴任した。中国の雲南軍事学校出身であり黄埔軍官学校の軍事教官も務めた。一九二六年に中国共産党に入党し、夫人は中国人である。一九六九年九月三〇日から一〇月三日まで中国の建国二〇周年記念行事に参加し、文革期に冷え込んだ中朝関係の露払いをした。

(5) 銭其琛(濱本良一訳)『銭其琛回顧録——中国外交二〇年の証言』(東洋書院、二〇〇六年)、一五一頁。

(6) 中国外交部のウェブサイトで全文が公開されている。「中華人民共和国政府和朝鮮民主主義人民共和国政府貿易協定」中国外交部〈http://treaty.mfa.gov.cn/Treaty/web/detail1.jsp?objid=1531876669308〉(二〇二〇年七月二七日アクセス)。なお、以降の註釈におけるホームページ・アドレスのアクセス日時については省略するが、とくに断りのない限り、すべて二〇二〇年七月二七日に最終アクセスしたものである。

(7) このときまでに、党のトップとしては一九七八年の華国鋒(党主席)と胡耀邦の八二年(党主席)と八五年(党総書記)、八九年の趙紫陽(同)、九〇年の江沢民(同)の訪朝があり、国家元首としては一九六三年の劉少奇(国家主席)、八六年の李先念(同)、八八年と九二年の楊尚昆(同)の訪朝がある。

(8) 「[〝北の核〟の影で]中二〇〇九年〝北体制優先〟決定満場一致ではなかった……韓国、説得の余地」『朝鮮日報』二〇一三年二月一五日〈http://news.chosun.com/site/data/html_dir/2013/02/15/2013021500197.html〉。

(9) 「北に食料・燃料一六万トン援助=『六カ国』復帰促す—中国」時事通信、二〇〇九年一二月三日。

(10) 「応胡錦濤総書記邀請金正日総書記対我国進行非正式訪問　胡錦濤同金正日挙行会談　呉邦国温家宝分別会見賈慶林李長春習近平李克強賀国強周永康分別陪同参観或参加有関活動」『人民日報』二〇一〇年五月八日。

(11) ただし、党間の戦略対話はこの翌年と二回行なわれたのみである。二〇一三年は外交部間の戦略対話となる。

(12) 「消息通〝北〟金正日、三男ジョンウン後継者指名」聯合ニュース、二〇〇九年一月一五日〈https://www.yna.co.kr/view/AKR20090115150000014〉。

(13) 「応胡錦濤総書記邀請金正日総書記対我国進行非正式訪問　胡錦濤同金正日在長春挙行会談」『人民日報』二〇一〇年八月三一日。

(14) 二〇一一年一二月三〇日付で人民軍最高司令官に選出。二〇一二年四月に党第一書記と政治局常務委員、党中央軍事委員会委員長と国防委員会第一委員長に就任。二〇一六年五月に党委員長、同六月に国務委員会委員長に就任。

(15) 「金正日同志が中国公安部長と接見なされた」朝鮮中央通信、二〇一一年二月一五日。

(16) 人工衛星発射ロケットは事実上長距離弾道ミサイルと同じ性質のものなので、二〇〇六年の国連安保理決議一七一八などによってその開発と発射の中止が北朝鮮に求められている。なお、北朝鮮は二回目の「人工衛星」打ち上げに対する国連安保理議長声明に反発して、二度と絶対に六者協議には参加せず、そのいかなる合意にも拘束されないとする朝鮮外務省声明を出した（二〇〇九年四月一四日）。

(17) 中国ＦＡＸニュース（ラヂオプレス）、二〇一二年一二月一四日。

(18) 「楊潔篪就朝鮮第三次核試向朝方提出厳正交渉」『人民日報』二〇一三年二月一三日。

(19) 「王毅同潘基文通電話」『人民日報』二〇一三年四月七日。

(20) 「朝鮮原子力総局、現存の核施設など用途の調節変更に言及」朝鮮中央通信、二〇一三年四月二日。

(21) 「習近平會見崔龍海」朝鮮中央通信、二〇一三年五月二四日（中国語版）。

(22) 『北朝鮮政策動向』第八号（ラヂオプレス、二〇一三年）、一三頁。

(23) 「中国四大銀が送金停止　北朝鮮向け、制裁理由に」『朝日新聞』二〇一三年五月一〇日。

(24) 中華人民共和国商務部「商務部　工業和信息化部　海関総署　国家原子能機構公告二〇一三年第五九号　関于禁止向朝鮮出口的両用物項和技術清単公告」二〇一三年九月二三日〈http://www.mofcom.gov.cn/article/b/c/201309/20130900317772.shtml〉。

(25) 「[単独] 訪北韓　中　副主席の宿所まで訪ねてきて金正恩、内情は……」『国民日報』二〇一三年八月八日〈http://news.kukinews.com/news/article.html?no=154807〉。

(26) 「『六か国』再開　中国が調整案　半島非核化など　日米韓と隔たり」『読売新聞』二〇一三年一一月二二日。

(27) 「朝鮮外務省、不当な前提条件で六者協議再開を妨げる米国断罪」朝鮮中央通信、二〇一三年一一月二六日。

(28) 中国外交部「二〇一三年一〇月九日外交部発言人洪磊主持例行記者会」二〇一三年一一月九日〈https://www.fmprc.gov.cn/web/wjdt_674879/fyrbt_674889/t1106950.shtml〉。

(29) 中国ＦＡＸニュース（ラヂオプレス）、二〇一二年八月二〇日。

(30) 「千万の軍民のこみ上げる憤怒の爆発、希代の反逆者を断固と処断　張成沢に対する朝鮮国家安全保衛部の特別軍事裁判」朝鮮中央通信、二〇一三年一二月一三日。

(31) 「劉雲山会見金正恩転交習近平総書記親署函」新華社、二〇一五年一〇月一〇日〈http://www.xinhuanet.com/world/2015-10/10/c_1116773429.htm〉。

（32）石源華「中国対朝政策須実現八個平衡」『世界知識』第一五期（総一六三四期）（二〇一四年八月一日）、二四〜二五頁。

（33）政治関係から経済を主体とする関係に転換するという主張自体は、必ずしも新しいものではない。たとえば、金景一北京大学教授が「地政学的アプローチから地経学的アプローチへの転換」という主張を、日本での講演（二〇一二年三月一六日、一般財団法人国際開発センター主催シンポジウムなど）で行なっている。

（34）「朝鮮労働党経済幹部考察団訪華」中国共産党新聞網、二〇一四年四月一一日〈http://cpc.people.com.cn/n/2014/0411/c164113-24886559.html〉。

（35）「朝鮮経済幹部考察団訪深」『深圳特区報』二〇一四年三月二九日〈http://sztqb.sznews.com/html/2014-03/29/content_2824854.htm#〉（二〇一四年五月八日アクセス）。ただし、中国の新聞ではこのように報じられたが、李虎善副部長は「改革開放」という言葉は使用していないのではないかと思われる。

（36）李鳳麗「我接待的朝鮮代表団」陝西省人民政府外事弁公室、二〇一四年五月五日〈http://www.sxfao.gov.cn/nry.jsp?urltype=news.NewsContentUrl&wbtreeid=125&wbnewsid=99504〉（二〇一四年五月一四日アクセス）。

（37）「朝鮮政府が初の水爆実験の成功に関する声明を発表」朝鮮中央通信、二〇一六年一月六日。

（38）北朝鮮に対する国連安保理制裁決議の詳細については、堀田幸裕「中国の対朝鮮政策」中川雅彦編『国際制裁と朝鮮社会主義経済』（ジェトロ・アジア経済研究所、二〇一七年）、同「北朝鮮の核問題と中国の制裁対応」平成二九年度外務省外交・安全保障調査研究事業「『不確実性の時代』の朝鮮半島と日本の外交・安全保障」（日本国際問題研究所、二〇一八年三月）〈http://www2.jiia.or.jp/pdf/research/H29_Korean_Peninsula/00-frontpage_preface_member_index.pdf〉を参考。

（39）「習近平在亜信第五次外長会議開幕式上的講話（全文）」中国網、二〇一六年四月二九日〈http://www.china.org.cn/chinese/2016-04/29/content_38352451.htm〉。

（40）「朝鮮国際政治問題研究所の論評員、現世界政治秩序の不公正さを暴露」朝鮮中央通信、二〇一六年四月一日。

（41）「汚らわしい処置、幼稚な計算法」朝鮮中央通信、二〇一七年二月二三日。

（42）党機関紙である『労働新聞』（二〇一七年五月四日）の紙面にも全文掲載され、朝鮮中央テレビでも紹介された。
（43）「金正恩党委員長が大陸間弾道ロケット『火星15』型の試射を指導」朝鮮中央通信、二〇一七年一一月二九日。
（44）中朝双方の報道内容の違いについての対照は、『北朝鮮政策動向』第四号（ラヂオプレス、二〇一八年）を参考にした。
（45）トランプ大統領がツイッターで公開。「米CIA長官、金正恩氏と直接会談　トランプ大統領認める」BBC NEWS JAPAN（二〇一八年四月一八日）〈https://www.bbc.com/japanese/43805678〉。
（46）「中朝親善を継承し時代の新たな章を刻み続けていこう」『労働新聞』二〇一九年六月一九日、『民主朝鮮』二〇一九年六月一九日。中国語原文は「伝承中朝友誼、続写時代新篇章――習近平在朝鮮媒体発表署名文章（二〇一九年六月一九日）」国務院公報二〇一九年第一八号〈http://www.gov.cn/gongbao/content/2019/content_5404146.htm〉。
（47）「北朝鮮制裁の解除案配布＝中ロ、海産物など一部対象―国連安保理」時事通信、二〇一九年一二月一七日。
（48）『中国外交』二〇〇三年から二〇一八年の各年版（北京：世界知識出版社、二〇〇三～二〇一八年）。各年版はその前年の出来事を扱っている（例：二〇一八年版は二〇一七年の出来事を記載）。二〇一九年版の原本を筆者はまだ確認できていないが、同書を翻訳紹介した『旬刊中国内外動向』第四三巻第二四号（ラヂオプレス、二〇一九年）、八頁によると、「伝統」や「友誼」の言葉はないものの、中朝両国関係が「回復」したと記載されている。

第4章　中ロ蜜月の主導権

「一帯一路」構想と新疆問題のもたらす影響

熊倉　潤

はじめに

近年、「中ロ蜜月」という言葉が盛んに聞かれる。対立を深める米中関係とは裏腹に、中国とロシアの関係は「蜜月」のように良好という意味合いがある。たしかに、中ロ両国には、アメリカの「覇権」に対する警戒心が根強く存在する。民主主義、人権問題などに関して、アメリカが「内政干渉」を行なうことに対する反感もある。そのため中ロ両国は関係を緊密化することで、アメリカを共同で牽制してきた面がある。

しかし、中国とロシアは歴史的に、常にアメリカに共同で対抗していたのではなく、過去には対立も経験した。中国にとってかつてのソ連は、ときには友邦であり、ときには敵国でもあった。そのソ連が一九九一年に解体すると、中国はロシア連邦との関係強化を進め、戦略協力パートナーシップを締結した。このパートナーシップは、中国が習近平時代に入ってからも更新を続けている。近年では、中ロ関係が「同盟」に発展するかもしれないという話さえ聞かれるようになった。その一方で、「中ロ蜜月」の背後に熾烈な主導権争いがあることも徐々に知られるようになった[1]。

中ロ関係は表面上良好であるとして、その主導権は中国とロシアのどちらにあるのだろうか。以前は、ソ連の後継国家であり、強大な軍事力を有するロシアが、中国と対等以上の地位にあるというのが衆目の一致するところであった。しかし、二〇一四年のウクライナ危機を受けて、アメリカ、欧州連合（EU）が対ロシア経済制裁に踏み切ると、状況が一変した。欧米諸国とロシアの関係は悪化し、ロシアは国際的に孤立、そしてロシア経済の落ち込みが懸念された。このような状況を受けて、同年一二月に中国の王毅外交部長は「ロシア側が必要であれば、われわれは可能な限り必要な協力を提供する[2]」と発言したとされ、いまや経済大国となった中国が、ロシアを助けるという構図があらわれた。中国メディアを中心に、ロシアが中国を経済的に必要としているという見方が強まり、欧米諸国でもこうした観測がみられるようになった[3]。

それでは、中ロ関係の主導権は中国の側に移ったのだろうか。たしかに二〇一四年の段階では、中国が主導権を握りつつあるという見方が、それなりの説得力を持っていた。というのも、欧米諸国との関係が悪化したロシアが、中国の投資を渇望しているかのようにいわれたためである。だが、同年以降、中国が世界各地で進めた「一帯一路」プロジェクトをみると、ロシアでは必ずしも当初の構想どおりには進んでいない。そればかりか、初期に注目を集めたプロジェクトのなかには、その後、事実上凍結されたものもある。

折しも中国とアメリカの関係が悪化し、出口の見えない「米中新冷戦」に突入したことも重要である。

「米中新冷戦」が進行するなかで、新疆問題がアメリカをはじめとする欧米諸国の非難の的になり、この問題に批判が集まるにつれ、中国はますます、ロシアなど価値観が近いと想定されている国の支持を必要とするようになった。このような状況をみると、中国がロシアの協力や支持を必要とする局面も一定程度存在している。そしてこうした局面は、「米中新冷戦」の展開のなかで、ますます重要度を増しているといえよう。そこで本章では、現在進行形の重要なトピックである「一帯一路」構想および新疆問題に焦点をあてて、中ロ関係における主導権争いの問題をみていきたい。

一　中ロ関係と「一帯一路」

ロシアは二〇一三年三月に習近平が国家主席に就任した直後に、初めて訪問した国である。(4)以来、六年あまりで三〇回以上もの首脳会談を重ねたことから、習近平とウラジーミル・プーチンは相当活発な首脳外交を展開しているといってよい。もっとも、江沢民時代や胡錦濤時代にも、それなりの頻度で首脳会談は行なわれており、元首が毎年相互訪問する慣例もまた、江沢民時代以来、徐々に発展してきたものであった。(5)それでもこれほど頻繁に首脳会談が開かれるようになったのは、中国が習近平時代に入ってからのことである。中国政府の公式発表は、両国元首がいかに多く会談したかを宣伝し、「両国の高層の往来は頻繁にして、元首が毎年相互訪問する慣例が形成された」と伝えている。(6)

中ロ全面的戦略協力パートナーシップも、たびたび更新され、両国の緊密化を表わす新しい修飾語が

	10月18～24日 中国共産党第19回全国代表大会（第19回党大会）
	11月10日 APEC首脳会議（ヴェトナム），中ロ首脳会談
	11月29日 李克強訪ロ，プーチンとクレムリンで会談
2018	1月26日 中国，北極海航路「氷上のシルクロード」建設に向けた白書「中国の北極政策」を発表
	5月17日 中国・ユーラシア経済同盟（EAEU），経済貿易協力協定締結
	6月8日 上海協力機構サミット（中国青島），中ロ首脳会談
	7月26日 ブリックス・サミット（南アフリカ），中ロ首脳会談
	7月29日 ロシア『独立新聞』，中国企業の進出が中央アジアで「中国脅威論」を引き起こしているとの報道
	9月11日 ロシア極東経済フォーラム，習近平訪ロ，中ロ首脳会談。ロシア連邦史上最大規模となるロシア軍秋季大演習「ヴォストーク2018」開始，中国軍も参加
	11月30日 G20サミット（アルゼンチン），中ロ首脳会談
2019	4月26日 プーチン訪中，中ロ首脳会談。27日 第2回「一帯一路」国際協力ハイレベルフォーラム（北京）。インド欠席
	6月5日 国交樹立70周年を記念し，習近平訪ロ，中ロ首脳会談。「中ロ新時代全面的戦略協力パートナーシップ」の表明
	6月13日 習近平，キルギス訪問。「中華人民共和国とキルギスの全面戦略パートナーシップ関係のさらなる進化に関する連合声明」発表。14日 上海協力機構サミット（キルギス），中蒙ロ首脳会談
	6月28日 G20サミット（日本），中印ロ首脳会談
	11月13日 ブリックス・サミット（ブラジル），中ロ首脳会談
	12月2日 「シベリアの力」による中国へのガス供給，運用開始

出所：筆者作成。

付け加えられている。中国とロシアは、一九九六年に「平等と信任、二一世紀に向けた戦略協力パートナーシップ」を打ち立て、二〇一一年に中ロ全面的戦略協力パートナーシップを締結した。二〇一二年には、「平等・信任の中ロ全面戦略協力パートナーシップのさらなる進化に関する中ロ共同声明」（中華人民共和国和俄羅斯聯邦関於進一歩深化平等信任的中俄全面戦略協作伙伴関係的聯合声明）を発表し、「両国指導者が確定した未来一〇年の中ロ関係の発展計画を双方がいっそう実行する」ことを宣言した。[7] 二〇一四年五月には、「中ロ全面的戦略協力パートナーシップ新段階の共同声明」が発表され、[8] 二〇一九年六月には、「中ロ新時代全面的戦略協力パートナーシップ」

表4-1　習近平時代（2013年3月〜2019年末）の中ロ関係

2013	3月14日　習近平，中国国家主席就任
	3月22日　習近平訪ロ，クレムリンで習近平・プーチン間としては初の中ロ首脳会談
	3月27日　ブリックス（BRICS）・サミット（南アフリカ），中ロ首脳会談
	9月5日　G20サミット（ロシア），習近平訪ロ，中ロ首脳会談
	9月7日　習近平，カザフスタンにおいて初めて「シルクロード経済ベルト」を提唱
	9月13日　上海協力機構（SCO）サミット（キルギス），中ロ首脳会談
	10月7日　APEC（アジア太平洋経済協力）首脳会議（インドネシア），中ロ首脳会談
2014	2月6日　ソチ・オリンピック，習近平訪ロ，中ロ首脳会談
	5月20日　中ロ首脳，「中ロ全面的戦略協力パートナーシップ新段階の共同声明」署名・発表
	7月14日　ブリックス・サミット（ブラジル），中ロ首脳会談
	9月11日　上海協力機構サミット（タジキスタン），中蒙ロ首脳会談。習近平，「中蒙ロ経済回廊」を提案し中蒙ロ首脳が合意
	10月　モスクワ・カザン間「高速鉄道協力覚書」共同署名
	11月9日　APEC首脳会議（中国），プーチン訪中，中ロ首脳会談
	12月20日　王毅「ロシア側が必要であれば，われわれは可能な限り必要な協力を提供する」と発言
2015	5月8日　習近平訪ロ，クレムリンで中ロ首脳会談。「シルクロード経済ベルト」とユーラシア経済連合の「接合」の共同声明。9日　赤の広場で戦勝記念軍事パレード
	6月18日　張高麗訪ロ，「モスクワ・カザン高速鉄道プロジェクト調査設計契約」締結
	7月8〜9日　ブリックス・サミット。9〜10日　上海協力機構サミット（ロシア），習近平訪ロ，中ロ首脳会談。9日　中蒙ロ首脳会談，中蒙ロ三国協力のロードマップと備忘録などに署名
	9月3日　プーチン訪中，北京で閲兵式
2016	6月23日　上海協力機構サミット（ウズベキスタン），中蒙ロ首脳会談，「中蒙ロ経済回廊建設の計画綱要」に署名（同綱要は同年9月13日に国家発改委が公表）
	6月25日　プーチン訪中，中ロ首脳会談
	10月15日　ブリックス・サミット（インド），中ロ首脳会談
	11月19日　APEC首脳会議（ペルー），中ロ首脳会談
2017	5月14日　第1回「一帯一路」国際協力ハイレベルフォーラム（北京），プーチン訪中，中ロ首脳会談。インド欠席
	6月8日　上海協力機構サミット（カザフスタン），中ロ首脳会談。インド，パキスタンの上海協力機構加盟
	7月4日　習近平訪ロ，初めて「氷上のシルクロード」を提唱
	9月3日　ブリックス・サミット（中国），中ロ首脳会談

が打ち出された。[9] 中国側の公式見解によれば、中ロ関係は「歴史上もっとも良い時期にある」と位置づけられている。[10]

このような演出された「蜜月」のもと、中国は「一帯一路」構想を通じて、旧ソ連地域においても徐々に影響力を拡大してきた。たしかに、石油・天然ガスなどのエネルギー面において、中国の影響力は強まっているといわれる。

中ロ両国は二〇一五年五月の首脳会談時に発表された共同声明以来、中国の「シルクロード経済ベルト」とロシアが率いる「ユーラシア経済同盟」（EAEU）[11]が「接合」（中国語：対接、ロシア語：сопряжение）するという立場を取っている。[12] ただし、ひと口に「接合」といっても、いまのところスローガンにとどまっており、何をもって「接合」とするかについても両国の理解が異なる。[13] ひとつの見解としては、ロシアを中心とするEAEU諸国は、中国のシルクロード経済ベルトに組み込まれたのではなく、あくまでもその外側から協力しているにすぎないともとらえられ、現にモスクワではそのような論調も見聞きされるのである。

公式見解はさておき、実際には、中国の経済力をロシアは必要としている面があることも指摘される。前述のとおり、二〇一四年の対ロシア経済制裁を受けて、ロシアが中国を経済的に必要としているという見方が強化されたのである。実際に、二〇一三年九月のシルクロード経済ベルトの発表から間もないころは、ロシアでは中国の構想への支持より警戒論が強かったといわれている。[14] しかし、二〇一四年以降、警戒論は下火になり、代わって中ロの提携論が強まり、二〇一五年五月の首脳会談における共同声明の発表にいたった。この点からすると、苦境に立つロシアは中国の経済力を必要としていたようにも

み え、実際に中国の経済力に期待した面もあった。いいかえれば、ロシアは中国の優位を認めこそしないが、それでも中国を利用し、経済協力を引き出してきた面がなかったわけではない。

それでは中国は、「一帯一路」を通じ、ロシアとの関係において優位な立場を確立したとみてよいのだろうか。もちろん、中国の経済力はロシアのそれを圧倒しており、かつ「一帯一路」は中国主導の構想であるから、その意味で中国が優位に立っていることは自明である。しかし、中国優位論は、ともすれば中国発の報道に影響され、ロシアにおける「一帯一路」の展開の現実の諸側面、とりわけ個々のプロジェクトの動向を置き去りにしていないだろうか。

周知のように、「一帯一路」構想はそれ自体が「星座」であると形容されるほど[15]、全体が曖昧かつ伸縮自在な概念であり、実態として存在するのは個々のプロジェクトである。「一帯一路」構想の進展と中ロ関係の相互の影響をとらえる際にも、現在進行形で変化しているプロジェクトとの関係が重要になってくる。そして、ここで注目されるプロジェクトのひとつが、モスクワ・カザン高速鉄道建設計画である。

「一帯一路」の初期においてロシアとの関連で話題を呼んだのが、モスクワと北京を高速鉄道で結ぶという壮大な計画であった。ロシアが中国の投資を渇望しているかのようにいわれていた二〇一四年一〇月、中国国家発展改革委員会とロシア運輸省、中国鉄路総公司とロシア鉄道が、「高速鉄道協力覚書」に共同署名した。中国側の公式見解によれば、この覚書によって、「中国の高速鉄道がモスクワまで延伸することも可能になった」として、「北京からモスクワに至る高速運輸回廊」の建設を推進するとともに、とくに「モスクワからカザンに至る高速鉄道プロジェクト」を優先的に実施することになったという[16]。だが、それからほどなくしてモスクワと北京を結ぶ計画は立ち消えとなった。

この計画の一部に位置づけられていたモスクワ・カザン高速鉄道に関しては、その後も残され、二〇一五年六月に中ロ間で「モスクワ・カザン高速鉄道プロジェクト調査設計契約[17]」が締結され、二〇一六年一一月には調査の終了が報じられた。二〇一五年六月の時点で中国の国有企業、中鉄二院工程集団の受注が決定していた。

しかし、二〇一六年一一月以降、ドイツ、イタリア、スペインなどの第三国が、つぎつぎに同プロジェクトへの参入に名乗りを上げたことが明らかになった[18]。これはつまり、モスクワとしては、中国一国に同計画を委ねる予定ではなくなったことを意味している。計画が当初の構想どおりに進まなかった背景には、二〇一四年のウクライナ危機から一定の時間が経過し、ドイツなど一部の欧米諸国とロシアの関係改善が進んだこと、スリランカのハンバントタ港租借の報道などを受けて、ロシア国内のインフラ建設に中国が一国で参入することへの警戒が広がったこと、ロシア国内ではモスクワ・カザン間よりモスクワ・サンクトペテルブルク間の高速鉄道を優先的に建設すべきという意見が強いことなどが関係している。

こうして、モスクワ・カザン高速鉄道を中国の協力で建設する計画は事実上凍結された。この一件から明らかになったのは、ロシアは「一帯一路」の各プロジェクトに対し個別の対応をしてきたのであり、プロジェクトはロシアの都合によって変更されることもあったということである。その意味では、ロシア側にもプロジェクトの主導権があったことになる。ロシア関連の「一帯一路」プロジェクトは、ロシアの国益に沿わなければ進展しなかったのであって、いまだに残っているものは、後述する「中欧班列」と北極海航路のように、ロシアに有益と見込まれたものである。この論理はモスクワからみれば当然だが、なぜか北京発の情報からはほとんどみえてこないのが現状である。

二 「一帯一路」とロシア

(1) 中欧班列

ロシアの利益に適ったために今でも残されているプロジェクトの代表格が、「中国とヨーロッパを結ぶ定期列車」を意味する「中欧班列」と、つぎに述べる北極海航路である。このうち前者の「中欧班列」は、「一帯一路」のシルクロード経済ベルトにおいて珍しく成功したプロジェクトとみなされている。実際には、重慶と欧州を新疆経由で結ぶ定期列車「渝新欧」は、胡錦濤時代の二〇一一年三月から運行をはじめており、その意味では、「中欧班列」はシルクロード経済ベルト構想が世に出る前から存在していた。

しかし、二〇一四年以降、「一帯一路」のスローガンのもとで、「新ユーラシア・ランドブリッジ経済回廊」が「六大経済回廊」のひとつとして盛んに喧伝されるようになった。こうしたなかで、その主要プロジェクトである「中欧班列」は急速な拡大をみせ、重慶だけでなく、成都、鄭州、武漢、長沙、蘇州、東莞、義烏からも始発便が開始された(19)。現在、定期貨物列車の多くは、カザフスタン、ロシア、ベラルーシを経由するかたちで、中国とヨーロッパのあいだを運行している(20)。また、ロシアを経由するだけでなく、ロシアを目的地とする列車も存在する。

この「中欧班列」により、中国の、とくに内陸部とヨーロッパ諸国が定期貨物列車によって直接結びつき、貿易が促進された。当初ロシアでは、「中欧班列」がロシアのシベリア鉄道の仕事を奪うのではないかという懸念もあった[21]。しかし、結果的には、中国が補助金まで払って運行する「中欧班列」を通過させるだけで、その通行料を獲得できることになったのである[22]。

なお、二〇一九年一一月に、カザフスタンを通過し、カスピ海を船で渡り、アゼルバイジャン、グルジア、トルコを経由、バルカン諸国を縦断しプラハに至る路線が開通し、「長安号」が運行した[23]。これによりロシアを通過しない「中欧班列」も運行をはじめたことになるが、途中に船での移動を含むこともあり、シェアがどれほど拡大するかは分からない。現状では、大部分の「中欧班列」はロシアを通過している。このことはつまり、かりにロシアが鉄道線路を提供しなければ「中欧班列」構想自体が危うくなることを意味している。

(2) 北極海航路

つぎに、北極海航路に関しては「氷上のシルクロード」(冰上絲綢之路)という新しい構想が、二〇一七年七月四日、ロシア訪問中の習近平によって提唱された。「一帯一路」構想は当初、「シルクロード経済ベルト」と「二一世紀海上シルクロード」の二つから成るものと説明されていたが、これらとは別に「氷上のシルクロード」が後づけされたことになる。新華社の発表によれば、同年一一月二日、ドミートリー・メドヴェージェフ大統領が中国を訪問し、習近平との会談時に、「一帯一路」建設とユーラシア経済同盟との接合をしっかりと行なうとともに、「北極航路の開発と利用協力を共同で展開し、『氷上のシルクロード』をつくる」ことを再度強調したとされる。そして一二月八日には、中ロ共同建設のヤマルLNGプロジェクトが生産を開始し、氷上のシルクロードの初の成果となった。翌二〇一八年一月二六日、中国政府は氷上のシルクロード建設に向けた「北極政策白書」を発表した[24]。

以上からも明らかなように、中国側では、氷上のシルクロード建設が順調に軌道に乗ったことが称揚されている。しかし、これもロシアの同意と協力があって初めて成立したものであり、ヤマルLNGプロジェクトの開発に代表される、ロシアの国益に適っているからこそ打ち出しえたのである[25]。「中欧班列」と同様、中国側はロシアに対して「ウィン・ウィン」の関係を強調するが、ロシア側からみれば、本来ロシア国内の、あるいはロシアの勢力圏内の輸送路である北極海航路を特別に中国に提供していることになる。これは、単なる認識の齟齬として片づけられる問題ではなく、ロシアが認めなければその存立の基礎が危うくなるという意味で、「中欧班列」と同じ関係にある。したがって、両プロジェクトの成否は、ある意味ではロシアが握っているといっても過言ではない。

中国は、「一帯一路」構想を通じ、ロシアとの関係において優位を確立したとみてよいのだろうか。二〇一四年当時、経済制裁を受けて窮地に陥ったロシアに対し、中国は援助の手を差し伸べた、少なくとも中国側はそう認識していたはずである。その当時は、たしかに第三国からみても、経済力のある中国が中ロ関係の主導権を握り、世界で孤立したロシアが中国のジュニアパートナーとなるかのようにみえた面がある。

しかし、五年の歳月が過ぎ、ロシアは「一帯一路」関連のプロジェクトを取捨選択し、自国にいいように利用してきたことが明らかになった。中ロ首脳会談ではつぎつぎにプロジェクトが打ち上げられるが、その一方で、ロシアの国益に沿わないプロジェクトはいつの間にか変更され、また残されたプロジェクトの成否はロシアの協力にかかっているというのが現状である。

「一帯一路」は中国主導の構想だが、ロシアが関係するプロジェクトは、究極のところ、ロシアのペースで進められ、どちらが主導権を握っているのかわからない。個々のプロジェクトの動向を踏まえるならば、中国がロシアとの関係で優位に立っているとは必ずしもいえないだろう。

三　新疆問題の影響

(1) 新疆の占める位置

中ロ関係の主導権を考えるうえで注目に値するのが、近年議論を呼んでいる新疆の「再教育施設」の問題(以下、新疆問題)である。「一帯一路」、また中ロ関係との関連で新疆問題を論じるというのは、実はあまり例がない。あるとしても、それはロシア、中国の人権問題に「干渉」するアメリカへの対抗上、ロシアと中国が連携しているという議論である。

こうした議論とは別に、中ロ関係において、新疆問題の展開は中国にとって不利にはたらいているという側面があるのではないだろうか。それは、中国がロシアおよび旧ソ連諸国に対し、新疆問題における支持を取りつけるために、頻繁に経済的利益を持ち出さなければならない状況が生じていることである。この点、すなわち支持の調達と経済利益の供給の関係について述べる前に、その前提となる中国側にとっての新疆の重要性をみておきたい。

中国側からすれば、新疆ウイグル自治区と「一帯一路」構想は深い関係にある。同構想が世に出た当初から、同自治区はシルクロード経済ベルトの「核心区」とされ、習近平指導部によってとくに強く経済発展の期待がかけられたことが知られている。元来、シルクロード経済ベルトには、「西部大開発」の延長という意味合いもあったことから、相対的に発展の遅れた内陸部、とりわけ新疆の経済発展が第一義的に想定されていたのである。そして、新疆の経済発展のためにも、新疆に存在する中国企業が外国に進出すること（走出去）が奨励された。ここでいう外国とは、新疆の西に位置する中央アジア諸国が念頭に置かれている。そのうち、新疆と国境を挟んだ西隣りに位置するカザフスタン、キルギス[26]はロシアを中心とするユーラシア経済同盟の構成国であり、ロシアの影響力が依然として強い地域である。新疆はこれらの国々に中国企業が進出する橋頭堡として位置づけられ、新疆の治安の安定がそのための絶対の条件と考えられてきた。

前節で述べた「中欧班列」もこれに関連する。「中欧班列」には満洲里経由で中国東北部とシベリア鉄道をつなぐ路線、あるいは二連浩特経由で内モンゴル自治区とモンゴル、シベリア鉄道をつなぐ路線で運行されているものが一部存在するが、大部分は新疆ウイグル自治区を通過する路線に集中している[27]。これまで、中ロの協力関係にもとづいて、「中欧班列」のうちシベリア鉄道を一部利用する定期列車を増やし、路線も多様化させ、中国東北部および内モンゴル自治区の経済を振興させることが喧伝されてきたが[28]、十分には実現していない。そうした状況下において、「中欧班列」の運行のためには、新疆の安全は重要な前提条件となっている。

そこでとられたのが、「テロリスト」予備軍と思しき少数民族の人びとを、疑わしきを含め、予防的に「再教育施設」（以下、施設）に収監するという政策である。同様の「施設」は以前から存在していたが、その数がこれほどまでに急増し、大規模に収容が行なわれるようになったのは、習近平時代に入ってからである。とくに二〇一六年に、それまでチベット自治区党委員会書記だった陳全国が、新疆ウイグル自治区党委員会書記に就任して以降、それは顕著になった。

二〇一七年ごろから「施設」に収監され連絡が取れなくなった人の存在に注目が集まるようになり、二〇一八年以降、折しも米中対立が進行したのにともない、アメリカはじめ欧米諸国が「施設」の存在を問題視するようになった。これに対し、中国は反テロの名目で「施設」の設置を正当化するなど、防戦を強いられている。諸外国との関係において、この問題が中国にとって明白に不利にはたらいているにもかかわらず、簡単に政策を転換できないのは、新疆の安定が、経済的にも安全保障的にも、絶対に譲れない領域にあるとされているからである。

（2）支持の調達と利益の供与

それでは、このような前提をもとに、中国にとって新疆が安定することの重要性は、中ロ関係とどのように関わるのだろうか。ここで忘れてはならないのが、新疆は中央アジアと関わりの深い地域であり、中央アジアはロシアの影響力が強い地域であるということだ。たとえば、カザフスタンに関しては、主要民族であるカザフ人が、新疆の少数民族として認定されている「カザフ族（哈薩克族）」と基本的に

難民申請した中国国籍のタタール人の双子（撮影時期不詳）［出典：https://kazanreporter.ru/storage/web/source/images/uploads/1/cBgmM-hYWHpqK6g1urESk6ajaP-AXGGW.jpg］

同一民族である。さらにいえば、ロシア国内にもウイグル人と同じ民族系統であるテュルク系の人びと、また宗教を同じくするムスリムが、一〇〇〇万以上居住している。

これら旧ソ連地域のテュルク系ムスリムは、トルコなどと比べた場合、新疆問題についてはそれほど同情的でなく、協力的でもないといわれてきた。しかし、新疆に住む親戚が実際に勾留されたり、「施設」に収監されたり、はたまた音信不通、生死不明となると、徐々に各所で反応が生じた。たとえば、カザフスタン、キルギスでは、新疆問題に対し抗議行動が発生し、これまでになく国内の関心を集めるようになった。ロシアにおいても、ロシアに留学中の中国国籍のタタール人（中国ではタタール族とされる）の双子が難民申請して話題となり、同情を呼んだ。

ロシアの世論は一般に中国に対し好意的とされているが[29]、メディアにおける中国批判は思いのほか厳しいものがある。「中国脅威論」関連の報道のほか[30]、新疆問題についての報道もまた一定数存在する。今日のロシア、カザフスタンは権威主義体制であるとはいえ、中国の問題は批判的に論じることができる。新疆の動向を指弾した記事を遠慮なく掲載するメディアは一定数存在しており、その意味では多元的な世論が存在している。複数のロシア・メディアは、「施設」の訳語にナチスを想起させる「コンセントレーション・キャンプ」（ロシア語：концлагерь）をあてており、ロシア語メディアを読む旧ソ連圏の人びとのあいだで非常にネガティブな印象が拡散している[31]。

こうした民族、そして世論が存在する旧ソ連諸国に対し、中国は上海協力機構（ＳＣＯ）において、また首脳会談などの場において「反テロ」の大義名分を掲げるとともに、経済的利益を持ち出すことで、新疆問題における中国への支持を引き出し、連携を確保しなければならない状況に置かれている。これはつまり、習近平が投資案件や経済協力を携えて各国を回って歩き、対価を払って、中国の新疆政策への支持を買い取らなければならないことを意味する。

たとえば、二〇一九年六月五日に署名、表明された「中ロ新時代全面的戦略協力パートナーシップ」には、「相手国が行なうテロリズム・極端主義への打撃の努力を相互に支持する」ことが盛り込まれているが、これは習近平が多くの投資案件を携えて訪ロした結果でもある[32]。その翌週、六月一三日にキルギス共和国を訪問した習近平は、同国に対し総額七五億ドルといわれる経済協力を打ち出し、新疆問題における支持を取りつけ、共同声明にも盛り込んだ[33]。

ロシア、カザフスタン、キルギスからみても、「シルクロード経済ベルト」の美名のもとで供与される利益は無視できない。それゆえ、たとえばカザフスタン、キルギスでは、国内で新疆問題に対する抗議が生じると、政府は表向き中国に対応を求めるも、概して中国の「国内問題」に対し理解を示す態度をとっている[34]。

ロシアもまた、新疆問題においては中国の側に立ち続けている。二〇一九年七月、日本を含む二二カ国が中国の新疆政策を批判する声明を発表した直後に、三七カ国が共同で中国を支持する声明を出した出来事があったが、このときロシアは中国を支持する側に名を連ねた[35]。先に述べた、ロシア留学中の中国国籍のタタール人が難民申請した問題では、ロシア内務省は申請を拒絶し、ロシア・カザンの地区裁判所もこれを合法とみなす判決を出している[36]。

このように、中国は目下のところ、旧ソ連諸国と連携して新疆問題を封じ込めることに成功しているが、その代価として利益供与を続けなければいけない状況に陥っている。ロシア、カザフスタン、キルギスの側からみれば、新疆問題は中国の弱点であり、首脳会談のたびに、中国への支持と引き換えに人民元を引き出すためのツールとなっている。欧米諸国が中国の新疆問題を声高に非難したことで、ロシア、そしてロシアと徒党を組むカザフスタン、キルギスは、中国の足下をみている。中国はますます高い対価を払わなければならなくなったのである。

四　上海協力機構の変化と反テロ政策の新たな波紋

二〇一七年六月、カザフスタンの首都アスタナで開催された第一七回上海協力機構首脳会合において、同機構にインドおよびパキスタンが正式に加入することが決まった。以前から中国は、反テロ政策を強化するため、パキスタンを上海協力機構に加入させようとしていた。前節で述べたように、新疆においてて反テロ政策が強化され少数民族の大規模な収容が進むなか、中国から見てパキスタンの加入の必要性は確実に増大していた。

それに対して、ロシアは「はす向かい」の関係にあるインドをバックアップすることで、中国の影響力の拡大に一定の歯止めをかけ、バランスを取ろうとした[37]。インドは長期にわたってパキスタンと対立関係にあり、同時に中国と複雑な関係を持ち、二〇一七年五月に北京で開催された「一帯一路」国際協力ハイレベルフォーラムにも欠席した経緯があった。しかし、それにもかかわらずインドが上海協力機構に正式に加入した背景には、ロシアの強力な支持があったためである。

ここには、一九六〇年代に顕著になった中ソ対立、中印対立、印パ対立以来の「たすき掛け」のように交差する、中国、ロシア、インド、パキスタン四カ国の国際関係を垣間見ることもできよう。結果として、上海協力機構は中ロの潜在的競合関係に加え、中印対立、印パ対立を内包することになったのである。

それでは、上海協力機構における潜在的競合関係は、具体的にどのように問題化するのだろうか。この点についての公開情報は乏しいが、ダライ・ラマをめぐる問題が一例としてあげられる。ウズベキスタンのタシケントに設置されている上海協力機構地域反テロ機構（RATS）が、「テロリスト」のリストを作成しようとした際に、中国がダライ・ラマを名簿に入れようとしたのに対し、ロシアが断固反対したという話が知られている[38]。ロシア国内には、チベット仏教を信奉するカルムイク人、ブリヤート人、トゥヴァ人などが居住しており、チベット問題もまた中ロ間の敏感な問題である[39]。

反テロ政策は、たとえばインドとパキスタンの正式加入が決まった、二〇一七年六月の上海協力機構首脳会合において、「上海協力機構反極端主義公約」が署名されるなど、新加入のインドも巻き込んでいっそうの協力が制度化されている。しかし、インドが加入したことで、今後、上海協力機構地域反テロ機構が、たとえばダライ・ラマを「テロリスト」に認定する合意を行なうことは、以前にも増して困難になるであろう。この、いわゆるダライ・ラマ問題は、一例にすぎない。今後、中国は、ロシアとインドの国益および国内世論と合致しない案件では、上海協力機構の場において、両国の積極的な賛同を取りつけることが困難になろう。

上海協力機構において新疆問題は、ロシアにとって格好の取引材料となった。新疆問題のためにパキスタン加入を焦る中国は、インドという巨象をロシアが招き入れることを許したのである。[40]インドとパキスタンの加入により、上海協力機構は「同床異夢」にして、「呉越同舟」[41]の組織へと変貌しつつある。

二〇一九年に入り、中国の反テロ政策は新たな波紋を呼んでいる。新疆の「テロリスト」がアフガニスタンと連絡するのを防止するため、中国人民解放軍が新疆から越境してタジキスタンのゴルノ・バダフシャン自治州に「軍事拠点」を構えていた、というニュースが、二月に『ワシントン・ポスト』によって報道され、[42]ロシアでも話題となった。

この報道のインタビューの内容、「軍事拠点」の規模については、フェイクニュースとまではいかないものの、真偽不明の部分がある。しかし、ここで重要なのは、タジキスタンはロシアにおいて自国の勢力圏とみなされており、ロシア語圏の読者たちはアメリカの報道を介して、後から中国のタジキスタン進出を知ることになった点である。[43]これはロシアの勢力圏が、友邦であるはずの中国によって脅かされているという認識につながる。

　この問題の影響は、中ロの勢力圏争いにも波及する[44]。疑惑の中国は、以前からキルギス・マナス空軍基地の使用許可を望んでいたが、ロシアが渋っていたとされる。中国のタジキスタン進出がロシアの警戒を招いた現下の状況では、将来、ロシアが中国のマナス空軍基地の使用に同意する可能性はいっそう低くなったと考えられる。ロシアはさらに、ヴェトナムとの軍事協力を強めることで、バランスを取ろうとしているともいわれている[45]。

　こうした最近の展開から明らかなように、新疆問題は中ロ関係において不協和音を奏でる要因となっている。中国の論理では、新疆の安定のために、パキスタンの協力、それからタジキスタン・アフガニスタン国境管理におけるタジキスタンの協力が必要不可欠である。しかし、そのために中国はロシアとのあいだで不利な取り引きを強いられ、中央アジアへの安全保障面での進出においても、自国に向けられるロシアの眼差しが厳しくなる結果を招いたのである。

おわりに

　中国は「一帯一路」構想を通じ、旧ソ連諸国においても影響力を拡大している。しかし、その巨大な経済力にもかかわらず、必ずしもロシアとの関係において中国の優位は確立されていない。たしかに二〇一四年ごろの中ロ関係は、ロシアが中国の経済力を必要とする関係に変化するようにみえた。だが、実際のところ、ロシアは「一帯一路」関連プロジェクトをしたたかに取捨選択してきたのである。数年を経て、「中欧班列」や北極海航路など、ロシアに有益なものが残された。これは中国にとって、ロシアの協力が必要不可欠なものでもあり、ロシアの重要性が高まる結果となった。

他方で、中国は新疆問題の進展にともない、ロシアの支持をますます必要とするようになった。上海協力機構においては、パキスタンを引き入れるのと引き換えにインドの加入を許した。さらに、タジキスタン・アフガニスタン国境管理への進出では、中国は自国をとりまく状況、とくに自国を見るロシアの眼差しが厳しくなるという結果を招いた。

習近平時代に入って以来、中国はロシアに対して優位に立つどころか、「一帯一路」の推進のために、また新疆の安定のために、ロシアの支持と協力を必要とする面がいっそう顕著になった。「一帯一路」のプロジェクトも、中国の構想どおりに進まないでいる。この点、中ロ両国の実務協力に対する中国当局の評価は、ある意味で率直である。以前は、実務協力が「重大な進展を遂げた」(46)と称賛していたが、二〇一七年には「穏やかに推進している」(47)と表現がやや抑制的なものに変化し、その評価が消極的なものとなっている。

これらの点を踏まえると、第一節で述べた中ロ間の活発な首脳外交、そして絶えず更新されるパートナーシップ関係に関して、中国が主導権を持って進めているという見方とは異なる説明ができるだろう。すなわち、「一帯一路」の遂行に必要不可欠で、なおかつ新疆の安定にとっても重要な存在であるロシアをつなぎとめるために、習近平は頻繁にプーチンとの首脳会談を重ね、つねに中ロ関係が「歴史上もっとも良い時期にある」ことを確認し、「蜜月」を演出し続けなければならない事情がある。これはつまり、一見すると中国はロシアに対し優位にあるようにみえるが、実際のところは、中国がロシアの意向を尊重し、支持を取りつけ、協力を求める立場に置かれているという意味である。

折しも「米中新冷戦」が進行し、中国をとりまく国際環境が大きく変わったことは、中ロ関係における中国の立場にも影響を及ぼしている。中国が「米中新冷戦」を乗り切るためには、ロシアの支持と協力があることが望ましい。それに対しロシアは、中国が「米中新冷戦」で苦戦し経済情勢が悪化するのであれば、中国と共闘を続ける意識は乏しくなる。実際にロシアは、中国の「一帯一路」や新疆政策に支持を表明しつつも、ドイツ、フランスなど一部の欧米諸国との関係改善を着々と進めている。そうしたロシアをつなぎとめるべく、中国はロシアを宥和しなければならないことになる。

中国がロシアに対し強く出られないことは、昨今の新型コロナウイルス感染症（COVID-19）の流行に対するロシアの対応と、それに対する中国の姿勢にも見て取れる。二〇二〇年一月末、アメリカはじめ世界各国が中国国民の入国制限に踏み切ったことに対し、中国が不満を表明していたころ、ロシアは中国との陸上国境の閉鎖を決定した。さらに二月には、ロシア政府は中国国民のロシアへの入国を全面的に禁止した。これらの措置に対し、中国政府は目立った抗議を表明することもなく、ロシアの意向を尊重する姿勢に徹している。

したがって、現状に即していえば、中ロ関係における中国の優位なるものはきわめて主観的である。たしかに中国は、ロシアの幾倍もの経済規模を有しており、単純に経済規模を比較すれば、ロシアはもはや中国にかなわない。しかし、経済力の優位は国際関係上の優位を必ずしも保証するとは限らない。「米中新冷戦」がはじまり、国際関係が新たな局面に入るなか、中ロ関係の主導権が中国にあるようで、実はないことがいっそう浮き彫りになっている。中国は、ユーラシアの国際関係というロシアの土俵の上では、ロシアに対し、なお主導権を握るところまではいたっていないのである。

註記

（1）中ロ関係に関して、最近の情勢を踏まえ、かつ全体像を捉えた研究は多くない。日本語文献ではさしあたり以下を参照。廣瀬陽子『ロシアと中国――反米の戦略』（ちくま新書、二〇一八年）。関連してロシアの「勢力圏」戦略に関しては、日本語文献では以下がある。小泉悠『「帝国」ロシアの地政学――「勢力圏」で読むユーラシア戦略』（東京堂出版、二〇一九年）。

（2）「外交部長王毅：在力所能及範囲内助俄度困」人民網、二〇一四年一二月二一日〈http://pic.people.com.cn/n/2014/1221/c1016-26246592.html〉（二〇二〇年七月一六日アクセス）。なお、以降の註釈におけるホームページ・アドレスのアクセス日時については省略するが、すべて二〇二〇年七月一六日に最終アクセスしたものである。

（3）たとえば、"Partnership is much better for China than it is for Russia," *The Economist*, July 27, 2019〈https://www.economist.com/leaders/2019/07/27/partnership-is-much-better-for-china-than-it-is-for-russia〉.

（4）同年三月二二日に習近平はモスクワに到着し、クレムリンにおいてプーチンと初の首脳会談を行なった。

（5）「江沢民与普京――両年超八次会面」鳳凰網、二〇一四年五月二六日〈http://phtv.ifeng.com/xiangce/detail_2014_05/26/36509038_0.shtml#p=4〉、「胡錦濤一個月内両次会晤梅徳韋傑夫（図）」『騰訊新聞』二〇一〇年五月九日〈https://news.qq.com/a/20100510/000555.htm〉。

（6）中華人民共和国外交部「中国同俄羅斯的関係」二〇一九年八月〈https://www.fmprc.gov.cn/web/gjhdq_676201/gj_676203/oz_678770/1206_679110/sbgx_679114/t6786.shtml〉。

（7）趙進軍主編『中国外交十年　二〇〇二―二〇一二』（香港：中華書局、二〇一三年）、六三頁。

（8）中華人民共和国外交部政策規劃司編『中国外交　二〇一五年版』（北京：世界知識出版社、二〇一五年）、一八八頁。

（9）中国外交部「中国同俄羅斯的関係」。

（10）国家主席就任直後の二〇一三年三月に訪ロした習近平は、中ロ関係は「歴史上もっとも良い時期にある」と発言していたとされ、以来、同様な表現が繰り返し登場する（中国外交部「中国同俄羅斯的関係」）。

（11）「ユーラシア経済同盟」（英：ＥＡＥＵ、中国語：欧亜経済聯盟、ロシア語：ЕАЭС）は、二〇一五年一月一日にロシア、ベラルーシ、カザフスタンを構成国として成立、翌二日にアルメニアが加盟、五月にキルギスが加盟した。なお、「ユーラシア経済連合」と訳されることもあるが（ＪＥＴＲＯなど）、日本外務省では「ユーラシア経済同盟」と訳しており、本章でも後者を用いる。

（12）「中華人民共和国与俄羅斯聯邦関于絲綢之路経済帯建設和欧亜経済聯盟建設対接合作的聯合声明」新華網、二〇一五年五月九日〈http://www.xinhuanet.com//world/2015-05/09/c_127780866.htm〉、"Совместное заявление Российской Федерации и Китайской Народной Республики о сотрудничестве по сопряжению строительства Евразийского экономического союза и Экономического пояса Шелкового пути," *Президент России*, 8 мая 2015〈http://kremlin.ru/supplement/4971〉。

（13）宇山智彦「中央アジアと中国の関係の現実的な理解のために」『東亜』第六一八号（二〇一八年一二月）、三三頁。Alexander Gabuev, "Crouching Bear, Hidden Dragon: 'One Belt One Road' and Chinese-Russian Jostling for Power in Central Asia," *Journal of Contemporary East Asia Studies*, vol. 5, no. 2 (March 2017), pp. 71–75.

（14）この点に関しては、ロシア政府の複数の高官にインタビューした中国専門家ガブエフの論考が参考になる。Gabuev, "Crouching Bear, Hidden Dragon," pp. 65–68.

（15）「星座」という表現は、中国研究者の高原明生による。『週刊東洋経済』編集部「『一帯一路』構想は〝星座〟過度な期待は禁物」『週刊東洋経済』二〇一八年一月二七日〈https://premium.toyokeizai.net/articles/-/17364〉。

（16）「北京至莫斯科将建高鉄——高鉄板塊大漲三・一八パーセント」人民網、二〇一四年一〇月一七日〈http://energy.people.com.cn/n/2014/1017/c71661-25855860.html〉。

(17) 中華人民共和国外交部政策規劃司編『中国外交　二〇一六年版』(北京：世界知識出版社、二〇一六年)、一八五頁、「中国高鉄修到莫斯科——海外首単全長七七〇公裏」人民網、二〇一五年六月二一日〈http://finance.people.com.cn/BIG5/n/2015/0621/c1004-27187026.html〉。

(18) "German businesses may finance Moscow-Kazan high speed railway," *Russia Beyond*, November 16, 2016〈https://www.rbth.com/news/2016/11/15/german-businesses-may-finance-moscow-kazan-high-speed-railway_648017〉; "Chinese, German and Italian investors interested in Moscow-Kazan High-Speed Railway project," *Realnoe vremya*, November 23, 2016〈https://realnoevremya.com/articles/948〉; "Spain wants in on Russia's high-speed railway project," *RT*, March 17, 2018〈https://www.rt.com/business/421563-russia-high-speed-railway/〉.

(19) 「六大経済回廊」とは、中国・モンゴル・ロシア経済回廊、新ユーラシア・ランドブリッジ経済回廊、中国・中央アジア・西アジア経済回廊、中国・インドシナ半島経済回廊、中国・パキスタン経済回廊を指す。これらの概要の整理について、また「中欧班列」の始発便等に関しては、以下のまとめが役に立つ。伊藤亜聖「中国・新興国ネクサスと『一帯一路』構想」末廣昭・田島俊雄・丸川知雄編『中国・新興国ネクサス——新たな世界経済循環』(東京大学出版会、二〇一八年)、二九〜三一頁。

(20) 「中欧班列」とカザフスタンについては、熊倉潤「カザフスタンと中国の関係——トカエフ新大統領就任後の展望」ジェトロ・アジア経済研究所、中国社会科学院アジア太平洋・グローバル戦略研究院『「一帯一路」建設と日中第三国市場協力』(近刊)を参照。

(21) シベリア鉄道による輸送と、「中欧班列」による輸送は、一種の競合関係にあるとみなされていた面があった。Gabuev, "Crouching Bear, Hidden Dragon," pp. 61–78.

(22) 通行料については、ロシアNIS貿易会「ロジスティクス・ナビ——輸送と物流のページ　シベリア鉄道と『一帯一路』」(特集　東方経済フォーラムと北東アジア国際関係)『ロシアNIS調査月報』第六二巻一一号(二〇一七年一一月)、七八〜八一頁。

(23) Sinan Tavsan, "Chinese freight train skirts Russia on new route into Europe," *Nikkei Asian Review*, November 9, 2019

〈https://asia.nikkei.com/Spotlight/Belt-and-Road/Chinese-freight-train-skirts-Russia-on-new-route-into-Europe〉.

(24)「冰上絲綢之路是什麼?:冰上絲綢之路与北極航道有什麼関係?:」『新華絲路』二〇一八年七月二五日〈https://www.imsilkroad.com/news/p/104181.html〉。

(25)中国の研究者趙隆が指摘するように、「氷上のシルクロード」を取り囲む環境は、米ロ関係、関係法をめぐる争議、ロシア国内の需要等に影響されるものである。趙隆「共建〝冰上絲綢之路〟的背景、制約因素与可行路径」『俄羅斯東欧中亜研究』第二期(二〇一八年)、一〇六〜一二〇頁。

(26)「クルグズスタン」という表記が現地語の発音に近いが、本章では日本外務省の表記にしたがい「キルギス」とする。

(27)推進〝一帯一路〟建設工作領導小組弁公室編「中欧班列建設発展規画(二〇一六―二〇二〇年)」(二〇一六年一〇月二四日)、九〜一二頁〈http://www.yidaiyilu.gov.cn/wcm.files/upload/CMSydylgw/201701/201701100443041.pdf〉。

(28)内蒙古社会科学院の包思勤がそうした議論を行なっている。包思勤「内蒙古参与中蒙俄経済走廊建設的戦略構想」『〝一帯一路〟建設与東北亜能源安全体系暨第二届東北亜絲路論壇国際検討会論文集』(中国社会科学院亜太与全球戦略研究院、二〇一八年)、三七〜四七頁。

(29)近年、ロシア世論における中国に対する印象は比較的よいとされる。もっとも、この種の世論調査には、質問の尋ね方に問題があるという声もある。さしあたり、レヴァダ・センターの最近の世論調査を参照。"Отношение к странам," *Левада-центр*, 16 октября 2018〈https://www.levada.ru/2018/10/16/otnoshenie-k-stranam-2/?fbclid=IwAR3t5X7hI0oht6dt4ZHmWtGUoe9MwoEaTckhdosw9UOCr-S3OvsnOgr-8zI〉.

(30)たとえば、ロシア・メディアの『独立新聞』は、中央アジアにおける「中国脅威論」の高まりをかなり率直に論じている。Иголь Панкратенко, "Чем дальше в ШОС - тем больше синофобов?," *Независимая*, 29 июля 2018〈http://www.ng.ru/kartblansh/2018-07-29/3_7276_kart.html〉.

(31)報道の例として、"Концлагерь на 10 миллионов уйгуров," *Medusa*, 18 сентября 2018〈https://meduza.io/feature/2018/

09/18/kontslager-na-10-millionov-chelovek〉; "Китайским татарам не нашлось места в Казани: Отчисленным студентам не хотят предоставлять временное убежище," *Коммерсантъ*, 26 ноября 2019〈https://www.kommersant.ru/doc/4172062?fbclid=IwAR30s41yRWVitFc0qjF3d355ZbelQfH3S5ednAA6fLw_ptUVQlJvzsCEIkI〉を参照。

（32）パートナーシップの文言に関しては、「中華人民共和国和俄羅斯聯邦関于新時代全面戦略伙伴関係的聯合声明」中華人民共和国中央人民政府、二〇一九年六月六日〈http://www.gov.cn/xinwen/2019-06/06/content_5397865.htm〉。投資案件については、齋藤寛「ロ中首脳会談、『一帯一路』と『大ユーラシアパートナーシップ』構想の協力など合意」ジェトロ・ビジネス短信、二〇一九年六月七日〈https://www.jetro.go.jp/biznews/2019/06/1deb28dd01e5e779.html〉。

（33）共同声明の文言に関しては、中華人民共和国駐俄羅斯聯邦大使館「中華人民共和国和吉爾吉斯共和国関于進一歩深化全面戦略伙伴関係的聯合声明」二〇一九年六月一三日〈http://ru.china-embassy.org/chn/eyxx/zyjhhwj/t1688051.htm〉、経済協力の総額については、"Визит Председателя КНР и блеф Жээнбекова," *Gezitter.org*, 21 июня 2019〈https://www.gezitter.org/politic/79979_vizit_predsedatelya_knr_i_blef_jeenbekova/〉を参照。

（34）中央アジア、とくにカザフスタンと「一帯一路」との関係については、日本語文献に以下がある。宇山「中央アジアと中国の関係の現実的な理解のために」、三〇～三八頁、熊倉潤「新疆ウイグル自治区におけるガバナンスの行方」『問題と研究』第四六巻二号（二〇一七年六月）、一一七～一四八頁。

（35）なお、中央アジア五国ではトルクメニスタンのみが中国を支持する声明を発表した。他の四国はどちらの声明にも名を連ねていない。

（36）"Китайским татарам не нашлось места в Казани," *Коммерсантъ*.

（37）こうした見方については、以下を参照。趙文志「第一七届上合組織峰会評析」『展望与探索』第一五巻七期（二〇一七年七月）、三六～三七頁、侍建宇「上海合作組織成員国青島峰会的観察点——反恐、経貿連接、重塑国際規範」『展望与探索』第一六巻七期（二〇一八年七月）、四三頁。

（38）侍「上海合作組織成員国青島峰会的観察点」、四〇頁。

（39）チベット問題に関しては、自国内にチベット仏教徒を抱えるロシアが次期ダライ・ラマの化身認定に干渉しうる点も重要である。その意味では、ロシアは地政学上、中国の民族政策における弱みを握っていることになる。

（40）二〇一九年一一月に起きたインドのRCEP交渉からの離脱の模様などをみると、インドを巻き込んだ多国間枠組みの難しさを感じさせられる。

（41）「同床異夢」について言及した研究として、Marc Lanteigne, "Russia, China and the Shanghai Cooperation Organization: Diverging Security Interests and the 'Crimea Effect'," in Helge Blakkisrud and Elana Wilson Rowe, eds., *Russia's Turn to the East: Domestic Policymaking and Regional Cooperation*（Basingstoke, Hampshire: Palgrave Macmillan, 2018）, pp. 119–138.「呉越同舟」に関しては以下のコラム記事にみられる。山田剛「上海協力機構に『呉越同舟』インド・パキスタンの思惑」『日本経済新聞（電子版）』二〇一七年六月二八日〈https://r.nikkei.com/article/DGXMZO17965290S7A620C1000000?unlock=1&s=3〉。

（42）Gerry Shih, "In Central Asia's Forbidding Highlands, a Quiet Newcomer: Chinese troops," *Washington Post*, February 19, 2019〈https://www.washingtonpost.com/world/asia_pacific/in-central-asias-forbidding-highlands-a-quiet-newcomer-chinese-troops/2019/02/18/78d4a8d0-1e62-11e9-a759-2b8541bbbe20_story.html〉.

（43）なお、一連の米中対立の余波で中国軍のタジキスタンにおける「軍事拠点」の存在が「暴露」されたことになったが、研究者のあいだでは、タジキスタンの国境防衛で中国とタジキスタンの協力関係があることは以前から知られていた。その例として、稲垣文昭「中央アジア最貧国のタジキスタンにとっての一帯一路構想――エネルギー分野で拡大する中国の存在」『アジア経済研究所「〝一帯一路〟構想の展開と日本・中国への影響」研究会資料』（二〇一九年二月一二日）〈https://www.ide.go.jp/library/Japanese/Research/Project/2018/pdf/2018110005_03.pdf〉。

（44）中央アジアをめぐる中ロの影響力の争いに関しては、以下を参照。Carla P. Freeman, "New Strategies for an Old Rivalry? China-Russia Relations in Central Asia after the Energy Boom," *The Pacific Review*, vol. 31, no. 5（Published online: Nov 2017）, pp. 635–654; Gabuev, "Crouching Bear, Hidden Dragon," pp. 61–78; Paul Stronski and Nicole Ng, "Cooperation and Competition: Russia and China in Central Asia, the Russian Far East, and the Arctic," *Carnegie Endowment for International Peace*, April 28, 2016 〈https://carnegieendowment.org/2018/02/28/cooperation-and-competition-russia-and-china-in-central-asia-russian-far-east-and-arctic-pub-75673〉.

(45) この観測は、二〇一九年一二月に筆者がモスクワにおいて行なったロシア人研究者からの聞き取りにもとづく。

(46) 中華人民共和国外交部政策規劃司編『中国外交 二〇一六年版』、一八五頁。

(47) 中華人民共和国外交部政策規劃司編『中国外交 二〇一七年版』(北京：世界知識出版社、二〇一七年)、一七六頁。

第5章　顕在化する米中覇権争いと中台関係

翻弄されたのは中国か台湾か

竹内　孝之

はじめに

近年、習近平政権は「米中新冷戦」や香港情勢の悪化など「内憂外患」に陥っている。二〇二〇年一月には、台湾で反中感情の高まりを背景に蔡英文総統が再選された。しかし振り返ってみると、二〇一六年まではオバマ政権下のアメリカが中国の台頭を受け入れ、台湾の国民党の馬英九政権も中国との関係を重視していた。

従来の中国の台湾政策は、「一つの中国」原則にもとづく対話と「一国二制度」による「平和統一」を呼びかける一方、台湾が独立をめざす場合は武力行使を示唆するという、硬軟両面を織り交ぜたものであった。「米中新冷戦」についての認識が広まるまでは、習近平政権の台湾政策も同様であると考えられた[1]。実際のところ、習近平政権は太平洋の覇権国交代も視野に入れていた。台湾の中国国民党（以下、国民党）や馬英九政権（二〇〇八～二〇一六年）は、「台湾放棄論」などの対中融和策に傾き、覇気を失ったアメリカに見切りをつけた。そして中国に接近し、台湾に有利な地位を認めるよう求めたのである。

ところが、習近平政権の強硬姿勢はアメリカ側の反発や「香港独立論」の台頭を招いた。また、習政権は馬政権の要望にも十分に応えなかったため、台湾の世論は中国との統一を懸念し、馬英九政権の対中政策を批判した「ひまわり学生運動」（二〇一四年三～四月）を支持した。さらに、二〇一六年五月には民主進歩党（以下、民進党）の蔡英文政権へ交代した。

当時、中国は台湾が香港の民主化運動に影響を及ぼすリスクも警戒していたとみられる(2)。その一方で、習近平政権は台湾で蔡英文政権に交代した後もしばらくは、対話の余地を残していたとの指摘もある(3)。これには台湾を味方に取り込めば、内憂外患の状況から挽回できるとの狙いがあったと考えられる。いずれにせよ、従来の議論はこうした習政権の思惑や外部環境の変化を必ずしも考慮していない。

とはいえ、蔡英文政権も内政で性急さを見せる一方、対中国政策において慎重な姿勢を保ち、世論の支持が低迷した。その結果、二〇一八年一一月の地方統一選挙では与党民進党が敗北し、蔡英文総統は民進党主席を辞任、一時は二〇二〇年総統選挙での再選も危ぶまれていた。中国の習近平国家主席はこうした蔡英文の苦境に乗じて、二〇一九年一月には「一国二制度の台湾実施案」（一国両制台湾方案）に言及し、香港方式に近い制度を台湾に適用する可能性を示唆した。

こうした蔡英文政権の危機を救ったのが、ひとつはアメリカのトランプ政権が対中国「封じ込め」政策や台湾を重視する政策を打ち出したことである。そして、もうひとつは、香港における逃亡犯引き渡し条例案への反対をきっかけとする、反中感情の高まりと大規模な反政府活動の発生であった。

本章では、これらの外部要因の変化を踏まえ、習近平政権の台湾政策と中台関係の展開をみていく。

一　中台関係と馬英九政権――事実上の「二つの中国」の重なる対外行動

(1) 中台関係の現状

中国と台湾の関係は今日も特殊な「両岸関係」とされている。[4] 両者の窓口機関を通した連絡や対話があるため、一見、台湾と他の各国との関係にも似ている。しかし、中国と台湾のあいだには大使館に代わる出先機関がない。また、双方による対話も政権交代によって中断と再開を繰り返してきた。これは、中国が台湾側に「一つの中国」原則を認めよう求めているからである。

中国は二〇〇五年に国民党の提案によって、「一つの中国」原則を「九二年コンセンサス」に言い換えることに応じた。その由来は、双方の窓口機関が一九九二年に香港で協議し、正式国名が記載された公文書(証明書や裁判所の判決や決定を含む)をお互いに受理するとの合意である。ただし、中国側は、台湾側の公文書を認めない場合、投資や貿易などの経済交流に支障が出ることを回避するため、こうした妥協に応じたにすぎない。

しかし、李登輝政権や当時の国民党は中台双方を「分裂国家」とみなし、相互承認することを望んでいた。そこで、この合意の内容を「一つの中国、それぞれが解釈(表現)する」(一中各表)とし、中国が台湾の中華民国の存在を認めたかのように喧伝した。李政権の大陸委員会主任委員を務めた蘇起は、民進党の陳水扁政権へ移行する際、事務引き継ぎの席上で、この「一中各表」を「九二年コンセンサス」と言い換えて、中国との合意として存在するかのように説明した。だが、中国はこうした解釈を認めず、台湾側の拡大解釈を批判してきた。中国が「一中各表」に言及したのは、二〇〇八年三月二七日、胡錦濤国家主席とアメリカのジョージ・W・ブッシュ大統領の電話会談のときだけである[5]。

（2）もうひとつの「一国二制度」――台湾向けの「複合式一国二制度」

中国政府は、香港やマカオと違い、統一後も台湾政府の人事に関与しないことや、台湾が独自の軍隊を持つことを容認するとしてきた一方で、アメリカなどの外国が台湾に武器を売却することに反対してきた。また、「中国台北」（Chinese Taipei）の名義で台湾が国際組織に一定の参加をすることを認めるとした一方、中華民国の存在を認知することを拒んできた[6]。

在米華僑で台湾外省人の政治学者である楊力宇は、一九八三年に鄧小平との会談の場で聞いた「一国二制度」構想がより柔軟なものであった、と述べている。楊力宇はこの会談の冒頭で、中国の台湾に対する圧力を批判した。それに対して鄧小平は、中台の合意にもとづく統一や、双方が対等になるよう「連邦制」を参考にすること、中国側が一方的に合意内容を変更できないよう正式な文書を作ること、統一後は諸問題の解決を双方が協議するほか、台湾が外国製武器を購入し続けてもよい、などの条件に言及した[7]。こうした柔軟な台湾向けの構想は「複合式一国二制度」と呼ばれる。

一九八〇年代、中国の政権運営を担った胡耀邦や趙紫陽ら改革派は「複合式一国二制度」を意図していた可能性が高い。趙紫陽の元ブレーンで、一九八九年の天安門事件後に亡命した厳家其は、台湾の民主主義を守れる仕組みを提示すれば、台湾独立を支持する人びとからも理解が得られると考え、「国家連合の特徴をあわせ持つ連邦制」を主張した。[8]一方、当時の台湾は国民党による独裁体制下にあり、「中華民国政府が中国大陸も含む全中国を代表する」という公式のイデオロギーを掲げていた。このため、とても中国との対話ができる状況ではなく、また「台湾地区」だけでの国政選挙の実施を主張することは「台湾独立を主張した」とみなされ、弾圧の対象になった。

台湾側に中国と対話をする準備がようやく整ったのが、一九九〇年代、民主化を進めた李登輝政権の時期であった。一方、中国では天安門事件で改革派の多くが亡命し、政治的に保守的な江沢民政権に交代していた。江沢民政権は、民主化と国際社会への復帰をめざす李登輝総統を「隠れ独立派」として批判し、中国が単一制国家であることを強調した。そのため、中国が掲げる「一国二制度」も、主権の分散を一切認めない「単一式一国二制度」の性格を強めた。

そのうえ、中国は一九九六年総統選挙の直前に、弾道ミサイルの発射を含む軍事演習を行ない、李登輝総統を再選しないよう、台湾を強く威嚇した。また、台湾の国際社会への参加やアメリカからの武器輸入にも反対した。そのため、台湾の世論は「一国二制度」を香港・マカオ方式による併合とみなし、中国が掲げる「平和統一」にも侵略の意図を疑うようになった。

(3) 中国の台頭と国民党が構想する台湾の生存戦略

国民党・李登輝政権内の外省人ブレーンは、前述の楊力宇が聞いた柔軟な対応を中国側から引き出せると考え、同政権期に政治分野での実務協議を行なった。国際法学者で、李登輝政権の政務委員(閣僚）や無任所大使を務めた丘宏達によれば、一九九九年秋に予定されていた中国の汪道涵海峡関係協会会長の台湾訪問が実現していた場合、中国は「中国台北」の名義で台湾が世界保健機関（ＷＨＯ）にオブザーバー参加することを認める用意があったという(9)。

しかし、李登輝総統は、中台双方が独立国家であるとする「二国論」発言（同年七月）を行ない、反発した中国側は、汪道涵の訪問を中止した。この背景には、汪道涵の訪問時期が当初の一九九九年春から国慶節に近い秋に変更された問題があった。李登輝総統は、中国側の狙いが「台湾は中国の一部である」と印象づけることであると考え、中国側や政治交渉を性急に進めた外省人ブレーンを牽制した(10)。

また、「中国台北」という名義は、中国の圧力を受けたアジア開発銀行（ＡＤＢ）が台湾側の了解なく決めたものであり、これに対して台湾はＡＤＢに抗議を申し入れていた。ＷＨＯでも「中国台北」の名義を甘受すべきという丘宏達の考えは、李登輝総統の懸念と重なるものであった。

これに関して、丘宏達は「（中台双方が）主権を承認せず、統治権を否定しない」という考え方を提唱した。これは、中国に中華民国への国家承認を求めず、中華民国政府の存在のみを認知するよう求めるという考え方であり、「一つの中国」原則と中華民国体制の存続を両立させる狙いが込められていた。後の馬英九政権は、この丘宏達の考え方を対中政策の基本方針に据え、李登輝政権時代にできなかった政治交渉にあらためて取り組もうとした(11)。

国民党の外省人ブレーンが中国に譲歩する理由は、アメリカの中国・台湾政策にも少なからず関わりがある。従来のアメリカは、中国による台湾への武力行使を懸念した一方で、中国が民主化すれば、台湾の民主主義を尊重するはずであると考え、中国と台湾の対話を求めていた。むしろ、アメリカの専門家・政策担当者のなかには、台湾が独立志向を強めれば、アメリカも中国との戦争に巻き込まれると懸念して、台湾問題から手を引くという「台湾放棄論」を唱える者もいた。たとえば、ジョセフ・ナイは、アメリカ側が台湾の安全保障に関与するという台湾関係法の規定を削除することを条件に、中国側が香港より広範な自治権を台湾に認める「一国三制度」構想を提唱した[12]。ナイの「一国三制度」や中国の「複合式一国二制度」、台湾の国民党の「(中台双方が) 主権を承認せず、統治権を否定しない」という考え方には一致点が多く、台湾問題の解決策になりえたように思える。

ただし、こうした解決策には、共産党独裁の中国が統一後も台湾の民主主義や民意を尊重するのか、という課題がある。亡命した中国の改革派で、趙紫陽のブレーンであった厳家其や、胡耀邦の側近であった阮銘は、共産党一党独裁が台湾の民主主義にとって脅威になると考えた[13]。ところが、アメリカの政策担当者や中国研究者は、厳家其や阮銘の警告を無視し、天安門事件後も中国の保守派の影響力は小さく、改革派が中国国内に残っていると信じていた[14]。そのため、アメリカは中国に同調して、李登輝総統の「二国論」や陳水扁総統による国家統一綱領の廃止を批判した。

また、覇権国アメリカの衰退も、台湾の国民党が中国に接近した理由のひとつである。馬英九政権一期目の国家安全会議秘書長を務めた蘇起は、アメリカですら台頭する中国の軍事力には対抗できないと考えるアメリカの政治家や識者、軍高官が多く、アメリカには台湾を守る意思がないと指摘した。そのため、台湾の生存には中国との衝突回避が必須であると、蘇起は主張したのである[15]。

実際に、馬英九政権は米台関係に見切りをつけたかのような姿勢をみせた。たとえば、二〇〇九年のモーラコット台風 (平成二一年台風八号) 来襲の後、米台断交後初のアメリカ軍の災害派遣が実施されたが、馬政権は当初、受け入れを拒否した。また、二〇一二年には日本の尖閣諸島沖に巡視船を派遣して、領海侵犯や日本の巡視船への放水を行なった。さらに、二〇一三年にフィリピンの漁業監視船が銃撃し、台湾漁船の船長が死亡した事件では、軍艦や戦闘機を同国の領海近くまで派遣して、謝罪や賠償を迫った[16]。これに対してアメリカは、台湾軍の威嚇行為を懸念し、弾道ミサイル監視船をフィリピン沖に派遣して牽制することになった[17]。

さらに、フィリピンが南シナ海問題をめぐって中国を国際仲裁裁判所に提訴すると、米台対立は表面化した。馬英九総統は台湾の実効支配する太平島を「岩礁」としたフィリピンの主張に反発し、二〇一六年一月には太平島を訪問して、フィリピンを批判した。こうした馬総統の言動に対して、アメリカが「失望した」と表明した一方で、中国は称賛した[18]。また、馬英九は任期末以降、中国の人工島造成を合法として擁護し、退任後は南シナ海で中国を牽制するアメリカ海軍の「航行の自由」作戦を批判した[19]。南シナ海問題はオバマ政権が対中国融和策を見直しすきっかけとなった深刻な事態であったが、馬英九はあえてこの問題でアメリカと対立姿勢を鮮明にしたのである。

二　難航した政治分野の交渉

前節でみてきたように、馬英九は米中の覇権交代も視野に入れて中国に接近した。では、習近平政権には、先述の楊力宇が鄧小平から聞いたような、柔軟な対応を取る用意があったのだろうか。以下では、

表5－1　国民党，馬英九政権と中国の対話をめぐる主な経緯

2005	4月26日～5月3日　連戦国民党主席，訪中。胡錦濤中国共産党総書記と会談（4月29日）
2008	5月20日　馬英九政権発足
2010	6月29日　両岸経済協力枠組み協定（ECFA）を締結
2011	10月20日　馬英九総統，中国との平和協定締結に言及
2012	5月20日　馬英九総統，2期目就任演説で出先機関の相互設置に言及
2013	4月11日　行政院，中国側出先機関の受け入れ根拠法案を閣議決定
	6月21日　両岸サービス貿易協定を締結
	7月10日　馬英九総統，2014年のAPEC北京会議での中台首脳会談を提案
2014	2月11～14日　初の公式な「両岸事務首長会議」（中台閣僚会談）を開催
	3月18日～4月10日2　ひまわり学生運動，立法院での両岸サービス貿易協定の審議を阻止
2015	3月24日　馬英九総統，シンガポールに中台首脳会議への協力を依頼
	11月7日　初の「両岸指導者会談」をシンガポールで開催

出所：筆者作成。

馬英九政権と習近平政権の交渉の過程をみてみたい。

（1）台湾の国際組織参加をめぐる中国の限定的な譲歩

中国側の台湾の扱い方には「内外格差」（中国語では「内外有別」）があると指摘される。実際に、中国は中台間の対話の場で台湾を対等に扱う一方で、国際社会に対しては中国側を中央政府とし、台湾側を「省」、つまり一地方政府として扱うよう求めている。台湾側からみれば、この「内外格差」の是正こそが、中国との関係のあり方において看過できない、もっとも重要な課題であった。

政治分野における中国側の譲歩は、胡錦濤政権期にもっとも多くみられた。なかでも最大の譲歩は、国連専門機関であるWHOへのオブザーバー参加を認めたことだ。台湾の名義は「中国台北」ではなく、アジア太平洋経済協力（APEC）と同じ「中華台北」とされた。また、台湾の衛生署長や衛生福利部長を（政府の）閣僚として扱い、世界保健総会（WHA、WHOの総会）への出席を認めた。

ただし、これは二〇〇五年の国共対話の直後に中国とWH

O事務局が締結した覚書により、中国が主張する「一つの中国」原則にもとづくものとされた。つまり、台湾の参加は恒久的な権利ではなく、中国が許可した場合にのみ限定されていたのである[20]。

むしろ、中国は依然として台湾と香港を同格に扱うことが多かった。その顕著な事例が、中国の発案で設置されたアジアインフラ投資銀行（ＡＩＩＢ）であった。台湾はＡＩＩＢの創設メンバーとしての加盟を申請したが、ＡＩＩＢは受理しなかった。ＡＩＩＢ総裁の金立群は、同銀行設立協定の締結後の二〇一五年八月、台湾の加盟について「中国の『家庭』内の問題である」と曖昧な発言をした。しかし、二〇一六年一月の総統選挙で台湾の政権交代が確定すると、金立群は「香港同様、中国財政部を通じて加盟申請すればよい」と発言した（同年四月）。この発言に馬英九政権は反発し、ＡＩＩＢへの加盟申請を取り止めた[21]。

また、ＡＰＥＣ非公式首脳会議では、香港の行政長官が出席する一方で、台湾の総統は出席を認められていない。馬英九総統は、二〇一四年一一月の北京でのＡＰＥＣ非公式首脳会議への出席を希望したが、中国側は了承せず、前副総統の蕭万長が派遣された。

このように、台湾の国際社会への参加に関する中国側の譲歩の幅は狭かった。ＡＩＩＢやＡＰＥＣの事例にみられるように、中国は香港を超える待遇を台湾に認めなかった。その例外であった、台湾の衛生福利部長のＷＨＯ総会出席は、蔡英文政権に交代した翌二〇一七年以降、中止されている。

（2）政府間交渉に近づいた中台関係と政治分野の交渉の開始

従来、中国は中台関係自体を対等と捉えておらず、鄧小平の「平和統一構想」も公式には台湾を一地方政府と位置づけた[22]。これに対して台湾の国民党は、互いに「一国の中央政府」を名乗る政府同志の関係として対等な関係を求めた。しかし、これは二つの国家の存在を認めることと等しく、中国側の「一つの中国」原則に反するものであった。そこで、中台は形式上民間組織である窓口機関を通して、間接的に対話と交渉を行なってきた。また、そこでの中台間の合意は窓口機関のトップが「両岸協議」として調印し、国家間の条約とは位置づけられてこなかった。

馬英九政権期においても、こうした基本的な中台間の対話の枠組みは維持されたが、実務交渉や「両岸協議」より下位の合意文書の調印は中央省庁同士で行なわれるようになった。たとえば、民間旅客機の両岸直航については、「両岸空運協定」(両岸空運協議、二〇〇八年一一月)や、「両岸空運補充協定」(両岸空運補充協議、二〇〇九年四月)が締結されたが、運航路線の追加については、台湾の交通部民航局長と中国の民航総局長のあいだで「両岸空運補充協定」の「修正文書」が取り交わされた。また、金融分野では「金融協力協定」(金融合作協議、二〇〇九年四月)が締結された後、銀行、証券、保険の三分野の管轄当局同士による「金融管理監督協力覚書」(金融監理合作備忘録、二〇〇九年一一月締結)や、中央銀行同士による「通貨決済協力覚書」(貨幣精算合作忘備録、二〇一二年八月)が締結された。

このように、馬英九政権一期目と胡錦濤政権のあいだでは、経済分野の次官級や閣僚級ポストによる相互訪問と公式会談が常態化した。中台の対話は実質的な政府間交渉に近づき、残るは総統や行政院長など首脳レベルの接触や、政治分野の交渉のみとなっていた。

こうした政治分野の交渉は、馬英九政権二期目の重要な政策課題とされた。そのうち、「平和協定」

（和平協議）の締結は馬英九が二〇一一年に言及したが、統一につながると懸念した台湾の世論は強く反発した。そのため、馬英九は、その交渉の前後に国民投票を行なうとの条件を付け、平和協定の締結を事実上棚上げした。実際に中国との交渉が行なわれたのは、在外公館に代わる出先機関の相互設置と、事実上の首脳会談である「両岸指導者会談」であった。

このうち、「両岸指導者会談」については、新たに中台双方の関係事務を担当する閣僚による「両岸事務首長会議」（中台閣僚会談）が開催され、そこで交渉が行なわれた。二〇一三年一〇月、台湾の王郁琦大陸委員会主任委員と中国の張志軍国務院台湾事務弁公室（以下、国台弁）主任は、インドネシアのバリで開催されたAPEC首脳会議に首脳の随伴者として赴き、非公式ながら面会して、互いの職名で呼びあった。これには中台双方の世論の反応を試す狙いもあった。さらに、二〇一四年二月には台湾の王郁琦大陸委員会主任委員が訪中して張志軍国台弁主任と会談した。この会談を含めて、正式な「両岸事務首長会議」は四回行なわれた。

（3）窓口機関による出先機関の相互設置

在外公館に代わる出先機関に関していえば、台湾側は一九九〇年代から相互に設置する必要を想定し、両岸人民関係条例第六条で中国側の出先機関の受け入れに言及していた。というのも、台湾人の中国への渡航が多く、また、中国では商業上の紛争であるにもかかわらず、現地の合弁相手や取引相手が一方的に刑事告訴して、台湾人が逮捕されるなどの被害が多く発生していたからである。そのため、台湾は出先機関に領事がなければ、投資保護や司法協力に関する協定の実効性も確保できないと考えていた[23]。

また、台湾の国民党は本来、中国側（中華人民共和国）と台湾側（中華民国）を「分断国家」、つまり「一つの中国」のなかの二つの国家と考えていた。出先機関についても、分断国家のモデルである旧東西ドイツの政府代表部の事例を参照し、「外交関係に関するウイーン条約」に準じた扱いを求めた。当時の野党民進党もこうした観点から、出先機関の領事権や外交特権の必要性を主張した[24]。

しかし、中国は国民党の「分断国家」論を「二つの中国」を生み出すものであると批判し、中国において台湾側の出先機関が公権力を行使することを認めようとしなかった。中国に滞在する台湾人や企業の権益についても、中国は中国の国内法で保護していると主張し、投資保護協定や司法協定、出先機関の相互設置に関する交渉に応じてこなかった。

馬英九総統は二〇一二年五月に行なわれた二期目の就任演説のなかで、出先機関の相互設置に言及した。そして、二〇一二年のうちに中国側と予備交渉を行なったとみられる。二〇一三年一月には、窓口機関の現地事務所（弁事処）を相互設置するとの大枠合意ができた[25]。ただし、中国側は出先機関を領事権など公権力を行使しない「両岸交流に関するサービスの提供拠点」と位置づけることで、早期に交渉を妥結し、出先機関の設置を実現しようとした[26]。

それでも、台湾は出先機関に事実上の外交特権や領事権限を付与することにこだわった。馬英九政権は中国側の譲歩を引き出すため、本交渉開始前の二〇一三年四月に、中国側の出先機関に外交使節と同様の権能を認める法案を行政院で閣議決定し、立法院に提出した。しかし、中国側が譲歩しない場合、中国側の出先機関のみが中華人民共和国の国旗を掲揚し、台湾側の出先機関は中華民国の国旗を掲揚することができないなど、双方の待遇に不平等が生じる事態が懸念された。そのため、野党民進党のみならず、馬英九に近い国民党の外省人の立法委員も、この法案に反対した。

交渉が本格化した後も、中国は事実上の外交特権や領事権の明文化を拒んだ。中国は台湾側の出先機関に旅券や査証の発給といった領事業務の一部を認めた。しかし、第三国民への査証発給を除外し、旅券や査証などに中華民国の存在を示す絵柄や文言を使わないよう求めた。また、出先機関の屋内を含め、中華民国の国旗を掲揚することを認めなかった。さらに、台湾側がとくに重視した刑事事件に巻き込まれた台湾人への接見も、中国は刑務所への収監後しか認めなかった。つまり、逮捕から裁判で刑罰が確定するまでのもっとも重要な時期の接見を除外したのである[27]。

こうした事情があって、与野党の立法委員は、二〇一四年二月の王郁琦大陸委員会主任委員の初訪中の際に、台湾側の主権に関して譲歩するのではないかと懸念した。そして、王郁琦の訪中前（同年一月）に、立法院に無断で政治分野の合意を行なわないよう政府に求める決議文を採択した。王郁琦はこうした懸念を払拭するため、中国の南京市で中山陵（中華民国の「国父」孫文の記念碑）を参拝した際、「中華民国は（成立より）一〇三年がたった[28]」と発言した。

このように、中台間の政治分野の交渉は、台湾側がもっとも重視する主権や公権力に関わる部分で行き詰まっていた。また、「ひまわり学生運動」（二〇一四年三〜四月）発生の直前には、馬英九政権と与党国民党のあいだでも、交渉の進展と主権の擁護のいずれを重視すべきかをめぐり対立が生じていた。

（4）「両岸指導者会談」の実現

二〇一五年一一月七日、馬英九と習近平はシンガポールで「両岸指導者会談」を実施した。だが、同

シンガポールで「両岸指導者会談」を行なった馬英九と習近平（2015年11月7日）
［出典：Wikimedia Commons，台湾総統府］

会談は、両首脳が互いの職位を伏せるとともに、中台双方の関係や互いの地位が曖昧なまま行なわれたため、出先機関の相互設置と比べて実務的な意義が薄かった。

「両岸指導者会談」の具体的な成果は中台間の「ホットライン」（両岸熱線）の開設であった。しかし、これは閣僚級である大陸委員会主任委員と国台弁主任の直通電話にすぎない。また、重要な場面では中国側が通話を拒否し、ホットラインとして機能しなかった。二〇一六年一月の台湾総統選挙後、双方の閣僚が通話したのは二月に入った後であった。大陸委員会はこれを否定したが、中国の国台弁は受話器すら取らなかったと報道された[29]。また、三月の中国とガンビア（二〇一三年一一月に台湾と断交）の国交樹立の際、中国側は張志軍国台弁主任の不在を口実に通話に応じなかった[30]。

「両岸指導者会談」が実現するまでの過程に

ついては不明な点も多いが、つぎのように推測される。すなわち、二〇一三年七月に馬英九総統の国民党主席再選が確実視されたころ、中国側は金門島で馬英九中国国民党主席と、習近平中国共産党主席による「国共トップ会談」を行なうことを提案した。一方、馬英九は、二〇一四年にAPEC北京会議に自らが出席し、その前後で会談を開催することを逆提案した[31]。つまり、国共の党首会談ではなく、事実上の首脳会談と位置づけるよう主張したのである。だが、中国は台湾側の逆提案を拒否した。その後、二〇一四年初頭に、金門島で同年八月に会談を開催することで合意がなされたと考えられる[32]。

しかし「ひまわり学生運動」(同年三月)が発生した後、馬英九は台湾の世論もしくは米国政府の反対意見に配慮して、あらためてAPEC北京会議かフィリピン会議(二〇一五年)に合わせた会談の開催を打診した。やはり、中国は同意しなかった。そして、二〇一五年四月には、金溥聡・前国家安全会議秘書長が「会談をめぐる交渉は決裂した」と述べ、会談は見送られたと思われた[33]。ところが、馬英九は会談の実現を諦めていなかった。馬英九は、二〇一五年三月にシンガポールのリー・クアンユー元首相(同月に死去)の弔問と称して同国を訪問し、元首相の遺族であるリー・シェンロン首相と面会した。その際、シンガポールとの国交樹立二五周年記念行事に参加するため訪問を予定していた、習近平国家主席との「両岸指導者会談」を実現するための協力を取り付けていた。なお、一九九三年の中台窓口機関のトップ会談でも、シンガポールは開催地となり、同国政府が協力していた。

中国は第三国での「両岸指導者会談」の開催を拒否してきたが、二〇一五年一〇月の第四回「両岸事務首長会議」では態度を一転させ、シンガポールでの開催に前向きな姿勢をみせ、後日、了承する意向を台湾側に伝えた。二〇一六年一月の総統選挙で政権交代が確定すれば、「両岸指導者会談」の機会が失われることを、中国も懸念していたと思われる。

以上の「両岸指導者会談」の意義を評価することは難しいが、形だけでも中台対話の最高到達点を台湾世論や民進党に見せつける狙いがあったのではないか。これに関して、馬英九は「両岸指導者会談」の常態化を望むと発言した[34]。つまり、民進党が「九二年コンセンサス」を受け入れれば、民進党への政権交替後も会談の開催を継続することが可能だと考えたのである。

(5)「ひまわり学生運動」後も粘りをみせる馬英九

これまでみてきたように、「ひまわり学生運動」の後も中国との政治分野の交渉は続けられた。馬英九にとって、政治分野の交渉に対する世論の反発は想定済みであり、サービス貿易協定が「ひまわり学生運動」を引き起こしたことのほうが想定外であった。むしろ、サービス貿易協定を含む中国との自由貿易協定（ＦＴＡ）は、中国に対して台湾の東アジア地域包括的経済連携（ＲＣＥＰ）への参加を認めさせ、他国とのＦＴＡ交渉も妨害しないよう求めるうえで必要な政策と位置づけられていた。

また、馬英九にとっては、「ひまわり学生運動」よりも、二〇一四年一一月の統一地方選挙後に国民党主席を辞任したことの方が大きな政治的打撃であった。というのも、馬は、党主席として支持基盤の弱い立法委員に圧力をかけて、サービス貿易協定を含む「両岸協議」の承認を迫ってきたからである。馬は慣例にしたがわず、選挙の開票直後の党主席の辞任を渋った。これには国民党内で反発の声が上がり、呉敦義副総統や郝龍斌台北市長は兼務する党副主席の辞意を口頭で伝えるかたちで、馬英九に党主席の辞任を迫った。馬英九は投票日から三日後の一二月二日にようやく、辞意を表明した。

習近平政権は中台関係の緊密化に熱心な一方、台湾を国家として認めることにつながるような譲歩を避けた。そのため台湾では、中国との性急な政治分野の交渉に対して、世論や野党だけでなく、与党の国民党からも懸念の声が上がった。「両岸指導者会談」は歴史的な出来事だが、中台関係の法的な性格を変えるものではなかった。では、なぜ、馬英九は世論や与党の抵抗を無視してまで、台湾を国家と認めようとしない中国との政治分野の交渉を急いだのだろうか。また、そもそも自らの対中政策に反対した民進党に対してあえて「両岸指導者会談」の成果をアピールし、中台対話の断絶を避けるよう訴えたのか。それらの問いについては、次節で蔡英文政権発足後の経緯をみた後に検討したい。

三　蔡英文政権と中国の関係——裏目に出た強硬策と香港問題の二重苦

(1) 蔡英文政権の消極的な対中政策

蔡英文総統は、陳水扁政権時代に大陸委員会主任委員として、国民党のいう「九二年コンセンサス」や「一中各表」を否定してきた。また野党時代の民進党主席として、馬英九総統の対中政策は台湾の香港化を招くと警告してきた。二〇一六年の就任演説では香港の「雨傘革命」に触れ、二〇一九年一〇月の国慶節演説では「米中新冷戦」を意識して、中国の台頭を拡張主義とみなし、自由や民主主義への挑戦や「シャープ・パワー」の行使などにも言及しながら、中国を強く批判した。(35)

その一方で、蔡英文は、かつて李登輝総統の「二国論」の概念を提起したブレーンであり「台湾は中華民国であり、主権国家である」と主張してきた。だが、台湾の主権を重視する「台湾本土派」のなかでは、やや保守的なため、中華民国体制を否定する台湾独立派から批判されることも多い。

蔡英文の対中政策は歴代総統に比べて消極的なものである。総統選挙では初出馬して敗れた二〇一二年、また初当選を果たした二〇一六年のいずれにおいても、蔡英文候補は対中政策として「台湾コンセンサス」を唱え、世論を重視する姿勢を示すにとどまった。対立する国民党候補から「具体策がない」と批判されても、蔡候補は政策論争を避けてきた。そして、当選が確実視された二〇一五年一二月以降、蔡英文は「挑発や意外さを避けることが、両岸関係を安定させる」さらには、「一九九二年に会談が行なわれた事実を否定せず、相互理解の精神で違いのなかに共通点を見いだした交渉経緯を認める」など、「九二年コンセンサス」や「一中各表」を認めて、中国に歩み寄るかのような発言もみせた。[36]

蔡英文政権の中国への歩み寄りは、「ひまわり学生運動」が不服とした中国との「両岸協議」に関する審査や発効手続きの問題にも及んだ。民進党は二〇一四年当時、中国を外国とみなす「中台協議手続き条例案」（台湾与中国締結協議処理条例草案）を提起したが、政権発足直前の二〇一六年四月に、「一つの中国」原則に沿った、「両岸訂定協議監督條例草案」を立法院に提案した。[37] そして蔡政権も、この民進党の法案を事実上の政府案として位置づけた。

これに反発した、「ひまわり学生運動」の関係者によって結成された新党「時代力量」は、対案として「我が国と中華人民共和国が締結した協議の処理に関する条例案」（我国与中華人民共和国締結協議処理条例草案）を提起した。そのうえで、二〇一七年三月、時代力量は「中国との関係は国と国の関係である」と主張するとともに、「両岸関係」を管轄する内政委員会だけでなく、外交・国防委員会との合同会議で法案審議を行なうよう主張した。

しかし、蔡英文政権の李大維外交部長は、外交・国防委員会において「両岸関係は外交関係ではなく、（内政委員会との）合同委員会の必要はない」と答弁した[38]。また、張小月大陸委員会主任委員も、内政委員会において「両岸協議は国際協定ではない。両岸関係はすなわち両岸関係である」と答弁し、時代力量の主張に真っ向から反論した[39]。

その後、「両岸協議」の承認手続きに関する立法作業はなかば放置されることになった。そして二〇一九年五月に両岸人民関係条例が改正され（第五条第三項を新設）、政治分野の「両岸協議」についてのみ、憲法改正より高い要件を課した承認手続きが定められた。

（2）蔡英文政権に圧力と融和策を併用した当初の習近平政権

習近平政権も二〇一六年一一月ごろまでは、蔡英文政権と対話する意欲があったと思われる。とくに二〇一六年二月二五日、中国の王毅外相はアメリカの戦略国際問題研究所（CSIS）で講演し、「彼ら（台湾の中華民国）の憲法には、台湾と大陸はともに中国に属するとある。蔡英文も憲法に違反できない」と発言した[40]。これは、民進党の謝長廷元主席（現駐日代表）が提起した、「憲法一中」を共通認識とする対話を示唆していた。しかし、蔡英文は民進党の広報担当者に、「蔡英文次期総統は、中華民国の現行の憲政体制にもとづいて執政を行なう」と論評させるにとどめ、対話の機会を見送ったのである[41]。

その後、蔡英文総統は二〇一六年五月の就任演説で、当選直後の発言と同様に「九二年コンセンサ

表5－2　蔡英文政権と中国をめぐる主な経緯

2016	1月16日 台湾の総統選挙で，民進党の蔡英文候補が当選 2月25日 中国の王毅外相，中華民国憲法の「一つの中国」原則に言及 5月20日 蔡英文政権発足 12月2日 トランプ・蔡英文電話会談。中国が反発
2017	6月12日 パナマ，中国と国交樹立し，台湾と断交
2018	5月1日，24日 ドミニカ共和国およびブルキナファソ，中国と国交樹立し，台湾と断交 8月21日 エルサルバドル，中国と国交樹立し，台湾と断交 9月22日 中国，台湾と国交と持つバチカンと中国国内の教会の扱いについて合意
2019	1月1日 蔡英文総統，「4つの必須」と「3つの防御網」に言及，中国に対する対抗姿勢を強調。 1月2日 習近平「台湾同胞に告げる書」発表40周年記念会議で演説，「一国二制度」台湾実施案の検討を表明 9月16日，20日 ソロモン諸島およびキリバス，中国と国交樹立し，台湾と断交
2020	1月14日 台湾の総統選挙で，蔡英文総統が再選される

出所：筆者作成。

ス」を間接的に認めた。中国はこれを「未完成の答案」であると論評し、直接的な表現で「九二年コンセンサス」を認めるよう求めた。しかし蔡英文はそれ以上の譲歩に応じなかった。

これに対して、二〇一六年六月二五日に安峰山国台弁報道官は、「台湾が『九二年コンセンサス』を認めないため、両岸の連絡対話メカニズムは五月二〇日以降、停止している」と発言した[42]。これは、カンボジアで逮捕された詐欺集団に加わっていた台湾人容疑者が中国に送還されたことに、台湾側が抗議したことへのコメントであった。このほか、ケニアやマレーシアでも、中国は護送要員とともにチャーター機を送り込んだうえで、現地政府や司法当局に迫り、台湾人詐欺容疑者を中国に連行した。後にはスペインからも、台湾人容疑者の引き渡しを受けた。中国は、台湾人容疑者を人質にして、蔡英文政権に「九二年コンセンサス」への承認を迫ろうとしたと思われる。二〇一七年五月には、元民進党職員の台湾人人権活動家が中国への入国後に「国家政権転覆容疑」で逮捕された。この逮捕は国家安全局による暴走だったという説もあるが、二〇二〇年四月時点でも釈放されていない。

こうした圧力の一方で、中国側の融和的な措置もみられた。中国は台湾が二〇一六年五月末のＷＨＡ（ＷＨＯ総会）に参加することを認め、中国の李斌国家衛生計画生育委員会主任と台湾の林奏延衛生福利部長は、馬英九政権期にみられたような閣僚会談こそ見送ったが、会場内で立ち話をした。ただし、ＷＨＯ事務局が台湾に送付したＷＨＡへの招待状の文面は馬政権期と異なり、「一つの中国」原則にもとづく措置であることを強調していた。これは蔡英文政権に「九二年コンセンサス」の受け入れを促すために、中国の指示で盛り込まれたものと思われる。

また、二〇一六年七月一二日には、南シナ海をめぐる問題に対し常設仲裁裁判所がフィリピン側勝訴の判決を下した。しかし、中国は同判決を無視する姿勢を示した。蔡英文も、同判決が台湾が実効支配する太平島を岩礁とみなしたことや、またフィリピン側が台湾を「中国台湾当局」（Taiwan Authority of China）と呼んだことに反発し、その翌日には蔡英文自らが海軍のフリゲートに乗船して、南シナ海への出港と「国家の権益と尊厳の擁護」を命じた。この時点では、南シナ海をめぐる問題で、中国と台湾のあいだには共通の利害が存在していたのである。

さらに、二〇一六年一一月のＡＰＥＣ非公式首脳会議では、経済界の関係者ではない宋楚瑜親民党主席が総統代理としての出席を認められ、習近平国家主席が会場で宋楚瑜との立ち話に応じた。このとき、もしも中国が台湾との対話を断絶することを決めていたならば、宋の国際会議への参加を妨害し、中台の出席者による立ち話も拒否したはずである。

蔡英文総統とアメリカのトランプ次期大統領による電話会談（2016年12月3日）
［出典：Wikimedia Commons，台湾総統府］

（3）「米中新冷戦」に巻き込まれた中台関係

こうした蔡英文政権と習近平政権の微妙な関係は、アメリカ大統領選挙後に一変することになった。二〇一六年一二月三日、トランプ次期大統領は二日に蔡英文から当選祝いの電話を受けたと、ツイッター（Twitter）に投稿した。トランプが就任前だったとはいえ、米台首脳の電話会談は断交後初の出来事であり、中国側は猛反発した。従来から台湾はアメリカ次期大統領に祝電を送り、電話会談の希望を申し入れてきたが、実現したことはなかった。そのため今回も儀礼的に申し入れたが、電話会談が実現したことは蔡英文にとっても想定外の出来事であった。

この電話会談は、トランプ陣営内の共和党の対中強硬派が「米中新冷戦」の引き金になるよう仕組んだものであったとみられる。トランプ陣営のスティーブン・イエーツ（元ディック・チェイニー副大統領付き国家安全顧問）によれば、中国が共和党内の親中派であるヘンリー・キッシンジャー元米国務長官を通じて、トランプを取り込もうとしていた。[43] キッシンジャーは米中国交樹立の立役者で、今日でも共和党、民主党双方の外交政策に大きな影響力を有しており、二〇一一年には「米中（新）冷戦の危機を回避せよ」と主張し、当時のオバマ政権に対中融和政策を勧めていた。

そうしたことから、共和党の対中強硬派はトランプ政権の対外政策の主導権を握るうえで、このキッシンジャーの影響力を封じる必要があった。そこでトランプに、「台湾はアメリカ製兵器の大口顧客である」と吹き込んで、電話会談に応じるよう説得した。[44] トランプ・蔡電話会談を行なえば、中国はこれを批判せざるをえない。つまり、蔡英文を利用して米中関係に亀裂を入れたのである。

また、台湾は地政学的に、中国軍が太平洋へ進出するルートを塞ぐことができる重要な位置にある。そのため、アメリカは台湾を対中戦略に不可欠な「同盟国」として見直し、なかば強引に米中覇権争いの中心に立たせた。

蔡英文政権にとっても、アメリカが台湾に接近したことは好都合であった。というのも、中国は、初めて与党となった民進党の陳水扁政権の発足直前、二〇〇〇年二月に、台湾側に統一交渉に応じる意思がない場合、武力行使を辞さない方針を明言しているからである。

そのうえ、中国は各国に台湾に武器を供与しないよう圧力をかけてきた。その結果、アメリカも台湾への武器供与に慎重な姿勢をとり、台湾は防衛力を十分に整備できなかった。とくに潜水艦は老朽化した訓練用を除くと、二隻しかない。

蔡英文は、軍艦や軍用機の国産化など国防産業の育成を重要政策に掲げ、二〇一七年三月には台湾国際造船と政府が契約し、難易度の高い潜水艦の自主開発に踏み切った。また、中国に台湾侵攻を躊躇させる抑止力として、台湾は中国沿岸の一部を射程圏内に納める「雄風ⅡE型」巡航ミサイルを保有してきたが、蔡英文政権はその射程延長や新型ミサイル（雲峰飛弾）の早期開発を軍部に指示した。(45) とはいえ、台湾における開発が難しい装備も多く、アメリカの武器供与は歓迎すべきことであった。すでにトランプ政権は、二〇一八年に潜水艦建造への技術協力、二〇一九年にはM1A2戦車やF‐16V戦闘機の供与などを決定している。(46)

また、アメリカは対中強硬策と、事実上の「米台同盟」の強化に方針を転換した。とくに注目された二〇一八年一〇月のマイク・ペンス米副大統領によるハドソン研究所での演説は、台湾を中国が見習うべき民主化の模範と賞賛する一方、台湾に外交および軍事的な圧力を加えた中国を非難し、中国がアメリカにとっても最大の脅威であると指摘した。さらに、二〇一九年六月には、米国国防総省の「二〇一九年インド太平洋戦略報告書」が事実上、中国に対する「封じ込め」政策を示した。そのなかで、台湾をアメリカが連携を強化するべき「四カ国」のひとつとされた。(47) これに先立つ二月一二日には、米インド太平洋軍のフィリップ・デイヴィッドソン司令官が、「習近平国家主席の『一国二制度』による統一は台湾海峡両岸の意向を反映していない」と発言した。(48) このようにアメリカは中国への配慮をやめ、中国と台湾の統一に反対する蔡英文政権の立場を擁護した。

（4）「中華民国」を有名無実化する習近平政権の外交攻勢

トランプ・蔡電話会談に反発した習近平政権は、蔡英文政権に対して硬軟両面の対応から、全面的な強硬策へと切り替えた。だが、この時点ではトランプ大統領を説得できる可能性も残されていたため、中国はアメリカに「一つの中国」原則を理解し、遵守するよう求めるにとどまった。まず、トランプ・蔡電話会談が行なわれた二〇一六年一二月、中国は台湾からアフリカのサントメ・プリンシペとの外交関係を奪った。また、二〇一七年五月のWHAについては、中国の圧力によって、WHO事務局からの招待状が台湾に送付されなかった。ただし、これらはまだ、台湾外交の「急所」を外した警告にすぎなかった。

台湾外交の「急所」とはパナマとバチカンを指す。台湾の外交関係の半分以上は中米・カリブ海地域に集中しており（二〇一六年末時点で二一カ国のうち一二カ国）、とくにパナマは同地域で最大の経済力を持ち、中華民国とは辛亥革命後から一貫して関係を維持してきた。また、バチカンはヨーロッパで唯一、台湾と外交関係を持ち、カトリック信者の多い中南米での影響力も強い。つまり、もしも中国がこの二カ国を取り込めば、台湾の外交関係はドミノ倒しのように失われる可能性がある。そのうえで、オセアニア諸国との関係を奪えば、台湾（中華民国）を国家と認める国は皆無になる。習近平はそうした懸念に現実味を持たせるほど、蔡英文政権に対して激しい外交攻勢を仕掛けた。

中国は二〇一七年六月一三日にパナマと外交関係を樹立し、台湾と断交させた。パナマは台湾との関係維持を希望したが、中国がそれを許さなかった。二〇一八年には、中米のドミニカ共和国（五月一日）、エルサルバドル（八月二一日）、アフリカのブルキナファソ（五月二四日）が続いた。二〇一九年にはオセアニアのソロモン（九月一六日）およびキリバス（同月二〇日）というように、相次いで中国との関係が樹立され、台湾との断交が起こった。

なお、中国はバチカンとのあいだで、二〇一八年九月二二日に中国国内のカトリック教会の扱いに関して暫定合意した。カトリック教会内部でも香港の陳日君名誉司教などは、中国が信仰の自由を完全に認めていないにもかかわらず、地下教会の実態を中国政府に明かすことに反対している。それでも、二〇二〇年二月には中国の王毅外交部長とバチカンのポール・リチャード・ギャラガー国務省外務局長が初めて会談したように、両国は外交関係の樹立に向けた協議を続けている。[49]

こうした中国の外交攻勢は台湾に大きな衝撃を与えることになった。国民党は二〇一七年ごろから「中華民国が有名無実化する」と蔡英文政権の対中政策を批判し、同党公認の総統候補だった韓国瑜は「（同選挙を）中華民国の存亡をかけた戦いである」と述べ、中国の圧力を招いた蔡英文政権を批判した。[50]民進党内でも呂秀蓮元副総統（二〇一八年六月に離党）が「国交の完全喪失」（中国語：零邦交、無邦交）を懸念したほか、党内外の台湾独立派のあいだで、中国に強く反発しない蔡英文総統への不満が高まった。[51]このことがひとつの引き金となり、二〇一八年一一月二四日の統一地方選挙では民進党が敗北し、蔡英文への支持はさらに低迷した。

（5）「一国二制度の台湾実施案」と香港情勢の悪化

以上にみてきたように、二〇一八年末は台湾の蔡英文政権の勢いがもっとも弱体化した時期であった。これに対して、習近平は二〇一九年一月二日、「台湾同胞に告げる書」発表四〇周年記念会議のなかで、「習五点」と呼ばれる自らの台湾政策の総仕上げの方針を述べた。とくに、「一国二制度の台湾実施案」（両制台湾方案）の検討に言及しつつ、武力行使の放棄を否定したことについては、台湾では文字どおり、武力で台湾を威嚇し、統一を迫るとの趣旨のものであると受け止められた。

その後、王在希元国台弁副主任は二月二六日、習近平講話に関する講演のなかで、「九二年コンセンサスは『一つの中国原則』だけでなく、統一への意欲を含まなければ、本物と言えない」と発言し、中国が蔡英文政権だけでなく、国民党に対しても厳しい姿勢を取る可能性を示唆した[52]。

さらに、三月一日には、台湾や香港政策を専門とする中国人民大学教授の王英津が「一国二制度の台湾実施案が解決すべき四つの難題」として、中華民国の脱主権化、台湾軍の存廃問題、台湾の「国際空間」問題、台湾が実効支配する海域の管轄権などをあげた。このなかで、王は台湾の自治権や対外政策を香港並みに制限し、台湾から軍隊や南シナ海にある領土（太平島など）を取り上げる必要性を指摘した[53]。王英津は習近平政権の政策に影響力を持ちながら、かつては、鄧小平の提起した柔軟な統一構想を、「複合式」あるいは「分権性」の「一国二制度」と呼び、中国政府の台湾政策が香港向けの「単一式一国二制度」に傾いていることを批判したこともある[54]。このような王英津の姿勢の変化は、習近平政権の台湾政策の強硬化の前兆と思われた。

習近平政権が従来と異なる台湾政策を打ち出す背景には、三つの要因が考えられる。一つめは、すでに述べた米中覇権争いの顕在化である。台湾は中国の沿岸部の正面に位置し、アメリカによる対中国「封じ込め」政策の成否を決めるという、地政学的に重要な位置にある。

二つめは、中国軍の増強である。中国軍は二〇一六年にアメリカ軍にならい、各方面での陸海空統合戦に適した組織への改編のほか、アメリカ海軍のものに酷似した強襲揚陸艦（ヘリ・軽空母）およびドック型揚陸艦の建造、海軍陸戦隊の拡充など、水陸両用作戦能力を整備している。台湾の国防部は、二〇二〇年ごろにこれらが完成すると指摘している[55]。実際に中国軍が台湾に侵攻する可能性は低いが、その威嚇は真実味を増すことになるだろう。

さらに三つめは、香港情勢の悪化である。習近平政権は、二〇一二年と二〇一六年の香港行政長官選挙において財界に投票の指示を出すなど、露骨な介入を行なった。二〇一四年には行政長官選挙に候補者の事前選抜を導入する方針を決定し、大規模な反対運動「雨傘革命」の発生を招いた。また、香港では二〇一二年以降、中国本土から渡航者の急増や、香港独自のアイデンティティや歴史観の是非をめぐる意見対立から、「中港矛盾」と呼ばれる香港と中国本土の社会的な摩擦も深刻化している。

当初、香港の若者は、中国政府に対する政治的な不満と「中港矛盾」を重ね合わせることを躊躇していた。しかし、二〇一六年に立法会（議会）において、若い議員当選者が就任宣誓式で「香港は中国でない」という横断幕を掲げ、議員資格を剝奪される事件が起きた。中国は「香港独立派」の立候補を認めないよう香港政府に指示したが、かえって香港の若者の「台湾のような民主国家になりたい」という願望を煽り、二〇一九年六月以降の急進的な反政府運動の下地をつくった。今後、習近平政権は、自らが招いた香港情勢の悪化の責任を台湾側に転嫁し、強硬姿勢をさらに強める可能性もある(56)。

おわりに

これまでみてきたように、習近平政権は米中覇権争いの顕在化にともない、硬軟両面を使い分ける従来の方針から、台湾を香港やマカオと同様に扱う「単一制一国二制度」による統一を掲げる強硬な姿勢へと転換した。

従来、中国の台湾政策には、鄧小平の「複合式一国二制度」が示したような、台湾との交渉によって統一後の体制を決めるという柔軟な側面があった。習近平政権も当初は、馬英九との「両岸指導者会談」を実現したように、中華民国体制を尊重する「複合式一国二制度」の可能性を否定していなかった。蔡英文政権の発足後は中台対話を中断し、「九二年コンセンサス」を受け入れるよう蔡英文政権に圧力を加えたが、習近平政権はなおも、中台対話の再開をめざしていた。

しかし、二〇一六年一二月のトランプ・蔡電話会談が実現した後、習近平政権は「圧力一辺倒」の政策に切り替え、台湾の「中華民国」が持つ外交関係をつぎつぎに奪った。また、二〇一九年一月の習近平講話は、「一国二制度」の詳細を台湾との交渉ではなく、中国側の一存で決定する、という大きな方針転換を意味した。

この方針転換の背景には、中国軍が、米軍との覇権争いや台湾侵攻作戦を行なえるほど実力を増したという自信もあった。将来、中国軍が太平洋の覇権を掌握する事態が起きれば、台湾は米軍を頼ることができなくなり、香港のように中国への従属を迫られることになる。(57) トランプ・蔡電話会談は、結果的には、中国が方針を転換する時期を早めることになったが、かりにこの電話会談がなかった場合でも、中国はいずれかの時点で、台湾に対して「圧力一辺倒」の政策に転換したはずである。

たとえば、中国の香港政策は、その台湾政策よりも一足先に強硬化している。習近平政権発足後、中国は香港の普通選挙実施を棚上げにした。そのうえ、若者を中心に反発が広がると、抗議運動の鎮圧や選挙立候補者の制限などで事態を乗り切ろうとした。こうした強硬姿勢は、かえって香港の若者に「香港独立論」や台湾との連帯感を植えつけ、二〇一九年六月以降の大規模な反政府運動を招いた。

ただし、台湾は香港と違い、事実上独立状態にあり、また中国が米中覇権争いにおける優位を固めるうえで重要な戦略的価値を持っている。そのため、台湾を自らの陣営に取り込むことは、米中双方にとって死活的な問題であり、覇権争いの優劣が確定する前は、台湾の交渉力が最大化する時期であると考えられる。かつて台湾の国民党、馬英九政権が中国との政治分野での交渉を急いだ理由は、この時期を逃すことなく、台湾の地位について中国から最大限の譲歩を引き出すためだったのではないか。

実際に中国の習近平も、馬英九政権に一定の譲歩を示して台湾を取り込もうとした。ただし、本来なら、鄧小平のような「複合式一国二制度」もしくは、政府承認や「一中各表」など国民党側の主張にも前向きな言及をして、台湾の反中感情を鎮めるべきであった。ところが、習近平は、香港の民主化を拒み、習近平自身が務める国家主席の任期を廃止するなど民主化に逆行した政策を打ち出したことが示すように、台湾の民主的な政治体制を理解し、自らも台湾世論の説得を試みるような度量を持ちあわせていなかった。そのため、習近平は、「独立派」とみなす民進党への政権交代を懸念して譲歩を渋り、結果的には親中派である馬英九政権に対する台湾世論の支持を低落させた。

また、習近平政権がアメリカの覇権に挑戦したことは、アメリカの反発を招いた。トランプ政権は、台湾と連携し、中国に対する「封じ込め」政策を打ち出した。米国議会でも親台派の議員の動きが活発化している。たとえば、親台派のマルコ・ルビオ上院議員らは香港の民主化を迫る「香港人権・民主法」を提出した。二〇一九年一一月に同法が制定されると、香港ではアメリカに謝意を表明するデモンストレーションまで行なわれた。こうした香港情勢の悪化は、二〇二〇年一月の台湾総統選挙における蔡英文の再選を後押しした。こうして習近平政権は、行き過ぎた強硬策によって「内憂外患」に陥ることになったのである。

蔡英文は二〇二〇年一月の総統選挙において、大差で再選された。その後、新型コロナウイルス感染症（COVID-19）が流行したが、迅速な対応により被害を最小限にとどめた蔡英文政権の支持率は、再選時よりさらに上昇した。台湾は、二〇一九年末に中国での流行を察知し、WHOに通報した。しかし、WHOは中国に配慮し、十分な措置を怠った。そのためアメリカは、WHOや中国を非難し、また、WHO総会への台湾の参加を強く後押しした(58)。

さらに、二〇二〇年七月三〇日に李登輝元総統が亡くなると、マイク・ポンペオ米国務長官は追悼声明を発表し、その功績を高く評価した。八月にはアレックス・アザー保健福祉長官が訪台し、蔡英文総統との会談や李登輝元総統の追悼を行なった。アザー長官は断交後に訪台したアメリカの要人のなかで、大統領継承順位がもっとも高い(59)。李登輝元総統を中台統一の障害とみなしてきた中国は、こうしたアメリカの動きに強く反発した。

このようにアメリカは異なる場面においても、台湾問題を通して、中国に圧力を加える「以台制華」の姿勢を貫いている。その結果、「米中新冷戦」の構図が定着すれば、中台関係は米ソ冷戦の前半にみられたような緊迫した様相を呈する可能性がある。

註　記

（1）　たとえば、福田円「習近平の隠された柔軟性と中台関係の行方——中国党大会後の『対台湾政策』を読み解く」Wedge Infinity、二〇一七年一〇月二八日〈http://wedge.ismedia.jp/articles/-/10963〉（二〇二〇年七月二七日アクセス）などを参照。なお、以降の註釈におけるホームページ・アドレスへのアクセス日時については省略するが、すべて二〇二〇年七月二七日に最終アクセスしたものである。

（2）范世平『習近平対台政策与蔡英文挑戦』（新北：博誌文化股份有限公司、二〇一五年）、二二三～二三五頁。

（3）松田康博「蔡英文政権の誕生と中台関係の転換――『失われた機会』か、『新常態の始まり』か？」『問題と研究』第四六巻一号（二〇一七年一月）、一二九～一三〇頁。

（4）本章では中国という場合、中華人民共和国を指す。台湾は中華民国を名乗っている。しかし、主要国とは一九七〇年代に断行し、窓口機関を通した「実務関係」のみを維持している。

（5）Chinese, U.S. presidents hold telephone talks on Taiwan, Tibet（03/26/08）（Embassy of the People's Republic of China in the United States of America, March 27, 2008）〈http://www.china-embassy.org/eng/zt/twwt/t418675.htm〉.

（6）鄧小平「中国大陸和台湾和平統一的設想」『鄧小平文選　第三巻』（北京：人民出版社、一九九七年）、三〇～三一頁。

（7）楊力宇「鄧小平対和平統一的最新構想」『海峡評論』〈https://www.haixia-info.com/articles/1816.html〉（初出は『七〇年代月刊』（一九八三年八月）。

（8）厳家其『連邦中国構想』（香港：明報出版社、一九九二年）。

（9）丘宏達「是台湾二字重要　還是加入世衛重要？」『連合報』二〇〇三年五月二五日。

（10）井尻秀憲『李登輝の実践哲学――五〇時間の対話』（ミネルヴァ書房、二〇〇八年）、一一一頁。

（11）馬英九「貴賓専題演講」陳純一編『愛国学人：紀念丘宏達教授学術研討会会議実録暨論文集』（台北：三民書局、二〇一三年）、一〇頁。

（12）Joseph S. Nye Jr, "A Taiwan Deal," *The Washington Post*, March 8, 1998〈https://www.washingtonpost.com/archive/opinions/1998/03/08/a-taiwan-deal/f94662ae-e649-425f-9495-2de6751d26a4/〉.

（13）楊憲宏・李瓊月・李瓊月「阮銘：両国一制才是台湾理想」『南方快報』二〇〇二年七月一二日〈http://www.

southnews.com.tw/specil_coul/Yuan/Yuan_00/Yuan00044.htm〉、阮銘「両岸人民的共同目標：再談『両国一制』的理想」『南方快報』二〇〇二年九月二七日〈http://www.southnews.com.tw/specil_coul/Yuan/Yuan_00/Yuan00048.htm〉。

（14）マイケル・ピルズベリー（野中香方子訳）『China 2049――秘密裡に遂行される「世界制覇一〇〇年戦略」』（日経BP、二〇一五年）、一三九～一四〇頁。

（15）蘇起『両岸波濤二十年紀実』（台北：天下文化、二〇一四年）、五二九～五三二頁。

（16）竹内孝之「『マグロ戦争』：馬英九政権の対フィリピン砲艦外交」アジア経済研究所海外研究員レポート、二〇一三年七月〈https://www.ide.go.jp/Japanese/IDEsquare/Overseas/2013/ROR201311_001.html〉。

（17）「我艦隊越線護漁　菲竟諷馬声望低」蘋果新聞網、二〇一三年五月一七日〈https://tw.appledaily.com/headline/daily/20130517/35023146/〉。

（18）「馬英九登上太平島宣示主権：是『島嶼』而非『岩礁』」BBC NEWS（中文）、二〇一六年一月二八日〈https://www.bbc.com/zhongwen/trad/china/2016/01/160128_taiwan_president_itu_aba_island〉。

（19）中華民国外交部「外交部『南海議題及南海和平倡議』講習会媒体提問紀要」二〇一六年四月八日〈https://www.mofa.gov.tw/News_Content_M_2.aspx?n=70BCE89F4594745D&sms=700DE7A3F880BAE6&s=819CCAC38134FB06〉、「馬英九談南海風雲：反対美国主張無害通過権」中国評論新聞網、二〇一八年六月一四日。

（20）竹内孝之「評価が分かれた台湾のWHO参加」『東亜』第五〇七号（二〇〇九年九月）、七〇～八〇頁。

（21）「金立群：会有弁法処理台湾加入亜投行問題」BBC NEWS（中文）、二〇一六年四月九日〈https://www.bbc.com/zhongwen/simp/china/2016/04/160413_china_taiwan_aiib_jin_liqun〉。

（22）鄧小平「中国大陸和台湾和平統一的設想」、三〇頁。

（23）許宗力『両岸条例中民間中介団体組織与功能之研究』（行政院研究発展考核委員会、一九九〇年）。

（24）蔡明彦「両岸互設弁事処的功能定位与風険評估」台湾新社会智庫、二〇一三年六月一三日〈http://www.taiwansig.tw/index.php/政策報告/両岸国際/5123-両岸互設事処的功能定位与風険評估〉。台湾新社会智庫は民進党の最大派閥「新潮流」のシンクタンクである。

(25) 仇佩芬・王正寧・単厚之「互設弁事処 功能比名字重要」『中国時報』二〇一三年四月二一日〈https://www.chinatimes.com/newspapers/20130421000327-260102?chdtv〉。
(26) 国務院台湾事務弁公室「国台弁新聞発布会編録」二〇一三年二月二七日〈http://www.gwytb.gov.cn/xwfbh/201302/t20130227_3835214.htm〉、国務院台湾事務弁公室「国台弁：両会互設弁事機構是服務性的」二〇一三年六月九日〈http://www.gwytb.gov.cn/xwfbh/201306/t20130609_4301026.htm〉。
(27) 「両岸設処 中方歩歩逼我去主権化」『自由時報』二〇一三年六月一九日、「両岸設処署証排除外国人 立委：自我矮化」『自由時報』二〇一三年六月二〇日。
(28) 中華民国大陸委員会「陸委會王主任委員郁琦率團赴南京中山陵謁陵、表達對國父孫中山先生的追思與懷念」二〇一四年二月一二日〈https://www.mac.gov.tw/News_Content.aspx?n=B383123AEADAEE52&sms=2B7F1AE4AC63A181&s=3D6685D9201E0FFD〉。
(29) 中華民国大陸委員会「夏主委応約与陸方透過熱線溝通」二〇一六年二月五日〈https://www.mac.gov.tw/News_Content.aspx?n=EAF760724C4E24A5&sms=2B7F1AE4AC63A181&s=72315D482A51A408〉、「両岸熱線 陸委会：情勢較明確後再溝通」中央通訊社、二〇一六年一月二九日〈https://www.cna.com.tw/news/firstnews/201601290290.aspx〉。
(30) 「台陸委会抱怨両岸熱線不通 国台弁：技術原因」二〇一六年三月一九日〈https://www.guancha.cn/local/2016_03_19_354421.shtml〉。
(31) 「総統接見第一届「国家金璽賞」得賞代表」『総統府新聞』二〇一五年一一月九日〈https://www.president.gov.tw/NEWS/19946〉。
(32) 「習近平提議金門会馬破局 俞正声代打」風伝媒、二〇一四年六月二〇日〈https://www.storm.mg/article/22003〉、「馬習原定去年八二三金門会/張顕耀応訊爆秘：我方準備金門砲弾鋼刀当礼物」『自由時報』二〇一五年二月二五日〈https://news.ltn.com.tw/news/focus/paper/857853〉。
(33) 「金首度証実：馬堅持APEC馬習会 導致破局」『自由時報』二〇一四年四月一四日〈https://news.ltn.com.tw/

news/politics/paper/871553〉。

（34）「馬習会／両岸領導人見面常態化　馬：把橋搭好」『自由時報』二〇一五年一一月六日〈https://news.ltn.com.tw/news/focus/paper/857853〉。

（35）「蔡英文：建立無挑釁　無意外可持続両岸関係」VOA、二〇一六年一月一六日〈https://www.voacantonese.com/a/taiwan-elections-10/3148727.html〉、「朱：蔡不承認『九二共識』就是很大的挑釁」『自由時報』二〇一五年一二月二三日〈https://news.ltn.com.tw/news/politics/breakingnews/1549122〉、中華民国総統府「総統出席『中華民国中枢暨各界慶祝一〇八年国慶大会』」二〇一九年一〇月一〇日〈https://www.president.gov.tw/News/24860〉。

（36）「政見発表会》回応『九二共識』蔡英文拋出『九二会談基本事実』」風伝媒、二〇一五年一二月二五日〈https://www.storm.mg/article/76796〉。

（37）立法院「立法院議案関係文書　院総第一三七四号　委員提案第一六〇七〇号」二〇一四年一月八日〈https://lis.ly.gov.tw/lgcgi/lgmeetimage?cfc7cfcbcec7c8cdc5cec6c8d2cdcfcd〉、立法院「立法院議案関係文書　院総第一三七四号　委員提案第一八九〇七号」二〇一六年四月一三日〈https://ws.mac.gov.tw/001/Upload/OldFile/public/data/68211223171.pdf〉。

（38）「外交連席審査両岸条例？李大維：両岸関係不是外交関係」『自由時報』二〇一七年三月二二日〈https://news.ltn.com.tw/news/politics/breakingnews/2012368〉。

（39）「両岸関係怎定義？張小月：就是両岸関係！」『自由時報』二〇一七年三月二三日〈https://news.ltn.com.tw/news/politics/breakingnews/2013570〉。

（40）范世平「従王毅的『憲法説』与台湾無法參加ＩＣＡＯ看中共対台政策的転変」『展望与探索』第一五巻八期（二〇一七年八月）、一〇一～一〇四頁〈https://www.mjib.gov.tw/FileUploads/eBooks/e59cdd9293cf46b4b7cb52fe4f9e1b98/Section_file/622b8447a0bd4726a39286b9f9eab63c.pdf〉。

（41）「談両岸　王毅盼蔡英文接受憲法同属一中」『自由時報』二〇一六年二月二六日〈https://news.ltn.com.tw/news/politics/paper/962012〉。

（42） 国務院台湾事務弁公室「国台弁：打撃電信詐騙受到両岸民衆支持」二〇一六年六月二五日〈http://www.gwytb.gov.cn/wyly/201606/t20160625_11491242.htm〉。
（43） 「首曝川蔡通話内幕！葉望輝：蔡政府被川普嚇死了！」『自由時報』二〇一八年八月二七日〈https://news.ltn.com.tw/news/politics/breakingnews/2532110〉。
（44） 同前。
（45） 「雲峰飛弾」の存在は公表されていないが、同じく極秘であった「麒麟専案」（低軌道衛星用打上ロケット開発）の存在が公になった。「中科院極機密運載火箭『麒麟専案』外洩！軍官将資料遺忘在 YouBike 籃子」上報、二〇一九年二月二六日〈https://www.upmedia.mg/news_info.php?SerialNo=58287〉。
（46） F‐16Vは近代化される既存のF‐16A／Bブロック二〇と別に、六六機が追加供与される。
（47） U.S. Department of Defense, *Indo-Pacific Strategy Report: Preparedness, Partnership and Promoting a Networked Region* (June 1, 2019), p. 30〈https://media.defense.gov/2019/Jul/01/2002152311/-1/-1/1/DEPARTMENT-OF-DEFENSE-INDO-PACIFIC-STRATEGY-REPORT-2019.PDF〉.
（48） Statement of Admiral Philip S. Davidson, U.S. Navy Commander, U.S. Indo-Pacific Command and before the Senate Armed Services Committee on U.S. Indo-Pacific Command Posture, February 12, 2019〈https://www.armed-services.senate.gov/imo/media/doc/Davidson_02-12-19.pdf〉.
（49） 中央社「中梵外長会晤未提一中　開啓両岸双重承認可能性」自由時報ウェブサイト〈https://news.ltn.com.tw/news/politics/breakingnews/3069521〉。
（50） 「韓国瑜稱二〇二〇攸関中華民国存亡　蔡英文嗆：説説而已！国民党有立刻声援香港争民主嗎？」風伝媒、二〇一九年七月二八日〈https://www.storm.mg/article/1532020〉。
（51） 「邦交国只剰二〇個　呂秀蓮：台湾有亡国危機」『自由時報』二〇一七年六月三〇日〈https://news.ltn.com.tw/news/politics/breakingnews/2098423〉。
（52） 「王在希：習総書記講話囲繞一個核心」中国評論新聞網、二〇一九年二月二六日〈http://hk.crntt.com/

doc/1053/4/4/8/105344870.html〉。

(53) 王英津「〝両制〟台湾方案須解決四大難題」中国評論新聞網、二〇一九年三月一日〈http://hk.crntt.com/doc/1053/4/9/5/105349591.html〉。

(54) 王英津「論複合式一国両制台湾模式」中国評論新聞網、二〇一八年六月二七日〈http://hk.crntt.com/doc/1051/1/4/2/105114218_5.html〉。

(55) 中華民国国防部『一〇四年国防報告』(二〇一五年)、五七頁。

(56) 柳金財「『中華民国』将被去主権化?——評王英津探索『両制台湾方案』的偏限性」六都春秋、二〇一九年三月六日〈https://ladopost.com/newsDetail5.php?ntId=37&nId=2020〉。

(57) John J. Mearsheimer, "Say Goodbye to Taiwan," *The National Interest*, February 25, 2014 〈https://nationalinterest.org/article/say-goodbye-taiwan-9931〉.

(58) アメリカは二〇二〇年七月に、ＷＨＯ事務局に対して脱退を通告した。ただし、脱退通告が効力を発揮するのは一年後の二〇二一年七月であり、二〇二〇年一一月のアメリカ大統領選の結果しだいでは撤回される可能性もある。

(59) 保健福祉長官の大統領継承順位は一二位、二〇〇〇年に訪台したロドニー・スレイター運輸長官は一四位であった。二〇一四年に訪台したジーナ・マッカーシー環境保護庁長官には継承資格がない。

第6章　転換期にある「一帯一路」構想と経済外交

日中経済関係の新展開は可能か

大西　康雄

はじめに

習近平政権の外交については、近年の軍備増強をともなう拡張主義や強硬な対応ぶりが批判的に取り上げられることが多い。このため経済援助についても外交目的を実現する手段（経済外交）としての側面に焦点があてられる傾向が強く、冷静な議論がやや難しくなっている。そして習近平政権の「金看板」ともいうべき、「一帯一路」構想もその例外ではないといえる。

「一帯一路」構想は、中国・欧州間の陸路の「シルクロード経済ベルト（一帯）」と中国沿岸部から東南アジア、中東を経由して欧州に至る海路の「二一世紀海上シルクロード（一路）」で構成される。その政策的意図についていえば、これらの地域に対する経済的影響力を強め、中国のプレゼンス拡大を図ることにあると考えられる（本書の序章を参照）。

さらに、「一帯一路」構想については、中国がこのように拡大したプレゼンスを用いて、地政学上の地位を強化するとともに、新たな国際ルールの制定者となろうとしている、といった見方がある[1]。また、習近平政権が「大国外交、周辺外交」という従来からある中国外交の枠組みを見直しており、そこでアメリカの位置づけ、日本の位置づけが変化したことが「一帯一路」構想にも影響を及ぼしている、といった見方もある[2]。これらの議論は、同構想に関する比較的早い時点のものであり、国際政治学の視点に立った分析は多くの有意義な論点を含んでいる。だが、これらの議論や他の先行研究においては、同構想の経済的側面への分析が不足しているのも事実である[3]。また、経済的側面を取り上げた議論も、同構想そのものというよりは、中国の対外投資・貿易や対外経済援助政策を主題としたものが多い[4]。

そこで本章では、「一帯一路」構想の狙いが外交目的にあるだけでなく、沿海部と内陸部との格差など国内問題への対処を含むことや、中国共産党第一九回全国代表大会（一九回党大会）で、習近平政権が大目標として掲げた「新時代」実現の要請に応えようとするものであることに注目し、議論を進める[5]。また、提起されて七年近くが経過するなかで、「一帯一路」構想は中国経済の構造変化や、米中摩擦に代表される外部情勢の大きな変化、さらに新型コロナウイルス感染症（COVID-19）の世界的拡大によって転換を余儀なくされており、その具体的な内容についてもみていきたい。

一　「一帯一路」構想の位置づけの変遷

「一帯一路」構想が提起されておよそ七年が経過した。当初はトップダウンで提起されたこともあり、

表6－1　第1回「一帯一路」国際協力サミットフォーラムでの合意リスト

「一帯一路」協力覚書
モンゴル，パキスタン，ネパール，クロアチア，モンテネグロ，ボスニア・ヘルツェゴビナ，アルバニア，東ティモール，シンガポール，ミャンマー，マレーシア
経済貿易協力取り決め
パキスタン，ヴェトナム，カンボジア，ラオス，フィリピン，インドネシア，ウズベキスタン，ベラルーシ，モンゴル，ケニア，エチオピア，フィジー，バングラデシュ，スリランカ，ミャンマー，モルディブ，アゼルバイジャン，ジョージア，アルメニア，アフガニスタン，アルバニア，イラク，パレスチナ，レバノン，ボスニア・ヘルツェゴビナ，モンテネグロ，シリア，タジキスタン，ネパール，セルビア
その他
〈中国鉄路総局の協力取り決め〉：ベラルーシ，ドイツ，カザフスタン，モンゴル，ポーランド，ロシア 〈ジャカルタ・バンドン高速鉄道〉：インドネシア 〈港湾，電力，工業園区等のインフラ融資取り決め〉：スリランカ，パキスタン，ラオス，エジプト

出所：「"一帯一路" 国際合作高峰論壇成果清単」新華社，2017年5月16日〈http://ydyl.people.com.cn/n1/2017/0516/c411837-29277122.html〉ほか，同フォーラムに関する報道より筆者作成。

具体的な政策配置も示されていなかったものの、現時点では、さまざまな施策から構成されていることが明らかになってきている[6]。本節では、同構想が中国の対外政策のなかでどのような位置づけをされてきたのかについて、第一回「一帯一路」国際協力サミットフォーラムが北京で開催された二〇一七年以降を中心に整理してみたい。

（1）「一帯一路」の本格的始動

二〇一七年五月に開催された第一回「一帯一路」国際協力サミットフォーラムは、「一帯一路」構想に関する初めての国際会議であり、二〇一三年秋にこの構想が提起されて以来の成果や経験が総括された。二九カ国の国家元首・政府首脳を含む、一三〇カ国・機関代表が参加した大型会議において、議論がなされ採択された内容の要点は、つぎのようなものであった。す

表6－2 「ビジョンと行動」における重点協力分野と協力メカニズム

重点協力分野	
①政策の調整 ②インフラの接続（交通，エネルギー，光ファイバーケーブル） ③貿易手続きの利便化 ④情報交換の強化 ⑤貿易分野の開拓 ⑥投資の利便化 ⑦新興産業分野での協力 ⑧産業チェーンの合理化 ⑨対象国企業の対中投資，中国企業の対象国投資の奨励	⑩資金協力 ⑪金融監督・管理の協力 ⑫国民レベルの相互理解促進 ⑬相互の留学生規模拡大 ⑭観光協力 ⑮伝染病情報の共有 ⑯科学技術協力の強化 ⑰若年層の就業・起業支援 ⑱交流における政党・議会の役割強化 ⑲民間組織の交流協力の強化
協力メカニズム	
①二国間協力 ②多国間協力：上海協力機構（SCO），中国・ASEAN「10＋1」，アジア太平洋経済協力（APEC），アジア欧州会合（ASEM），アジア協力対話（ACD），アジア相互協力信頼醸成会議（CICA），大メコン圏（GMS）・サブリージョン経済協力，中国アジア地域経済協力（CAREC）など	

出所：中華人民共和国国家発展改革委・外交部・商務部『推動共建絲綢経済帯和21世紀海上絲綢之路的願景与行動』中共中央文献研究室編『十八大以来重要文献選編（中）』（北京：中央文献出版社，2016年），442–455頁より筆者作成。

なわち、①政策・インフラ・貿易・資金・民間交流の五大分野で協力を強めることで一致し、実際に二七〇あまりのプロジェクトが合意されたこと、②新しい資金供給ルートとして、アジアインフラ開発投資銀行（AIIB）やシルクロード基金などの活用が約束されたこと、③同フォーラムの二年ごとの開催で合意したこと、である。表6－1に同フォーラムでの覚書とプロジェクトの内容について整理して示した。

①と②の内容は、「一帯一路」構想に関して初めて取りまとめられ、二〇一五年三月に公表された政策文書「シルクロード経済ベルトと二一世紀海上シルクロードの共同建設を推進するビジョンと行動」（国家発展改革委・外交部・商務部の共同発表。以下、「ビジョンと行動」と略）[7]を受け継ぎ、発展させたものとなっている。

「ビジョンと行動」は、「一帯一路」構想の原則として「平和共存五原則」（領土・主権の相互尊重、相互不可侵、相互内政不干渉、平和共存、平等互恵）を掲げ、具体的な協力分野として「政治の相互信頼、経済の融合、文化の包摂」を実現する利益共同体・運命共同体・責任共同体の構築を呼びかけている。そして、その実現のための協力メカニズムとしては、中国が加入している既存の多国間枠組みである上海協力機構（ＳＣＯ）や、中国・ＡＳＥＡＮ「10＋1」、アジア太平洋経済協力（ＡＰＥＣ）、アジア欧州会合（ＡＳＥＭ）、アジア協力対話（ＡＣＤ）、アジア相互協力信頼醸成措置会議（ＣＩＣＡ）と個別の二国間枠組みをあげている。表６－２に「ビジョンと行動」における重点協力分野と協力メカニズムを整理して示した。国際協力サミットフォーラムは、これらに追加された新たな多国間枠組みととらえることができる。

（2）習近平政権の「新時代」と「一帯一路」

二〇一七年一〇月の一九回党大会は、習近平総書記[8]が主導して開催した初の全国代表大会である。この重要な場で習総書記は、基調報告「小康社会の全面完成の決戦を進め、新しい時代の中国の特色ある社会主義の偉大な勝利を勝ち取る」[9]（以下、「習報告」とする）を行なった。採択された新しい党規約では、「習近平の新時代の中国の特色ある社会主義思想」が全党の新たな指導思想に指定されるとともに、「一帯一路」構想の推進が盛り込まれた。これにより同構想は中国共産党の長期的目標であることが明示されたわけで、その政治的重要性は格段に大きくなったといえる。また、あらゆる分野において「新時代」が掲げられ、それぞれの具体的施策が制定されていくことになった。

習報告で経済政策に正面から言及した部分は、全一三節中の第五節「新たな発展理念を貫き、近代化経済体系を構築する」である。この第五節では、「我が国の経済は、すでに高速成長の段階から質の高い発展をめざす段階へと切り替わって」いるとの基本認識を示したうえで、六つの重点分野を列挙している。それを表6－3に整理した。

ここで注目しておくべきと思われるのは、以下の点である。

まず、それまで経済政策全体の重点とされてきたサプライサイド構造改革[10]の内容が、新産業の創出を通じた「製造強国づくり」へと重点が移行していることである。列挙されている新産業は、昨今「ニューエコノミー」と呼ばれている産業群となっており、包括的産業政策文書「中国製造二〇二五」（二〇一五年五月公表）[11]の内容を継承している。

政策重点が移行した背景には、習政権が急速に進む中国経済の構造転換を認識したことがあると思われる。構造転換の要点は、①成長を支える需要要因が資本形成（投資）から最終消費にとって代わられ、輸出はむしろ成長の足を引っ張る存在となったこと、②産業別にみると第三次産業が成長を支える産業となったこと、③人口の都市集中が進み、しかも都市住民が急速に豊かになったこと、などである。これらの変化が相まって、現在の中国経済は消費（なかでも都市部の消費）がけん引し、第三次産業（とりわけニューエコノミー）が多数の雇用を吸収しながら成長を続けている[12]。

つぎに重要なのは、イノベーション駆動による経済成長を強調し、ニューエコノミー産業群創出の基礎として研究開発への注力を求めていることである。「科学技術強国」など「強国」というフレーズが多用され、多くの分野で中国が世界をリードする立場に立とうとする意思が示されていることも注目さ

表6－3　19回党大会　経済思想のポイント（重点分野とその内容）

(1) サプライサイド構造改革
①製造強国づくり： ・インターネット，ビッグデータ，人工知能と実体経済の融合 ・ミドル・ハイエンド消費，イノベーションによる牽引 ・グリーン・低炭素，シェアリングエコノミー，現代サプライチェーン，人的資本サービス分野で新たな成長ポイント育成 ・在来産業の最適化・高度化，現代サービス業発展 ②過剰生産力・過剰在庫・過剰債務解消，コスト低減，脆弱部分補強 ③企業家精神の喚起・保護
(2) 革新型国家建設の加速
・基礎研究・オリジナル成果でのブレークスルー ・科学技術強国，品質強国，宇宙開発強国，インターネット強国，交通強国，デジタル中国，スマート社会 ・国家革新体系整備，科学技術体制の改革 ・文化の革新，知的財産権の創出・保護・運用の強化
(3) 農村振興戦略
・土地請負契約を二期目の契約終了後さらに30年延長 ・農民の財産権保障，集団経済の発展 ・第一次・二次・三次産業の融合発展
(4) 地域間の調和発展戦略
・旧革命根拠地，民族地区，辺境地区，貧困地区への支援強化 ・西部大開発の新しい枠組みづくり，旧工業基地の振興 ・北京・天津・河北地区の共同発展。雄安新区の建設 ・長江経済ベルト発展
(5) 社会主義市場経済体制の充実化
・財産権制度の充実と生産要素の市場化に重点 ・国有資産の価値維持・増殖，国有資本の強大化・優良化。国有企業改革深化（混合所有制発展） ・市場参入ネガティブリスト実施，民営企業の発展支援 ・中央・地方財政関係の確立，予算制度確立 ・金融体制改革，システミックリスクを発生させない
(6) 全面的開放の新たな枠組みづくり
・「一帯一路」建設を重点にハイレベルの貿易・投資自由化，円滑化 ・参入前内国民待遇とネガティブリスト管理の全面的実施 ・自由貿易試験区の権限強化，自由貿易港建設模索

出所：習近平「決勝全面建成小康社会 奪取新時代中国特色社会主義偉大勝利——在中国共産党第十九次全国代表大会上的報告」（2017年10月18日）新華網，2017年10月27日〈http://www.xinhuanet.com/201710/27/c_1121867529.htm〉より筆者作成。

れる。

他方、農村振興戦略においては、土地請負契約の再度の三〇年延長、農民の財産権保護という従来政策の維持を明言したうえで、農業近代化の方向性（第二次産業、第三次産業との連携による、いわゆる六次産業化）が示されている。また、地域間の調和的発展戦略としては、西部大開発など従来の地域振興政策実施を再確認したうえで、雄安新区（北京、天津、河北にまたがる経済開発区）、長江経済ベルトの発展を求めていることが目新しい[13]。

社会主義市場経済体制の分野では、「財産権制度の充実と生産要素の市場化」に重点を置くとしており、これは、とくに民間部門に安心感を抱かせることを意図したとみられる。また、国有部門強化を述べた部分では、「国有企業の強化」ではなく「国有資産の価値維持・増殖、国有資本の強大化・優良化」（傍点筆者）とされており、所有と経営の分離という国有企業改革の肝となる点が再提起されている。最後に、対外開放分野では、「一帯一路」構想と自由貿易試験区という二大対外経済政策を軸とした全面的対外開放を打ち出している。これによって、構想と試験区が並んで対外開放の重点とされ、以後の対外開放政策がこの二本立てで進められることが明確となった。

全体を総括すると、まず、「新時代」の発展戦略としては、イノベーションを駆動力とすることやニューエコノミーに依拠することが示されている。次いで、イノベーションを支える技術導入を保障するための対外開放推進が求められており、対外開放実施のプラットフォームとして「一帯一路」構想と自由貿易試験区が重視されていることが見て取れよう。「一帯一路」構想は「新時代」の欠かすことのできない柱のひとつと位置づけられている。

（3）対外経済政策のなかの「一帯一路」

習報告では述べられていないものの、「一帯一路」構想には、本格化している中国企業の対外投資に方向性を与えるとともに内陸地域の対外開放を支援する政策的意図がある。また、自由貿易試験区には、世界的潮流となっている高度な自由貿易協定（ＦＴＡ）に対応して沿海部において対外開放を深化させる政策的意図も含まれている(14)。

対外投資についてみると、第一に、中国の対外投資額（ＯＤＩ）は、毎年の累積額でもフロー額でも世界第二位、第三位のポジションを占めており（二〇一七年）、かつ海外投資受入額（ＦＤＩ）とほぼ拮抗する額となっている。いまや中国は先進国並みの対外投資国であるが、投資内容の高度化はこれからであり、今後、投資先や投資業種について選別を進める必要がある。第二に、「一帯一路」構想の対象国（中国語：「沿線国」(15)）は中国内陸地域との経済貿易関係が深く、構想によってこれら諸国とのハードとソフトのインフラを整備し、貿易・投資制度の開放を進めることは、内陸経済の底上げに貢献すると考えられる。このように、対外経済政策を調整するだけでなく、国内問題に対処する狙いが含まれている点が「一帯一路」構想の特徴である。

また、ＦＴＡについてみると、第一に、環太平洋パートナーシップ協定（ＴＰＰ）はアメリカの離脱でＴＰＰ11という変則的な発足を余儀なくされたものの、世界貿易機関（ＷＴＯ）の機能不全が続くなかで多国間ＦＴＡの必要性は変わっておらず、中国自身が対外投資国となり、高度なＦＴＡを必要としている。さらに、産業のさらなる高度化を図るためには、依然として外国技術とノウハウの導入が必要であり、前提として従来以上の規制緩和が求められている。ＦＴＡネットワーク拡大と科学技術交流推進を掲げる「一帯一路」構想は、この点で自由貿易試験区と呼応した政策であるといえる。

(4)「質の高い発展」という新理念——米中貿易摩擦と「一帯一路」

第一九回党大会後の経済政策論議では「質の高い発展」という新理念が打ち出され、「一帯一路」構想もそのなかに位置づけ直されることになった。まず、年次経済政策の全体方針を議論し決定する、中央経済工作会議における政策論議をみておこう。

大会から二カ月後の二〇一七年一二月に開催された中央経済工作会議は、「新時代」における経済運営方針を示す最初の場となった。具体的には、「経済がすでに高速成長の段階から質の高い発展の段階に転換した」という基本認識に立ちつつ、二〇二〇年までの「小康社会[16]」実現のための「三大難関攻略戦」として、①重大リスクの防止・解消、②精確な脱貧困、③汚染対策があげられている。

ここで注目すべきは、「質の高い発展」である。この新理念は、その後のあらゆる政策論議におけるキーワードとなっていくが、それを保障するために八つの重点政策が示されている。列挙すると、①サプライサイド構造改革の深化、②各種市場主体の活力喚起、③農村振興戦略の実施、④地域の協調発展戦略の実施、⑤全面的な開放の新たな枠組み形成、⑥民生の保護・改善レベルの向上、⑦多様な住宅制度の確立、⑧生態文明建設の推進加速である。

では、⑤に含まれる「一帯一路」構想の「質の高い発展」とは何を指すのであろうか。その実施にあたって、二〇一六年の第一二期全国人民代表大会第四回会議の政府活動報告以降用いられるようになった、「共に協議・共に建設・成果の共有」という考え方を堅持するとされた点に注目したい。従来は投資や建設の事実が先行してきた同構想について、あらためてその理念の強調と理論武装が行なわれ、それを踏まえて質の向上とバージョンアップが強調されるようになったといえる[17]。

二〇一八年に入ると、景気の下振れに加えてアメリカとの貿易摩擦が全面戦争の様相を呈し、経済運営方針が転換され、「一帯一路」構想もそれに対応する必要が生じた。二〇一八年末の中央経済工作会議では、基本的なマクロ政策の方向性について「景気変動と逆方向への調節を強化し、適時に事前調整と微調整を行ない、総需要を安定させなければならない」とされた。サプライサイド改革を撤回したわけではないが、景気の下振れを食い止めることが最優先課題とされ、①積極的財政政策、②穏健な金融政策、③構造政策における改革の深化、④社会政策における「基本生活の最低ライン」の保障と雇用優先、というポリシーミックスが採用された。

そして、翌二〇一九年の重点政策任務として掲げられたのが、①製造業の質の高い発展の推進、②強大な国内市場の形成促進、③農村振興戦略の着実な推進、④地域の協調発展促進、⑤経済体制改革の加速、⑥全方位対外開放の推進、⑦民生の保障・改善の強化である。とくに、①では、米中貿易摩擦に対応しつつも、製造業の高度化を推進することが、②では、米国市場が閉ざされることを意識して国内市場（国内需要）を育成することが求められている。これを受けて、「一帯一路」構想に関わる⑥では、あらためて外資への規制緩和推進などの対外開放拡大策が記されたうえで、「一帯一路」建設における各種リスクの管理、「人類運命共同体」構築推進が記されている。この「リスク管理」という言葉からは、米中貿易摩擦激化のなかで「一帯一路」構想が新しい課題に直面し、反省期に入っていることがうかがえる[18]。また、同構想があらためて「人類運命共同体」の構築と同じ箇所で言及されており、外交政策実行のプラットフォームとしての「一帯一路」構想という位置づけが再確認されている。「一帯一路」構想に対する具体的要求は、翌二〇一九年三月の全国人民代表大会で明らかにされることになった。

(5)「一帯一路」の「共同建設」へ向けて

行政官庁の業務会議である中央経済工作会議に対して、全国人民代表大会は国会に相当し、年度の経済運営方針を承認・決定し、財政措置を行なう権限を有する。直近の同大会における論議と決定をみておこう。二〇一九年三月の第一三期全国人民代表大会第二回会議では、前記した経済工作会議の論議を受けて、「一帯一路」構想については、対外開放全体をより高いレベルに引き上げるなかで(対象国とともに)「共同建設」を進めることとされている。[19]

まず、全体的方針を確認しておきたい。二〇一九年の成長率目標は六・〇~六・五%と事実上引き下げられ、この「中成長」下で経済構造調整を継続することとされた。その一方で、新規雇用目標を一一〇〇万人、調査失業率五・五%前後とすることが明記され、雇用政策がマクロ経済政策の一環に位置づけられた。これは社会的安定を維持しつつ、構造改革を進める方針といえよう。

景気対策としては、従来よくとられてきた公共投資による刺激ではなく、企業の経営環境改善をめざす施策が重視されることになった。まず大幅減税が決定された。また、金融政策分野の目標とGDP名目成長率との整合を図っており、その政策運用も柔軟化されている。

今後の発展を保障する要因としてイノベーションを強調していることは変わらない。アメリカへの配慮からか「中国製造二〇二五」の言葉はないものの、ビッグデータやAI開発の開発応用、次世代情報技術、ハイエンドマザーマシン、バイオ製薬、新エネルギー自動車、新素材などの新興産業集積を形成することを求めている。また、構造改革の重点をなす市場化改革については、市場主体の活力を引き出すことを第一義として、民営企業の市場参入ネガティブリスト項目のさらなる削減、政府による直接的関与の削減と市場への移管、などが列挙されている。

「一帯一路」構想については、「共に協議・共に建設・成果の共有」の考え方を堅持することが再度確認され、一帯一路の「共同建設」が謳われた。具体的には、経済が六％台という中程度の成長となり、対外投資の伸びも減速するなかで、「質の高い」すなわちより効率的な協力分野、協力方式が求められている。有望視されている分野は、「政府活動報告」にあるとおり、①インフラの連結、②生産能力協力、③第三国市場協力である。

このうち①は「共同建設」を掲げる以上、引き続き重視される。②は、中国企業の対外投資モデルの模索を意味し、中国国内で立ち行かなくなった企業の海外移転などを通じた産業構造の高度化につながる。③は、外国の政府・企業とのあいだで構想の新しい協力スキームを模索することを意味する。全体として、構想への国際的な批判を意識しつつ、新たな協力分野・形態を模索しようとする動きとしてとらえることができる。この点については次節で詳述する。

また、米中貿易摩擦が対外開放全体に色濃く影を落としている。全人代の議論でも、アメリカの自国優先の主張に対置して、グローバリゼーションや自由貿易の擁護、WTO改革、ハイレベルのFTAネットワーク構築の必要性が強調されていることが注目される。

二　転換を迫られる中国の経済外交

二〇一八年からはじまった米中貿易摩擦は、両国による関税引き上げ合戦から将来の技術覇権をめぐる角逐、さらには米中双方の安全保障戦略上の対立の明確化へとレベルアップしてきた。そのなかで、アメリカは「一帯一路」構想への反対を表明しており、中国は同構想、さらには経済外交の調整、転換を余儀なくされているようにもみえる。

(1)「米中新冷戦」と「一帯一路」の転換

アメリカと中国の貿易摩擦は、二〇一八年三月にアメリカが米通商拡大法二三二条にもとづく鉄鋼・アルミニウムの輸入制限を通告したことで開始された。翌月には、アメリカ通商代表部（ＵＳＴＲ）が中国による知財権侵害を理由として通商三〇一条にもとづく対中輸入品追加関税賦課リスト（一三〇〇品目、最大で六〇〇億ドル相当）を公表したため、中国側も対抗措置を打ち出し、それ以降は双方の関税追加合戦となった。しかし、その後の事態の推移のなかで、この摩擦の本質は貿易不均衡の是正といった経済的利益の争奪にとどまらず、米中両国の安全保障戦略上の対立に及んでいるとの見方が広まりつつある。

とくに二〇一八年一〇月のマイク・ペンス米副大統領のハドソン研究所での演説[20]において、米国政府指導部の中国に対する強い警戒感が表明されたことが、こうした見方の根拠となっている（本書の第1章を参照）。この演説では中国のハイテク戦略と並んで「一帯一路」構想も批判され、同構想が中国の拡張主義的外交の手段であるとされている。さらに、同年一一月のAPEC関連会合においてペンスは、「一帯一路」構想に対抗して、日本やインド、オーストラリアと連携して「自由で開かれたインド太平洋戦略」を推進することを強調し、従来は資金提供との連動性がなかった同戦略に則って六〇〇億ドル（日本も加えると七〇〇億ドル）を提供する用意がある、と演説している。この一連の演説を契機として、「米中新冷戦」が開始されたとする言説が一定の根拠を持つことになったといえよう。

（2）アメリカと中国の援助理念および方針

ところで、ペンス演説の中国に対する非難の背景には、両国の対外援助政策の理念の相違が存在することをみておく必要がある。先行研究[21]を参照しながら、表6－4に筆者の観察をまとめて示した。

主たる相違は、①アメリカが対外貿易・投資の自由化（規制緩和）によって広域での経済成長実現をめざすのに対して、中国は広域の開発計画による経済成長をめざしていること、②援助対象国として、アメリカが貧困・低所得国を重視するのに対して、中国はさらに中進国も対象としていること、③援助政策の推進において、アメリカが民間経済活動の促進を図るのに対して、中国は政府主導で推進を図っていること、④援助プロジェクトの組成において、アメリカが被援助国と共同で行なうのに対して、中国は自らが主導して提案していること、⑤資金供与の方式では、アメリカが国際機関経由の供与を主とするのに対して、中国は二国間での供与を重視していること、⑥アメリカの援助政策には国内への配慮

表6－4　「一帯一路」構想とアメリカの対外援助政策の比較

項　目	「一帯一路」構想	アメリカの援助政策
基本的考え方	広域開発計画による経済成長	対外貿易・投資の自由化による経済成長
重視するルート	陸上	海上
対象国	中進国も対象	貧困・低所得国
推進方式	政府主導	民間経済活動の促進
プロジェクトの組成	中国主導で提案	被援助国と共同で組成
資金供与方式	二国間を重視	国際機関経由を重視
国内配慮	内陸地域への配慮強い	なし

出所：筆者作成。

はみられないのに対して、中国では国内後進地域（内陸地域）への配慮がみられること、などである。

こうした相違点は、欧米の対外援助政策との比較においても共通する。このうちの②や⑤は、決定・実行プロセスの迅速さと相まって、「一帯一路」構想が広範な発展途上国から支持される要因となっている。他方で、④は、援助プロジェクト実行後に引き起こされる問題や、債務返済困難をもたらす一因であり、欧米諸国が「一帯一路」構想を批判する際の論拠になっている。また、プロジェクトを実行する主体として、中国企業がタイドで指名されることが多い点なども問題視されている。「一帯一路」構想の実態に対しては毀誉褒貶が相半ばするというのが現状であろう。

（3）「一帯一路」に対する独自の見直し

もうひとつ指摘しておくべきは、米中貿易摩擦とは別に、中国が独自に「一帯一路」構想の見直しを行なっていたことである。これに関する国内会議として二〇一八年八月に「一帯一路建設任務五周年座談会」が開催され、その総括演説において習国家主席は、①「一帯一路」は「中国クラブ」ではなく、開かれたプラットフォームであると指摘するとともに、②援助受け入れ国の住民向け民生プロジェクトの必要性、③中国企業が進出先国の法を順守すべきこと、④環境保護や社会的責任を守ること、などを求めている[22]。

また、これに関する国際会議としては、二〇一八年九月に「中国アフリカ協力フォーラム」(FOCAC)が開催され、中国の対アフリカ協力原則として「八大行動」(産業促進、インフラの相互接続、貿易円滑化、グリーン発展、能力開発、健康・衛生、人的・文化的交流、平和・安全保障)を公表した。くわえて、国際的に疑念表明が絶えない資金援助の内容について、二〇一九~二一年に提供する六〇〇億ドルは、①無償援助・無利息借款・優遇借款一五〇億ドル、②貸付限度額設定二〇〇億ドル、③中国アフリカ開発性金融特別基金支援一〇〇億ドル、④対アフリカ輸入貿易融資特別基金支援五〇億ドル、⑤中国企業の直接投資一〇〇億ドルから構成されることを説明している[23]。

こうした自主的な動きはあったものの、対米摩擦の激化が「一帯一路」構想の見直しを加速したことは間違いないだろう。二〇一九年四月に開催された第二回「一帯一路」国際協力ハイレベルフォーラムにおける総括演説で、習国家主席は、①「一帯一路」が排他的枠組みでないことを再度強調し、②国際ルールを遵守したプロジェクト建設、ビジネスと財政の持続可能性を確保すること、③シルクロード基金などによる資金供給を継続し、国際金融機関・各国金融機関との第三国協力を推進すること、を約束している。また、米中摩擦激化を反映して、④貿易・投資における保護主義に反対すること、⑤各国との科学技術交流・人的交流を促進すること、⑥中国の企業・留学生・学者への平等な処遇を希望すること、などに言及している[24]。⑥の内容は、米中間で特定企業(華為など)が攻撃され、留学生・学者へのビザ発給が制限されていることを意識したものといえる。

（4）「一帯一路」と「人類運命共同体」

「一帯一路」構想の基本的な理念については、第一節で触れた「ビジョンと行動」や二度の国際協力ハイレベルフォーラムで示されてきているが、中国の途上国への外交方針全体を統括する理念は「人類運命共同体」（A community with a shared future for mankind）[25]である。今後の「一帯一路」構想の行方を展望する重要なファクターとして、両者の関係に焦点をあてて整理しておく必要があるだろう。

「一帯一路」構想と「人類運命共同体」は、早くから関連づけて提起されていた。習近平国家主席が「二一世紀海上シルクロード」を提唱した二〇一三年一〇月のインドネシア国会演説において、早くも「中国・ＡＳＥＡＮ運命共同体」の建設が表明されている。その後、二〇一五年一二月の中国・アフリカ協力フォーラムサミットで発表された「アフリカ政策文書」、二〇一六年一一月に習国家主席の南米歴訪終了に合わせて発表された「ラテンアメリカ・カリブ政策文書」においても、それぞれの地域との「運命共同体」構築が提唱されている。

二〇一七年五月の第一回「一帯一路」国際協力サミットフォーラムは、右の諸地域に対する政策の総仕上げとも位置づけられる。習国家主席はその総括演説において、同フォーラムの開催が、「各国が『一帯一路』建設を協力して推進し、手を携えて人類運命共同体を構築するという積極的なシグナルを発した」と主張した。さらに、二〇一八年七月の中国・アラブ協力フォーラム（北京）においても、同構想をテコにして「中国・アラブ運命共同体」構築を進める考えを示している。また、同月のＢＲＩＣＳ（ブラジル、ロシア、インド、中国、南アフリカ）首脳会議（ヨハネスブルク）での講演では、ＢＲＩＣＳ諸国が「新型の国際関係」と「人類運命共同体」構築で建設的な役割を果たすべきだ、と強調し

ている。(26)

このように、「人類運命共同体」は、「一帯一路」構想の背景をなす外交的理念となっている。だが、その具体的内容は必ずしも明示されているとはいえない。習国家主席をはじめとする中国の指導者の発言を総合的に解釈すると、①自国の利益とともに他国の利益にも配慮すること、②各国の相互依存関係を重視すること、③持続可能な発展を重視すること、などの概念を含み、「協力とウィン・ウィン」がキーワードとなっている。ここには政治、安全、経済、文化、生態環境の五分野を含むとされており、字義どおりに理解すれば、誰も意義を唱えることができない理念のようにみえる。ただし、これを根拠に「一帯一路」構想やその関連プロジェクトと中国の外交的意図が結びつけられて解釈されることは、必ずしも良い効果を生むわけではない。同構想に関して行なわれている、「債務の罠」批判に代表されるような国際世論の反発が、「人類運命共同体」理念そのものに向けられる可能性があることに注意が必要であろう。

（5）経済外交の国際基準への接近

中国が、「一帯一路」構想の抱える問題点の解決や国際的批判に対して独自の対応を模索してきたことは、右に記したとおりである。この動きのなかで注目されるのは、同構想や中国の経済外交がしだいに国際基準に接近していることだ。

たとえば、第二回「一帯一路」国際協力サミットフォーラム後のG20大阪サミット（二〇一九年六月）で、インフラ建設における「質の高いインフラ建設原則」が採択され、中国もこれに署名している。

この原則には、①持続可能な発展のためにインフラの正のインパクトを最大化すること、②ライフサイクルコストを考慮し経済性を向上すること、③環境への配慮、④自然災害その他のリスクに対する強靭性の構築、⑤社会への配慮、⑥ガバナンスの強化（公平性、透明性の確保）、などが含まれている。[27]

また、中国・中東欧諸国間の多国間枠組みである「16＋1」においても、中国は、第一に、運輸、貿易・投資、関税、インフラに関する交渉をEU・中国協議メカニズムを基礎に行なうことを認め、第二に、従来は中国輸出入銀行が個別プロジェクトに対して直接融資していたのを中東欧の政策銀行に供与するかたちに改めている。[28]

両者ともアメリカが関与しない多国間枠組みでの動きであり、中国が譲歩しやすい分野であったとの見方もある。しかし、視点を変えると、中国が国際的影響力を向上しようとすれば、既存の国際基準を考慮せざるをえなくなっていることを示しているともいえる。ただし、中国がことあるごとに強調する、「人類運命共同体」という外交理念が国際基準と上手く折り合っていけるのか否かについては、まだ見通せないところがある。これが曖昧さを払拭してより明確な理念となっていくのか否かに、今後も注目しておく必要がある。

三　日中経済協力の展望

これまでみてきたように、「一帯一路」構想は、内外情勢の変化に直面して転換を余儀なくされている。同構想のカバーする地域や分野が広範であることから、その新たなあり方が形になるまでには多くの模索が積み上げられていく必要があるだろう。本節では、その模索のひとつのケーススタディとして、「一帯一路」構想に関わる日中協力の現状を整理しておきたい。

(1) 変化した日本政府のスタンス

日本政府の「一帯一路」構想に対するスタンスは、当初、消極的なものであった。日中関係が冷え込んでいたことに加え、安倍首相が主唱してきた「自由で開かれたインド太平洋戦略」との調整に苦慮していたという事情があった、と推察される[29]。しかし、二〇一七年一一月に安倍首相と習国家主席がヴェトナムで会談した際に、習主席から「一帯一路」の枠組みでの協力の早期実行を求められた安倍首相は、「一帯一路」の枠組みでの協力を積極的に検討していきたいと応え、潮目が変化する。

そして、二〇一七年一二月の日中経済協会の会議の場で、日本政府として「第三国において日中民間経済協力が進むことについては支援していく」との、政策転換の表明がなされた。ここに「一帯一路」という言葉は直接的には出てこないが、その意図するところは、同構想で中国がさまざまなプロジェクトを進めるときに、民間の経済協力であれば日本も協力できるとの方針である。

二〇一八年五月には、李克強首相が来日した。中国首相の公式訪問は二〇〇七年五月の温家宝首相以来七年ぶりのことであり、両国関係の改善はさらに一歩進んだ。李首相が「『一帯一路』協力を検討し、第三国市場を共同開拓するべきだ」と述べたのに対して、安倍首相も同意し、第三国市場協力についての検討に入ることを確認した。この際、「第三国における日中民間経済協力に関する覚書」が結ばれ、

「第三国における民間経済協力案件を念頭に、日中の民間企業間の交流を一層推進するため、幅広い企業の経営者や関係閣僚等の出席する『日中第三国市場協力フォーラム』を設立・運営することで一致した」[30]。

そして、同年一〇月に訪中した安倍首相は、習国家主席との首脳会談において「援助から協力へ」という言葉を用いて、対等で協力し合う両国関係の構築を呼びかけ、習国家主席も「正常な軌道に戻った中日関係が新たな発展をとげるようにしなければならない」と発言した[31]。後述するように、こうした両国の基本認識を具現化する枠組みとして、「第三国市場協力」が確認された意義は大きいといえる。

(2) 模索が続く企業レベルの協力

一方、企業レベルでは、政府レベルに先行して日中企業による第三国市場協力の模索が行なわれていた。この背景には、両国企業の投資が集積している東アジア地域におけるサプライチェーン再編の動きがある。この動きを具体的にみると、第一に、中国における賃金上昇、労働力不足および環境規制強化に対応して、多数の在中国外資系企業、中国企業の東南アジア移転が進んでいる。第二に、東南アジアの市場としての魅力に惹かれて中国企業が投資を本格化させている。そして第三には、最近の米中貿易摩擦の激化により、在中国外資系企業、中国企業が海外移転を進めている。

この第二の動きについては、中国企業の東南アジア進出が目立っている。一例をあげると、中国の携帯電話メーカーOPPOはアジア市場全体への進出を進めており、なかでもインドネシアに大規模な工場を有している。そして、同工場の生産拡大にともない、日系サプライヤーが現地での工場建設を計画しているという。

また、第三の動きについては、やはり中国企業の動きが目立つ。日本貿易振興機構（ジェトロ）によると、中国の対ヴェトナム投資は二〇一八年以降急増し、二〇一九年上半期には首位に躍り出ている。[32]筆者は二〇一九年八月にヴェトナムを現地調査したが、現地デベロッパーが開発した工業団地に多数の中国企業が投資を決めている事実を確認できた。こうした中国企業の動きの背景にあるのは、やはり米中貿易摩擦の激化である。つまり、アメリカによる追加関税や貿易禁止措置に対応するための進出先を、ヴェトナムに求めたとみられる。

サプライチェーン以外での日中両国企業のもうひとつの協力分野はインフラである。とくに工業団地と発電所事業をめぐって、東南アジアにおける協力の事例が続々と出はじめている。工業団地の例では、インドネシアにおいて、日本の商社の双日が建設している大型開発プロジェクト「グリーンランド」内に、中国版工業団地「中国インドネシア域外経済貿易合作区」が設立されている。同合作区のホームページには、入居のメリットとして現地日系企業のサプライチェーンに参加できることが宣伝されている。逆に、中国の工業団地に日本企業が入居している龍江域外経済貿易合作区（ヴェトナム）の例もある。

また、発電所事業の例では、ヴェトナムにおいて三つの発電所プロジェクトを日中企業が共同受注している。いずれも中国企業が建設を、日本企業が発電プラントを受け持つという形式である。今後、東南アジアへの産業移転が進むとすれば、発電所以外にも水道、道路などのインフラに対する需要が高まり、日中企業が協力するという第三国協力のビジネスチャンスが生まれる可能性がある。[33]

（3）第三国市場協力の課題と今後

つぎに、第三国市場協力の今後について展望してみよう。日中両国政府が第三国市場協力の枠組みでの協力に合意するにいたった経緯についてはすでに述べたが、両国政府があげるその参考例はつぎのようなものである。まず、日本の経済産業省は、①日中企業が共同で第三国での案件を受注・運営、②日中企業の受注案件への双方企業によるＥＰＣ[34]・機器供給、③日中合弁企業による中国国内事業の第三国市場展開、④中国・第三国をつなぐ輸送・サービスネットワーク網の活用、などを例示している[35]。

また、中国の国家発展改革委員会は、①製品・サービスにおける協力、②エンジニアリングにおける協力、③投資における協力、④産業と金融の結合、⑤戦略的な協力、この五つをあげている[36]。

実際のケースとしては、二〇一八年一〇月、安倍首相が訪中した際に北京で開催された、第一回日中第三国市場協力フォーラムにおいて、日本企業・中国企業間を中心に交わされた五二件の覚書、協議書をあげることができる。これらは、「日中第三国市場協力」という枠組みを明示した成果として画期的といえる。ただし、その後の動きをみると、課題も明らかとなっている。

すでにみたように、日中両国企業の具体的な協力では、①サプライチェーン再編における協力、②インフラ建設とそのコネクティビティ強化における協力、この二つが有力分野である。たしかに当該分野では、日本企業の高い技術やノウハウと中国企業の資金力や建設能力を組み合わせることは、理想的とみられる。問題になるのは、それぞれのプロセスでトラブルが発生した場合の対応である。一般に日本企業は、プロジェクトのスタート時点で交わした契約を重視するが、中国企業は必ずしもそうではないとされる。今後、両国企業の協力案件が増加していくためには、契約遵守というビジネスのイロハの確認からはじめなければならないと考えられる。

なお、これら以外にも、③第三国における各種の権益に対する共同投資、④日本によるプロジェクトファイナンスの提供、⑤インフラ建設現場や製造拠点とのあいだの貿易といった多様な形態を想定することができる。第三国市場協力の展開は今後とも注視していく必要があるだろう[37]。

おわりに

これまで述べてきたように、「一帯一路」構想をとりまく環境には大きな変化が生じている。第一には、米中間の摩擦が拡大・長期化する様相をみせていることである。アメリカは、貿易収支改善のみでなく、知財保護分野における制度構築を要求しており、また、技術分野での覇権を中国と争う姿勢を鮮明にしている[38]。こうしたアメリカの対応は、中国企業の海外進出を促し経済構造高度化をもたらす効果があるが、当面は企業と経済全体にとって大きな負担増である。また、技術覇権の問題は、「デジタル・シルクロード[39]」を掲げる「一帯一路」構想の展開を阻むことになりかねない。

第二には、二〇二〇年の年明けから顕在化した新型コロナウイルス感染症の流行が、中国経済のみならず世界経済に大きな負の影響を与えていることである。中国発の新型コロナウイルス感染症が短時間で欧州、アフリカまで席捲したことは、はからずもグローバリゼーション下で展開された「一帯一路」構想によって、ヒトとモノの交流が加速されていた現実を見せつけた。

今後に予想されることは、まず、二〇二〇年における中国経済と世界経済全体の落ち込みは避けられないということだ。また、製造拠点としての中国の価値が見直しを迫られるだけでなく、東アジアにおけるサプライチェーン再編の進展が大きな影響を受ける可能性がある。中国を軸として世界展開されてきたサプライチェーンが長期にわたり麻痺した教訓は深刻であり、チェーンの一部が中国から移転する事態も想定される。新型コロナウイルス感染症の影響の程度は、二〇〇二〜〇三年のSARS（重症急性呼吸器症候群）流行時を上回り、大恐慌以来のものになるとの予測もなされている。

第三には、右に述べた二つの要因が日中協力にも大きな影響を与え、両国のウィン・ウィン関係を保つことが難しくなる可能性がある。まず、米中摩擦により中国企業の生産が落ち込むと、それに関連した中間財を提供する日本企業も生産減を余儀なくされる。また、米中間の第一段階合意内容として、中国は二〇二一年末までに七七七億ドルにのぼる対米工業製品輸入を行なうことになっており、その分、同製品の対日輸入が（程度は不明だが）減少することになる。さらに、米中両国の技術覇権争いのなかで、アメリカの反対を考慮して日本は中国の5G通信技術を使うことができず、今後の同技術に関わるサービス展開でも中国と協力できない状態にある。5G技術は次世代における最重要の産業インフラと目されており、この影響は長期にわたって日中協力を束縛する恐れがある。

「一帯一路」構想との関連で注意しておくべきは、新型コロナウイルス感染症の流行によって、製造拠点としての中国のリスクが顕在化したため、日本企業からすると、リスク分散の見地から再度「チャイナ・プラス・ワン」戦略を検討する必要が出てきたことである。中国リスク上昇に対応して、ASEANなどへの製造拠点の移転を図る動きが出るかもしれない。しかし、「チャイナ・プラス・ワン」は古くて新しい問題である。これまでにも移転の試みがなされてきたが、ASEAN諸国の産業基盤のぜい弱さから、重要な部分で中国を代替できなかった経緯がある。この状況は一朝一夕には改まらないだけに、日本企業の対応は簡単にはいかないと予想される。

以上でみたように、「一帯一路」構想をとりまく環境は厳しくなっている。とはいえ、米中摩擦問題は、かつて日本が対米摩擦のなかで通過してきたプロセスにも似ており、中国も海外投資を通じて産業構造、経済構造を高度化させることで対米摩擦を緩和・克服していくことは可能であろう。また、国際分業のあり方が見直されるなど、ある程度時間がかかることは避けられないとしても、サプライチェーンそのものが否定されることは考えられず、再編されるとみるのが妥当である。「一帯一路」構想は、修正を余儀なくされつつも継続されることになるだろう。

「一帯一路」構想に関わる日中協力の今後を展望するとき、当面両国の努力だけでは打開できない問題が存在することは否定できない。とはいえ中長期的に考えると、経済の発展段階からみても産業構造からみても中国企業の海外展開がとどまることはなく、「一帯一路」構想は推進され続け、しだいに中国を中心とした経済圏が形成されていくことは確実である。日本としては、企業も含めた、日中協力関係が直面している新たな問題に取り組み、中国を中心とした経済圏の形成を注視しつつ、今後の発展戦略を立てていくほかに選択肢はないといえよう。

註記

＊　本稿は、大西康雄「『新時代』の中国経済と一帯一路」『習近平政権第一期総括』（亜細亜大学アジア研究所、

二〇一九年)、三三～六〇頁、同「転機の一帯一路と『新時代』の中国経済」『習近平政権第二期(前半)』(亜細亜大学アジア研究所、二〇二〇年)、二九～五四頁と一部重複する部分がある。

(1) 山本吉宜「中国の台頭と国際秩序の観点から見た『「一帯一路」』」『PHP Policy Review』第九巻七〇号(二〇一五年八月)、一～二〇頁〈https://thinktank.php.co.jp/wp-content/uploads/2016/05/policy_v9_n70.pdf〉(二〇二〇年四月二一日アクセス)。なお、以降の註釈におけるホームページ・アドレスのアクセス日時については省略するが、すべて二〇二〇年四月二一日に最終アクセスしたものである。

(2) 松田康博「習近平政権の外交政策――大国外交・周辺外交・地域構想の成果と矛盾」『国際問題』第六四〇号(二〇一五年四月)、三七～四七頁。

(3) たとえば、白石隆は、習近平時代の外交政策の大きな目標が地政学的枠組みの変更にあり、「一帯一路」構想もその目的達成のために発動、運用されたと指摘している(同『海洋アジアvs.大陸アジア――日本の国家戦略を考える』ミネルヴァ書房、二〇一六年、八一～一四二頁)。また、高原明生は、「一帯一路」構想は国際戦略、経済、国内政治の要請に応じて習近平政権が産み出したものであり、統一された実体はなく、個別プロジェクトを「星」とみればその集合体である「星座」になぞらえることができると論じている(同「中国の「一帯一路」構想」川島真・遠藤貢・高原明生・松田康博編『中国の外交戦略と世界秩序――理念・政策・現地の視線』昭和堂、二〇二〇年、一五～二四頁)。川島真は、習政権の外交理念の変遷を跡づけ、「一帯一路」構想は、胡錦濤政権の「新型国際関係」を受け継ぎつつも、新たに産み出された枠組みであると論じている(同「習近平政権下の外交・世界秩序観と援助――胡錦濤政権期との比較を踏まえて」川島ほか編『中国の外交戦略と世界秩序』、五三～七七頁)。

(4) たとえば、大橋英夫は、「一帯一路」構想にはTPPに代表される高水準のFTAネットワークに対応する意図があったことを指摘している(大橋英夫「TPPと中国の『「一帯一路」構想』」『国際問題』第六五二号、二〇一六年六月、二九～三九頁)。伊藤亜聖は、「一帯一路」構想を、中国が資金とインフラの不足を補うことで新興国との貿易投資関係深化を図るものととらえ、それが政治、社会的なネットワークの深化(ネクサス)をもたらすか否かについて注視すべきだとする（同「中国・新興国ネクサスと『「一帯一路」』構想」末廣昭・田島俊雄・丸川知雄編『中国・新興国ネクサス――新たな世界経済循環』東京大学出版会、二〇一八年、一七〜七四頁）。また、河合正弘は、「一帯一路」構想は、中国が自身の増大しつつある経済力に見合うかたちでアジアの経済発展と経済統合を主導しようとする試みであるとしている（同「『「一帯一路」』構想と『インド太平洋』構想」「世界経済研究会」報告書『反グローバリズム再考――国際経済秩序を揺るがす危機要因の研究』日本国際問題研究所、二〇一九年、八四〜九五頁）。

(5) 大西康雄「『新時代』と市場化改革の行方」大西康雄編『習近平「新時代」の中国』（ジェトロ・アジア経済研究所、二〇一九年）、五七〜九八頁を参照。

(6) たとえば、佐野淳也は、「一帯一路」構想について提起以降五年間の変遷をフォローし、同構想への国際的批判、同構想対象国（中国語：沿線国）との貿易投資関係の変化が同構想に及ぼす影響、さらには同構想における日中関係のあり方などについて論じている。筆者と問題意識が重なる点もあるが、基本的視点は、「一帯一路」構想の対外経済政策としての側面に置かれている（同「第二次習近平政権が進める中国の対外経済戦略――一帯一路構想に込められた理想と現実のギャップ」『ＪＲＩレビュー』第三巻五四号、二〇一八年三月、七一〜八九頁〈https://www.jri.co.jp/MediaLibrary/file/report/jrireview/pdf/10362.pdf〉、同「一帯一路、沿線諸国による見直しの動きをどうとらえるのか」『ＪＲＩレビュー』第四巻六五号、二〇一九年三月、七一〜九一頁〈https://www.jri.co.jp/MediaLibrary/file/report/jrireview/pdf/10978.pdf〉）。

(7) 中華人民共和国国家発展改革委・外交部・商務部『推動共建絲綢経済帯和二一世紀海上絲綢之路的願景与行動』中共中央文献研究室編『十八大以来重要文献選編（中）』（北京：中央文献出版社、二〇一六年）、四四二〜四五五頁。

(8) 習近平は、中国共産党総書記であり、中華人民共和国国家主席である。本章では、習がどの立場で発言、行動しているかに応じて両者を使い分ける。

(9) 習近平「決勝全面建成小康社会 奪取新時代中国特色社会主義偉大勝利――在中国共産党第十九次全国代表大

会上的報告」（二〇一七年一〇月一八日）新華網、二〇一七年一〇月二七日〈http://www.xinhuanet.com/201710/27/c_1121867529.htm〉。

(10) 習政権の経済構造改革の中核的措置として取り組まれてきた施策。スローガンとして「三去一降一補」（①過剰生産能力・過剰在庫・過剰債務の削減、②企業のコスト引き下げ、③足りない部分の補強）を掲げ、主として国有部門のスリム化、効率化をめざす措置から構成されている。

(11) 日本語訳は、「『中国製造二〇二五』の公布に関する国務院の通知の全訳」（科学技術振興機構・研究開発戦略センター、二〇一五年七月二五日）で参照可能〈https://www.jst.go.jp/crds/pdf/2015/FU/CN20150725.pdf〉。

(12) 大西「『新時代』と市場化改革の行方」、八七〜九〇頁参照。

(13) 現在では、この二地域に「広東・香港・マカオ大湾区」を加えた三大地域発展計画が実施されている。

(14) 大西「『新時代』の中国経済と一帯一路」、三三〜六〇頁、同「転機の一帯一路と『新時代』の中国経済」、二九〜五四頁。また、大泉啓一郎・伊藤亜聖「『一帯一路』の中国』と『自由貿易試験区の中国』」『アジ研ワールド・トレンド』第二四九号（二〇一六年七月）、二四〜二七頁を参照。

(15) 当初「沿線国」は中国を含む六五カ国とされていたが、その後にサブサハラアフリカ、中南米、欧州の多数の国が追加されている。公式の「沿線国」リストはないが、一三〇カ国を超えているとみられる。

(16) 「小康社会」は数量的目標ではなく、「生活の基本的需要が満たされ、いくらか余裕のある状態」を指す。「温飽社会」と呼ばれる「衣食住の最低限の必要が満たされた状態」の次の発展段階と規定されている。

(17) 「北京で中央経済工作会議　習近平、李克強両氏が重要演説」『中国通信（電子版）』二〇一七年一二月二二日〈cns@china-news.co.jp〉。

(18) 「習近平・李克強両氏が重要演説　中央経済工作会議」『中国通信（電子版）』二〇一八年一二月二六日〈cns@china-news.co.jp〉。

(19) 「政府活動報告——二〇一九年三月五日在第一三期全国人民代表大会第二回会議上」〈http://www.npc.gov.cn/npc/c30834/201903/98477f53b1804727871017fe504ef02f.shtml〉。また、「一八年度経済社会発展計画執行状況と一九年度計画案（要旨）」『中国通信（電子版）』二〇一九年三月一一日〈cns@china-news.co.jp〉も参照。

（20） "Vice President Mike Pence's Remarks on the Administration's Policy towards China," Hudson Institute, October 4, 2018 〈https://www.hudson.org/events/1610-vice-president-mike-pence-s-remarks-on-the-administration-s-policy-towards-china102018〉.

（21） 大野泉「中国の対外援助と国際援助社会——伝統的ドナーとアフリカの視点から」下村恭民・大橋英夫＋日本国際問題研究所編『中国の対外援助』（日本経済評論社、二〇一三年）、一九九～二一九頁。

（22） 「推進〝一帯一路〟建設工作五周年座談会金句」新華網、二〇一八年八月二八日〈http://www.xinhuanet.com/world/2018-08/28/c_129941724.htm〉。

（23） 習近平「携手命運同心促発展——在二〇一八年中非合作論壇北京峰会開幕式上的主旨演講」新華網、二〇一八年九月三日〈http://www.xinhuanet.com/world/2018-09/03/c_1123373881.htm〉。

（24） 習近平「第二期〝一帯一路〟国際合作高峰論壇記者会上的演講」新華網、二〇一九年四月二七日〈http://www.xinhuanet.com/2019-04/27/c_1124425067.htm〉。

（25） 「人類運命共同体」については、ニュアンスの異なる複数の英訳が存在する。この訳は、中国外交部が用いているものである。

（26） 飯田将史「既存秩序と摩擦を起こす中国の対外戦略」防衛研究所編『中国安全保障レポート2019——アジアの秩序をめぐる戦略とその波紋』（防衛研究所、二〇一九年）、一四頁、一八頁参照。

（27） 外務省のG20ホームページ〈https://www.mofa.go.jp/mofaj/gaiko/g20/osaka19/pdf/documents/jp/annex_01.pdf〉参照。

（28） 六鹿茂夫「二つの新冷戦の中で揺れる中国の『一六＋一』戦略」『東亜』第六二七号（二〇一九年九月）、九七頁。

（29） 河合「『一帯一路』構想と『インド太平洋』構想」、一〇四～一一三頁を参照。

（30） 外務省「日本国外務省及び経済産業省と中華人民共和国国家発展改革委員会及び商務部との間の第三国におけ

る日中民間経済協力に関する覚書」二〇一八年五月三〇日〈https://www.mofa.go.jp/mofaj/a_o/c_m1/cn/page4_003987.html〉。

(31)「習近平会見日本首相安倍晋三」新華網、二〇一八年一〇月二六日〈http://www.xinhuanet.com/2018-10/26/c_1123620260.htm〉。

(32) 庄浩充「中国企業の投資が急増、ベトナム国内では警戒の声も——米中貿易摩擦の情勢下に見る中国企業の対外直接投資動向調査」ジェトロ・地域・分析レポート、二〇二〇年一月一〇日〈https://www.jetro.go.jp/biz/areareports/2020/7138c3cc43a2a67e.html〉。

(33) 丁可「東アジア生産ネットワークの構造転換と日中第三国市場協力」ジェトロ・アジア経済研究所、中国社会科学院アジア太平洋・グローバル戦略研究院『「一帯一路」建設と日中第三国市場協力』（近刊予定）所収を参照。

(34) ＥＰＣは設計（Engineering）、調達（Procurement）、建設（Construction）を指す。

(35) 経済産業省貿易経済協力局「日中第三国市場協力フォーラムについて」二〇一九年一〇月、同局説明資料（非公刊）。

(36) 中華人民共和国国家発展改革委員会「国家発展改革委員会弁公庁関于印発 第三方市場合作指南和案例通知」二〇一九年八月二〇日〈https://www.ndrc.gov.cn/xxgk/zcfb/tz/201909/t20190903_962507.html〉。

(37) 箱崎大「日本企業から見た第三国市場協力」ジェトロ・アジア経済研究所、中国社会科学院アジア太平洋・グローバル戦略研究院『「一帯一路」建設と日中第三国市場協力』（近刊予定）所収を参照。

(38) 藤原智生「米中が第一段階の経済・貿易協定に署名、中国は今後二年間で二〇〇〇億ドル以上の米国産品を購入」ジェトロ・ビジネス短信、二〇二〇年一月一七日〈https://www.jetro.go.jp/biznews/2020/01/d3101194ba2e22b7.html〉。

(39) 中国が先行している５Ｇ通信ネットワークを構築し、そこにＥＣ（電子商取引）等のネットワークサービス網を展開しようとする構想。「一帯一路」構想の質の高い発展を象徴するものと位置づけられている。

終章　「米中新冷戦」と中国外交の行方

松本はる香

本書では、中国をめぐる国際関係について、主に習近平政権の北東アジア地域における対外関係を軸に論じてきた。ここで具体的に取り上げたのは、米中関係、日中関係、中朝関係、中ロ関係、中台関係といったバイラテラルな関係と、「一帯一路」構想と周辺国家といったマルチラテラルな枠組みによる経済外交であった。

そして当然、各章の論点には現在進行形の問題も含まれているが、すでにさまざまな角度から深い洞察がなされているため、終章でそれらの結論を繰り返すことはしない。むしろここでは、パンデミック化した新型コロナウイルス感染症（COVID-19）の問題以降、中国外交はどこへ向かおうとしているのか、米中覇権争いを鍵《キー》に大まかな見取り図を示すことにしたい。

深まる米中対立

新型コロナウイルスの感染拡大の問題によって、いまや世界は大きな変化の時期を迎えている。そうしたなか、本書のテーマとの関わりでもっとも重要なのは、やはり米中関係ということになるだろう。新型コロナウイルスの感染源をめぐっては、中国科学院武漢ウイルス研究所からの流出説から、米軍が感染症を持ち込んだといった説まで、科学的根拠に乏しいとみられる「陰謀説」なども飛び出し、米中間でさまざまな舌戦が繰り広げられてきた。コロナ禍にあっても米中対立は収束するどころか、むしろ激化する様相さえ呈している。このように、ポスト・コロナ時代の国際秩序の形成を視野に入れた、米中覇権争いは始まっているといえよう。

一足先に新型コロナウイルス感染拡大のピークを越えた中国は、いわゆる「マスク外交」などを通じて、国際的な支援を拡大する動きをみせてきた。アメリカが新型コロナウイルス対策をめぐって国内対応に追われるという非常事態のなかで、中国は米中対立を加速させるような動きをみせている。たとえば、二〇二〇年一月以降、世界がウイルス感染の危機の渦中にあっても、中国は東シナ海や南シナ海などで活発な海洋進出を続けてきた。また、二月には、中国の戦闘機がふたたび台湾海峡の「中間線」を越えたため、台湾の戦闘機が緊急発進するという、二〇一九年三月以来の緊急事態が発生した。さらに、これにアメリカが対抗するかたちで、四月には米海軍第七艦隊の誘導ミサイル駆逐艦が、五月にはイージス駆逐艦が相次いで台湾海峡を通過して、中国を強く牽制した。

このような状況下で、いまや「米中新冷戦」の時代が到来したのだろうか。これを「米中新冷戦」と呼ぶべきかについては、いまだ議論の余地がある。米ソ冷戦時代は、人びとの往来や経済のつながりがなく、イデオロギーをめぐる紛争や、第三国での代理戦争が繰り広げられてきたが、今日の「米中新冷戦」は、そのようなかつての冷戦下の状況とは明らかに異なるからである。

二〇一九年一〇月、「米中新冷戦」の端緒を開いた、マイク・ペンス米副大統領のハドソン研究所での演説以来、およそ一年ぶりに米中関係の見通しを示す新たな演説を行なった。すなわち、首都ワシントンDCのウィルソン・センターで行なわれた演説のなかで、ペンスは「トランプ政権は中国とのデカップリング（分断）をめざすのか、と問われるが、答えは明らかにノーである」と表明した[1]。この演説を通じて、ペンスが米中間の「デカップリング」を否定する姿勢を明らかにしたことから、中国に対する姿勢の軟化のシグナルが出されたのではないか、といった観測も出た。

だが、ペンスの新たな演説のなかでは、不公正な米中貿易関係や知的財産権の保護の問題、民間技術の盗用と軍事技術への転用や強制技術移転の問題、中国の海洋進出問題、「一帯一路」をめぐる中国の軍事的意図、台湾問題などがあらためて問題視された。これは一年前のハドソン研究所の演説で提起された内容とさほど変わっていないことからも、依然として米中関係の溝が深いことが読み取れる。

中国の政策決定システムの硬直化

近年、習近平を「核心」とする「一強体制」が強固なものになるにつれて、一時は柔軟化をみせていた中国の対外政策決定のシステムが、ふたたび硬直化しているようにもみえる。胡錦濤政権期には、中国の対外政策決定をめぐるアクターの多元化が専門家のあいだで指摘されていた[2]。つまり、このころの時期には、中国国内のさまざまなアクターが、ボトムアップするかたちで、党中央の対外政策決定に影響を及ぼすという傾向が顕著にみられていた[3]。もとより、中国共産党指導部がトップダウンによって政策を決めるという、従来の政策決定の構図に変化はないものの、対外政策決定におけるアクターの多元化が、胡錦濤政権時代の新たな潮流として注目された。だが習近平時代に入ると、そのような潮流は途絶え、トップダウンの政策決定の傾向が非常に強まり、対外政策がより強硬なものになっているという印象を受ける。

では、なぜ習近平政権下の中国外交は、強硬化が目立つようになってきているのだろうか。その背景には、中国の大国化がひとつの大きな契機となって、「中華民族の偉大な復興」や「中国の夢」といった政治的スローガンを生み出し、対外政策の強硬化につながっていったことがあげられる。中国外交が強硬路線へと傾く理由には、中国の大国としての自信や、それにともなうナショナリズムの高まりなどがあげられる。また、大国化した中国が、国際社会でより強硬な姿勢で振る舞うことが「国威の発揚」につながり、中国国内の支持を広く集めるという傾向が強まっている[4]。

その一方で、中国は依然として国内に数多くの社会的矛盾を抱えているのも事実である。中国国内には、共産党幹部の腐敗や汚職問題、都市部と農村部の経済的格差や戸籍制度の矛盾、社会保障制度の不平等、土地の強制収用問題、環境汚染問題などの数々の社会問題が依然として存在する。そのような国内問題に対する民衆の不満を首尾よく逸らすための政治的な手法として、対外的に強硬路線を取っているという解釈も成り立つ。だが、このような手法は中国共産党政府にとって「諸刃の剣」となる可能性がある。なぜならば、国内問題の根本的な問題の解決にはいたってないため、民衆の不満の矛先が、いつ党中央へ向くとも限らないという危険性をはらんでいるからである。

遅れた全人代（二〇二〇年五月）の開催

二〇二〇年春の第一三期全国人民代表大会（全人代）第三回会議（二〇二〇年五月二二〜二八日）は異例ずくめとなった。通常であれば例年三月に行なわれてきた全人代は、新型コロナウイルスの感染拡大によって、開催時期が二カ月近く遅れた。五月二二日、李克強は政府活動報告のなかで、「新習近平同志を核心とする党中央の強い指導のもと、国を挙げて広く人民大衆が壮絶な努力と犠牲を払った結果、感染症対策は大きな戦略的成果を収めている」と述べ、党中央のこれまでの新型コロナウイルス対策の実績を強調した。[5] だが、新型コロナウイルス感染症の拡大にともなう、中国経済の大幅な減速によって、毎年示されてきた国内総生産（GDP）の成長率の数値目標の設定が見送られた。

特筆すべきは、新型コロナウイルス対策が重要な課題にもかかわらず、依然として軍拡路線を堅持する立場が示されたことである。二〇二〇年の中国の国防予算は前年比六・六％増の一兆二六八〇億元（約一九兆二〇〇〇億円）で、過去二〇年間で一〇倍あまりに膨らんだ。[6] 米中対立の激化にともない、軍拡路線の堅持することを通じて、対抗姿勢を鮮明にすることによってナショナリズムを鼓舞し、国内の求心力を高めようといった狙いがあるとみられるが、経済の立て直しや民生の安定などの優先すべき国内問題は山積している。二〇二〇年一月から三月の中国の第1四半期のGDPが、前年同期比マイナス六・八％という、いまだかつてない大幅なマイナス成長となった。

さらに、五月二八日には全人代で、香港における治安維持や社会統制のために国家安全法を制定する方針が採択された。これによって香港の行方に暗雲が立ちこめている。党中央による、国家に対する反政府的な言動を厳しく取り締まる国家安全法導入の決定にともない、香港での高度な自治を認めてきた

「一国二制度」の形骸化が強く懸念されている。中国側の決定に対して、トランプ政権はすぐさま制裁を行なう構えをみせたが、米中双方の言い分は平行線をたどっている。その後、六月末には全人代常務委員会の決定を経て、習近平が香港国家安全維持法に署名したことによって、同日夜に同法が施行された。中国共産党政府は、香港に新たな治安維持機関として、国家安全維持公署を設置し、反政府的な動きへの監視体制をさらに強める構えをみせている。

六月一七日には、米中貿易戦争や新型コロナウイルス感染症などの影響で、しばらく行なわれてこなかった、米中両国政府の外交トップによる会談がハワイで開催された。このなかで、米国務長官のマイク・ポンペオと、中国共産党中央政治局委員・中央外事活動委員会弁公室主任の楊潔篪は、米中対話を継続することで一応のところ一致したものの、香港問題などをめぐる溝が埋まることはなかった。

南シナ海問題に関しては、米国政府は中国が主張する海洋権益を完全に違法であるという立場を示した。七月一三日、ポンペオは「世界は中国が南シナ海を自らの海洋帝国とすることを認めない」という声明を出して、南シナ海の海洋権益に関する中国の主張を否定するとともに、領土問題で中立的な立場を保ってきたアメリカ側の従来の姿勢を一転させ、介入するという意向を示した(7)。

また、さらなる米中対立の激化も懸念される。七月二一日には、米国政府がテキサス州ヒューストンの中国総領事館に対して突然退去を通告した。その理由は定かではないが、米国政府の主張によれば、同領事館が諜報活動や知的財産盗用の拠点となっていることが挙げられている。これに対して中国共産党政府は、報復措置として成都の米国総領事館を閉鎖することをただちに要求した。

これらを受けて、七月二三日、ニクソン大統領図書館でポンペオは、アメリカのこれまでの中国に対する関与政策が誤った古いパラダイムであると演説した。そして、「習近平国家主席は、破綻した全体主義イデオロギーの信奉者」であり、中国の共産主義のもとで世界覇権の構築を目論んでいるとしたうえで、「われわれはもはや米中両国間の政治、イデオロギー上の根本的な違いを無視することができない」と述べた。[8] これは、「米中新冷戦」の開始を想起させる二〇一八年秋のペンス米副大統領の演説よりもさらに踏み込んだ、アメリカの従来の対中関与政策からの決別を促す、強硬な演説として位置づけられるだろう。

＊

このように、習近平政権期の中国外交は、国内問題などとも複雑に絡みつつ、危うい均衡のなかで推移してきた。ひとつ現時点で確かなのは、中国がこれまで以上に強い力による強硬な対外政策を推し進めようとしていることである。そして、中国をめぐる北東アジアの国際関係のなかで、いまもっとも緊張しているのが米中関係である。いまや米中の対立点は、米中貿易戦争からポスト・コロナ時代を見据えた米中覇権争いへと拡がりをみせている。米中関係の悪化が、これまでたびたび国際政治学の世界で指摘されてきた、「パワー・トランジション」理論や、「トゥキディデスの罠」などの文脈から生じたものだとすれば、「米中新冷戦」といった両者の衝突は不可避なのだろうか。[9] あるいはグレアム・アリソンが指摘するように、米中関係は「戦争前夜」にあるのだろうか。[10]

来たるポスト・コロナ時代を見据え、いままさに米中覇権争いが激化しつつある。そうしたなかで私たちは、開かれた国際秩序や民主主義を守りつつ、強大化した隣国、中国とどのように向き合っていくのかを、真剣に考えなければならない時期にさしかかっている。

註記

(1) "Remarks by Vice President Pence at the Frederic V. Malek Memorial Lecture," Conrad Hotel, Washington, D.C., October 24, 2019 〈https://www.whitehouse.gov/briefings-statements/remarks-vice-president-pence-frederic-v-malek-memorial-lecture/〉(二〇二〇年七月一日アクセス). なお、以降の註釈におけるホームページ・アドレスのアクセス日時については省略するが、すべて二〇二〇年七月一日に最終アクセスしたものである。

米中経済の「デカップリング」の問題に関していえば、今回の新型コロナウイルス感染症の問題により、中国というサプライチェーンの主要な供給源の寸断が顕著になった。このため、今後はリスク・ヘッジとしての「中国離れ」が加速し、サプライチェーンの供給源の多角化の可能性が高まっていることを付記しておきたい。

(2) 中国の対外政策決定におけるアクターの多元化については、Linda Jakobson and Dean Knox, *New Foreign Policy Actors in China* (Solna: SIPRI, 2010)（リンダ・ヤーコブソン、ディーン・ノックス〔岡部達味監修・辻康吾訳〕『中国の新しい対外政策――誰がどのように決定しているのか』岩波書店、二〇一一年); Thomas Christensen, "The Advantages of as Assertive China," *Foreign Affairs*, vol. 90, no. 2 (March/April 2011); 青山瑠妙「対外活動を担う重要な対外機構」同『現代中国の外交』（慶應義塾大学出版会、二〇〇七年)、第一章などを参照。

(3) 胡錦濤政権期の対外政策決定の変化については、松本はる香「政権移行期における中国外交――『平和的発展』路線の行方」大西康雄編『習近平政権の中国――「調和」の次に来るもの』（ジェトロ・アジア経済研究所、二〇一三年)、七一〜七四頁を参照。

(4) そのような強硬な対外姿勢を、中国で大ヒットした映画『戦狼』になぞらえて「戦狼外交」と呼ぶ向きもある。

(5) 「政府工作報告――二〇二〇年五月二二日在第十三届全国人民代表大会第三次会議上国務院総理李克強」中華人民共和国中央人民政府、二〇二〇年五月二二日〈http://www.gov.cn/premier/2020-05/22/content_5513757.htm〉。

(6) 二〇二〇年五月の全人代での国防予算の発表について、高原明生は「経済状況が厳しくなったとき、大砲とバターのどちらを取るかという古典的な問いがあるが、中国は今回、大砲を取った印象を与える」と評している。「治安法案、香港で反発　強まる中国の締め付け　全人代――経済厳しくても『大砲』選んだ」『朝日新聞』二〇

二〇年五月二三日〈https://digital.asahi.com/articles/DA3S14486424.html〉。

（7） "U.S. Position on Maritime Claims in the South China Sea," Press Statement, Michael R. Pompeo, Secretary of State, July 13, 2020〈https://www.state.gov/u-s-position-on-maritime-claims-in-the-south-china-sea/〉.

（8） "Communist China and the Free World's Future," Michael R. Pompeo, Secretary of State, The Richard Nixon Presidential Library and Museum, July 23, 2020〈https://www.state.gov/communist-china-and-the-free-worlds-future/〉.

（9） パワー・トランジション理論については、A. F. K. Organski, *World Politics*（New York: Alfred A. Knopf, 1968）; Steve Chan, *China, the U. S., and the Power-Transition Theory: A Critique*（London: Routledge, 2007）; 野口和彦『パワー・シフトと戦争——東アジアの安全保障』（東海大学出版会、二〇一〇年）を参照。

（10） Graham Allison, *Destined for War, Can America and China Escape Thucydides's Trap?*（Boston: Houghton Mifflin Harcourt, 2017）（グレアム・アリソン〔藤原朝子訳〕『米中戦争前夜』ダイヤモンド社、二〇一七年）.

あとがき

かつて天安門事件の痛手から立ち直りつつあった、一九九〇年代初頭の中国を目の当たりにしてきた者にとっては、最近の中国の強硬な対外姿勢を見るにつけ隔世の感を禁じえない。また、一九九〇年代後半から二〇〇〇年代初めのころにかけて、中国が多国間外交の推進などによって、国際協調的な対外姿勢をみせるようになると、構成主義的な視点から、中国を「ソーシャライズ」（socialize）する方向へ促すことによって、平和的な国際環境がもたらされるだろうといった、やや希望的観測に近い見方が国際政治学の世界で注目を集めた。だが、数十年を経て蓋を開けてみれば、よりいっそう力を蓄えた中国は強硬な対外政策を推し進め、自らのパワーとイニシアティブによって国際秩序を書き換えていこうとしているのではないかと思わせるような、アグレッシブな姿勢さえをみせている。

このような中国の強大化という現実に直面して、いまや盛んに議論されるようになった「米中新冷戦」は、もはや避けることのできない歴史的必然なのであろうか。この答えにたどり着くためには、いましばらく今後の情勢の推移を注視していく必要があるだろう。

ちょうどこの本を編んでいるさなか、中国湖北省武漢市を震源地とする新型コロナウイルス感染症（COVID-19）の発生によって、世界は大きく変わった。当初、日本にとって対岸の火事かとも思われた新型コロナウイルスは、やがて流行拡大をみせ、四月に入ると緊急事態宣言が発令された。世界中のあちこちの主要都市でロックダウンがなされるとともに、国境が封鎖され、グローバル化の象徴でもあったヒト、モノ、カネの動きが一時的に止まるという、いまだかつてない状況に直面して、私たちはその成り行きを黙って見守るしかなかった。

だが、新型コロナウイルスの発生を契機として、米中対立はさらに悪化する様相を呈している。二〇二〇年七月下旬には、アメリカのヒューストンにある中国の領事館の中庭で何か文書のようなものが燃やされて煙が出ている映像とともに、同領事館が七二時間以内の退去通告を受けたという、きな臭いニュースが速報で飛び込んできた。これに対する中国側の報復措置として、こんどは成都にある米国領事館を閉鎖するという緊迫した事態にいたった。

このように、米中対立はさらにエスカレートして、「米中新冷戦」が現実味を帯びつつあるなかで、ポスト・コロナ時代の世界はどのようなものになるのだろうか。「米中新冷戦」が現実のものにならないことを切に願ってはいるものの、楽観的な未来のシナリオを描くことは難しいかもしれない。本書で示された論点が、今後の日本を含む北東アジア地域や世界秩序を考える一助になれば幸いである。

＊

本書は、日本貿易振興機構アジア経済研究所で行なわれた二年間にわたる研究会「中国をめぐる国際関係――習近平政権の対外政策」（二〇一八～一九年度）の研究成果の一部からなっている。アジア経済研究所の中国研究者を中心とした六名の委員によるこの研究会では、中国や台湾などでの現地調査を通じてヒアリングや資料収集を行なうとともに、隔月のペースの研究会で毎回全員が集まり、それぞれの専門の見地からきめ細かな議論や意見交換を重ねることができた。

本研究会の講師としてお越しいただき貴重なお話をしてくださった天児慧氏（早稲田大学名誉教授）、阿部純一氏（霞山会常任理事・研究主幹）、渡辺剛氏（杏林大学教授）、そして出版前のメリット・レビューアーとして、分野を越えた専門家の視点から有益なコメントをくださったアジア経済研究所の山岡加奈子氏に、この場を借りて心より感謝の意を表したい。また、研究会運営の事務作業を細心の注意を払ってご支援くださったアジア経済研究所の石川三保子氏（地域研究推進課）、細かな原稿の取り纏め作業を手伝ってくださった本宮斉子氏、本書の出版をさまざまなかたちでご支援くださった石垣磨美課長をはじめとする学術情報センター成果出版課のみなさまにも、お礼を申し上げたい。

さらに、アジア経済研究所研究推進部部長時代から、この研究会の出版の行方を温かく見守ってくださった村山真弓理事に感謝の意を伝えたい。そして、本書の企画の早い段階から伴走してくださり、改稿にあたり叱咤激励してくださった編集者の勝康裕氏（同研究所成果発信アドバイザー）、この本を世に送り出すにあたってご尽力いただいた白水社編集部の竹園公一朗氏に、心よりお礼を申し上げたい。

二〇二〇年八月

アジア経済研究所　**松本はる香**

索　引

熊倉 潤（くまくら じゅん） 第4章 執筆
1986年生まれ。東京大学文学部歴史文化学科東洋史専修課程卒業，東京大学大学院法学政治学研究科総合法政専攻修了・修士，同・博士。米イェール大学，ロシア人文大学，北京大学国際関係学院に留学。日本学術振興会海外特別研究員，台湾・政治大学東亜研究所客員助研究員を経て，2018年よりアジア経済研究所研究員，現在，同新領域研究センターグローバル研究グループ研究員。専門分野は，ソ連と中国の政治，民族政策，国際関係。主著に『民族自決と民族団結――ソ連と中国の民族エリート』（東京大学出版会，2020年）ほか。

竹内 孝之（たけうち たかゆき） 第5章 執筆
1975年生まれ。同志社大学法学部政治学科卒業。同大学院総合政策科学研究科博士前期課程修了・修士，同博士後期課程単位取得退学・博士（政策科学）。2003年よりアジア経済研究所研究員，現在，同地域研究センター東アジア研究グループ副主任研究員。2012–14年，台湾・中央研究院台湾史研究所客員研究員。専門分野は，台湾や香港を中心とする東アジアの国際関係。主著に，『返還後香港政治の10年』（アジア経済研究所，2007年），『台湾，香港と東アジア地域主義』（同，2011年）ほか。

大西 康雄（おおにし やすお） 第6章 執筆
1955年生まれ。早稲田大学政治経済学部卒業。1977年，アジア経済研究所入所，在中国日本国大使館専門調査員，中国社会科学院工業経済研究所客員研究員，ジェトロ上海事務所所長，アジア経済研究所新領域研究センター長，同上席主任調査研究員を歴任。現在，科学技術振興機構特任フェロー，アジアユーラシア総合研究所客員研究員。専門分野は，中国経済。主著に，『習近平時代の中国経済』（アジア経済研究所，2015年），『習近平「新時代」の中国』（編著，同，2019年）ほか。

執筆者紹介

編　者

松本 はる香（まつもと はるか）　序章・第1章・終章 執筆
1972年生まれ。米ジョージタウン大学大学院歴史学部外交史専攻修了・修士，東京女子大学大学院人間科学研究科歴史文化研究領域博士後期課程修了・博士。日本国際問題研究所研究員などを経て，2005年より日本貿易振興機構アジア経済研究所研究員，現在，同地域研究センター東アジア研究グループ長代理。台湾・中央研究院欧美研究所，北京大学国際関係学院の客員研究員を歴任。専門分野は，東アジア国際関係史，中国外交，台湾をめぐる国際関係。主著に，『中台関係のダイナミズムと台湾――馬英九政権期の展開』（共編，アジア経済研究所，2019年），『民主と両岸関係についての東アジアの観点』（共著，東方書店，2014年）ほか。

執筆者紹介（執筆順）

佐々木 智弘（ささき のりひろ）　第2章 執筆
1967年生まれ。慶應義塾大学大学院法学研究科修士課程修了・修士（法学），南山大学大学院総合政策研究科博士後期課程修了・博士（総合政策）。アジア経済研究所を経て，2014年より防衛大学校人文社会科学群国際関係学科准教授。北京大学，復旦大学，中国社会科学院の客員研究員を歴任。専門分野は中国政治・外交。主著に，「社会主義市場経済下の中国における官僚組織の政治的影響力――電気通信事業改革を事例に」（博士論文，2017年），「第2期習近平政権の中間検証――内政・外交を中心に」『防衛学研究』第62号（2020年）ほか。

堀田 幸裕（ほった ゆきひろ）　第3章 執筆
1974年生まれ。愛知大学文学部史学科東洋史専修卒業，同大学院中国研究科修了・修士，筑波大学大学院人文社会科学研究科博士課程退学。2006年より霞山会研究員，2018年より同主任研究員。愛知大学国際問題研究所客員研究員を兼任。専門分野は，中朝関係，北朝鮮政治。主著に，中川雅彦編『国際制裁と朝鮮社会主義経済』（共著，アジア経済研究所，2017年），川島真・遠藤貢・高原明生・松田康博編『中国の外交戦略と世界秩序』（共著，昭和堂，2020年）ほか。

〈米中新冷戦〉と中国外交
北東アジアのパワーポリティクス

二〇二〇年九月一五日　印刷
二〇二〇年一〇月五日　発行

編著者　松本はる香
編集　勝康裕
装幀　コバヤシタケシ
発行者　及川直志
印刷所　株式会社理想社
発行所　株式会社白水社

東京都千代田区神田小川町三の二四
電話　営業部〇三（三二九一）七八一一
　　　編集部〇三（三二九一）七八二一
振替　〇〇一九〇・五・三三二二八
郵便番号　一〇一・〇〇五二
www.hakusuisha.co.jp
乱丁・落丁本は、送料小社負担にてお取り替えいたします。

誠製本株式会社

©独立行政法人日本貿易振興機構アジア経済研究所，2020

ISBN978-4-560-09789-2
Printed in Japan

▷本書のスキャン、デジタル化等の無断複製は著作権法上での例外を除き禁じられています。本書を代行業者等の第三者に依頼してスキャンやデジタル化することはたとえ個人や家庭内での利用であっても著作権法上認められていません。

白水社の本

文化大革命

〈造反有理〉の現代的地平

明治大学現代中国研究所、石井知章、鈴木 賢 編

文革とは何だったのか？　新資料により凄惨な実像を明らかにするとともに、日本の新左翼運動に与えた影響を再検討する。カラー図版多数。

六四と一九八九　習近平帝国とどう向き合うのか

石井知章、及川淳子 編

アンドリュー・ネイサン、胡平、王丹、張博樹、李偉東、矢吹晋ら世界的権威が新資料を駆使して描く「紅い」帝国の起源とこれから。

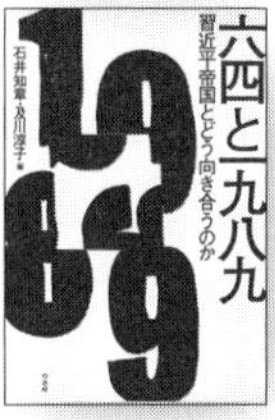

新全体主義の思想史

コロンビア大学現代中国講義

張 博樹 著／石井知章、及川淳子、中村達雄 訳

習近平体制を「新全体主義」ととらえ、六四以後の現代中国を壮大なスケールで描く知識社会学の記念碑的著作。天安門事件 30 年を悼む。

〈中国の時代〉の越え方

一九六〇年の世界革命から二〇二〇年の米中衝突へ

矢吹 晋 著

樺美智子、西部邁、石橋湛山、大内力、東畑精一……六〇年安保から二〇二〇年の米中衝突まで、戦後中国はいかに捉えられたか？

中国 消し去られた記録

北京特派員が見た大国の闇

城山英巳 著

繁栄の裏で何が起きているのか？　天安門事件から陳光誠脱出劇まで、ボーン・上田賞、アジア・太平洋賞受賞記者が実像に迫る戦慄のルポ。